»Dei Pestschinken is bolle so olt as use Stadt«
Der Friesoyther Pestschinken und seine Sage
im Bedeutungswandel

Alexander Reuter

»Dei Pestschinken is bolle so olt as use Stadt«

Der Friesoyther Pestschinken und seine Sage im Bedeutungswandel

Waxmann 2021
Münster · New York

Das Institut für Ethnologie und Kulturwissenschaft der Universität Bremen hat diese Arbeit unter dem Titel »›Dei Pestschinken is bolle so olt as use Stadt.‹ Der Friesoyther Pestschinken und seine Sage als lokale Identifikationsobjekte im Bedeutungswandel« als Masterarbeit im Fach Transkulturelle Studien im Jahr 2020 angenommen. Die Begutachtung erfolgte durch Dr. Jan Oberg und Prof. Dr. Dorle Drackl é.

Die Publikation dieses Buches wurde finanziell gefördert durch die Stadt Friesoythe.

Bibliografische Information der Deutschen Nationalbibliothek
Die Deutsche Nationalbibliothek verzeichnet diese Publikation in der Deutschen Nationalbibliografie; detaillierte bibliografische Daten sind im Internet über http://dnb.dnb.de abrufbar.

Print-ISBN 978-3-8309-4313-6
E-Book-ISBN 978-3-8309-9313-1

Steinfurter Straße 555, 48159 Münster

www.waxmann.com
info@waxmann.com

Umschlaggestaltung: Anne Breitenbach, Münster
Umschlagfoto: Der Pestschinken in seiner Vitrine im Friesoyther Rathaus, © Alexander Reuter
Satz: satz&sonders GmbH, Dülmen
Druck: CPI books
Gedruckt auf alterungsbeständigem Papier gemäß ISO 9706

Printed in Germany

Inhalt

1 Einleitung

> »Ick will jau nu wat van den ollen Pestschinken vertellen. Dat sick en jedereîn anseihn kann, heb ick üm fort mitbrocht. Hei lett wat tusterig, hei lett so as dei Ridder van dei trurige Gestalt; aober dei is hei nich, hei is en Ridder aohne Furcht un Taodel. Hei kämpfet nich gägen Winnemöhlen; hei hew gägen dei Pest kämpfet. Hei sit sülwes so vull van Pest, dat üm kien Brummer ankump.« (Fritz Bitter in einer Rede von 1956, in: Bitter 1958: 112)[1]

In der Kleinstadt, in der ich aufgewachsen bin, wird unter einer Vitrine im Rathaus ein völlig ausgetrockneter, mehrere Jahrhunderte alter Schinken ausgestellt. Der Ort heißt Friesoythe, den Schinken bezeichnet man als »Pestschinken«. Um diesen Gegenstand rankt sich eine Sage: In Form einer blauen Wolke soll einst die Pest in die Stadt gekommen und, nachdem sie viele Todesopfer gefordert hatte, in den Schinken gefahren und darin gebannt worden sein. Der »Schwarze Tod« ward auf diese Weise bezwungen und der Schinken unverweslich.

Zum ersten Mal erfuhr ich von dieser Geschichte, als ich die dritte Klasse der Grundschule besuchte. Es war das Jahr 2000 und im Sachkunde-Unterricht behandelten wir zu jener Zeit verschiedene Themen mit regionalem Bezug: Die Gründungsgeschichte der Stadt, bedeutsame Orte wie den Galgenberg, Gebäude wie die im Zweiten Weltkrieg zerstörte Langenpforte und Personen wie den Theologen Heinrich von Oytha oder den unter dem Spottnamen »Vierfuß« bekannten Stadtschreiber und vermeintlichen Seher Theodor Caspar Anton Joseph Wreesmann. Einige historische Ereignisse wurden uns im Zusammenhang mit dazugehörigen Sagen erläutert: So half uns die Geschichte vom Pestschinken beim Verstehen des Schreckens, den die Seuche über Europa gebracht hatte; gleichzeitig boten die Schilderungen der realen Ereignisse den notwendigen Kontext zum Verständnis der regional bedeutsamen Erzählung. Zu jener Zeit wurde der Schinken noch nicht im Rathaus, sondern in der anderen Grundschule Friesoythes ausgestellt. Zum Abschluss unserer Heimatkunde-Sitzungen statteten wir diesem unverweslichen Stück Tier einen Besuch ab, um es mit leichtem Befremden zu

1 Übersetzungen aller verwendeten plattdeutschen Zitate finden sich im Anhang unter 8.1.

bestaunen. In einer Klassenarbeit mussten wir schließlich die Sage möglichst detailgetreu reproduzieren.

Für viele Jahre habe ich nicht mehr an den Pestschinken gedacht. Ich habe mich meinem konservativen Geburtsort nie sehr verbunden gefühlt und bin für mein Studium fortgezogen. Dass im Friesoyther Rathaus unter einer Glasvitrine weiterhin der Jahrhunderte alte Schinken aufgebahrt lag, in den aus unerfindlichen Gründen die Pest gefahren sein soll, war für mich schlichtweg normal. Es geschah eher zufällig, dass ich mich des Schinkens wieder bewusster zu erinnern begann, als ich mich mit einer Freundin darüber unterhalten hatte, wie unterschiedlich wir aufgewachsen waren: Sie in einem hippen Szeneviertel Hamburgs, das den Kampf gegen die Gentrifizierung schleichend verlor; ich in einem großen Einfamilienhaus knapp außerhalb der Ortschaft Friesoythes in der Nachbarschaft eines Maisfeldes. Als ich überlegte, welche Aspekte meiner Sozialisation sie noch interessieren könnten, erinnerte ich mich der Sage des Pestschinkens. Die Erinnerung war erstaunlich detailreich und ich erzählte besagter Freundin alles, was ich darüber noch aus dem Schulunterricht wusste. Ihr herzliches Lachen über diese Geschichte führte mir erstmalig vor Augen, um was für einen skurrilen und einzigartigen Gegenstand es sich bei dem Schinken handelt.

Von da an ging mir der Pestschinken nicht mehr aus dem Kopf und ich begann, im Privatarchiv meines Großvaters nach Artikeln und Texten darüber zu suchen. Je intensiver ich mich damit beschäftigte, desto mehr drängten sich mir die Fragen auf, was für eine Bedeutung dieser Gegenstand für Friesoythe hat und inwieweit sich diese Bedeutung verschoben haben könnte. Bereits im Jahr 1997 beklagte eine Sonderseite der *Münsterländischen Tageszeitung*, dass die Sage in Vergessenheit gerate, während sie in älteren Lesefibeln stets zu finden gewesen sei.[2] Ähnliche Einschätzungen hört man auch heutzutage noch vielerorts, wenn man danach fragt. »Ich hab' das Gefühl, der Pestschinken ist nicht mehr so präsent in der Öffentlichkeit. Da hört man nicht mehr so viel von«, äußerte sich die hilfsbereite Leiterin der Katholischen Bücherei St. Marien. Der Besitzer der örtlichen Buch- und Schreibwarenhandlung, ein alteingesessener Friesoyther mit Kenntnissen über heimatliche Publikationen, ging noch weiter: »Ich weiß auch gar

2 »Die Sage vom Friesoyther Pestschinken aus dem Jahre 1350 gerät in Vergessenheit«. In: Münsterländische Tageszeitung vom 08. 02. 1997: Wochenend-Journal: Bi us to Hus. Autor: Heinz Strickmann.

nicht, ob das überhaupt so'n ergiebiges Thema ist«, zweifelte er, nachdem ich von meinem reifenden Plan einer diesbezüglichen Masterarbeit berichtet und nach weiteren Literaturempfehlungen gefragt hatte. Letztendlich förderte meine Recherche einiges an Quellen zum Pestschinken zutage und ein positiver Nebeneffekt der vorliegenden Abschlussarbeit besteht darin, dass das bislang nur sporadisch dokumentierte, »wohl skurrilste Relikt der Friesoyther Geschichte«[3] hiermit eine Auswertung allen verfügbaren Materials[4] und damit eine ausführliche Rezeptionsgeschichte erhält. Ich bemerkte, wie mir dies während meiner Arbeit zunehmend zu einem persönlichen Anliegen wurde, wie sich also mein ethnologisches Interesse an dem Phänomen Pestschinken mit dem kulturhistorischen Interesse der Heimatforscher*innen eng verzahnte. Kaum hätte ich es im Vorfeld für möglich gehalten, aber ich schien schließlich selbst zu einem gewissen Grad Heimatforscher geworden zu sein. Im Wissen darum, welches Befremden Begriffe wie »Heimat« und »Heimatforschung« in mir auslösten, empfahl mir ein Freund den Roman *Heimatmuseum* (1978) von Siegfried Lenz. Dieses Buch, in welchem sich der Autor u. a. mit der Motivation hinter besagter Forschung auseinandersetzt und einige Begrifflichkeiten von ihrem historischen Grauen zu emanzipieren versucht, begleitete mich während meiner Forschung und vermittelte mir ein gewisses Verständnis für das Milieu, in dem ich mich bewegte. Im Zuge meiner Arbeit in Friesoythe kristallisierte sich zwar die Fortdauer einiger überkommener sozialer Strukturen heraus, doch entgegen gängiger Klischees offenbarte sich mir auch im Feld der Heimatforschung kein rückwärtsgewandtes Denken und kein Rückzug in imaginierte Idylle.

Nach einigen Worten zu Theorie und Methodik dieser Arbeit werfe ich einen Blick auf verschiedene Aufzeichnungen der Sage. Ihr Zustandekommen wird thematisiert und anhand der Texte werden Grundmotive herausgearbeitet und analysiert, um Überlegungen zur Entstehung der Sage anstellen zu können. Danach wird der Pestschinken als historischer Gegenstand kontextualisiert, indem sein Alter, sein Verbleib und seine kulturgeschichtliche

3 So jüngst betitelt in der Nordwest-Zeitung vom 14.06.2019 (S. 37) durch Soeke Heykes im Artikel »Sie liegen versteckt hinter Mauern und Glas«.

4 Die Angabe, *alles* verfügbare Material ausgewertet zu haben, mache ich hier nach meinem aktuellen Kenntnisstand, dem eine systematische Recherche zugrunde liegt. Sollte den Leser*innen dieser Arbeit doch noch das Fehlen einer Quelle auffallen, nehme ich gern Hinweise darauf entgegen.

Bedeutung für die Stadt herausgearbeitet werden.[5] Schließlich werden u. a. anhand seiner Positionierung im Rathaus, seiner Thematisierung im Schulunterricht und seiner Bedeutung für das Milieu der Heimatforschung Rückschlüsse bezüglich seiner aktuellen Relevanz gezogen.

---

5 Obgleich ich zum Zwecke der optimalen Strukturierung dieser Arbeit zunächst Sage und materiellen Gegenstand separat betrachte, kann das eine nicht ohne das andere gedacht werden. Während meiner Recherche stieß ich auf einen Artikel, in welchem der Autor die Pestschinken-Sage streifte, ohne von der tatsächlichen Existenz des materiellen Gegenstandes zu wissen. Das unhaltbare Ergebnis seiner Analyse bestand aus einer Umdeutung des Schinkens zu einer Keule am Stadttor, welche wiederum ein in Vergessenheit geratenes Rechtssymbol sei (Moser 1972: 252).

2 Theoretische Einbettung und methodisches Vorgehen

Die vorliegende Arbeit fußt auf einer umfassenden Literaturrecherche und -auswertung sowie ergänzend auf einer empirischen Feldforschung. Der Pestschinken und seine Sage bilden das Zentrum der Arbeit und meine wissenschaftliche Herangehensweise habe ich an die jeweiligen Einzelaspekte dieses vielschichtigen Gegenstandes angepasst. Der Volkskundler und Erzählforscher Lutz Röhrich sprach sich bereits 1973 für einen Methodenpluralismus in der Sagenforschung aus, denn »[g]erade weil Sagen ein gesamtheitliches Stück Kulturgeschichte sind, müssen mehrere Wissenschaften zu ihrer Erforschung zusammenwirken« (Röhrich 1973: 31). So kontextualisiere ich die verschiedenen Aufzeichnungen der Sage zunächst unter Zuhilfenahme von Geschichte und Theorie der Sagenforschung. Danach zeichne ich anhand heimatkundlichen Materials die Geschichte des Gegenstandes nach und analysiere seine historische Bedeutung für Friesoythe. Um schließlich mehr über die Verwendung des Pestschinkens als Unterrichtsmaterial in den Grundschulen, seine jüngere Geschichte sowie seine heutige soziale Bedeutung zu erfahren, habe ich drei ExpertInnengespräche geführt.

2.1 Analyse und Kontextualisierung von Printquellen

In einer umfassenden Recherche habe ich zunächst alles auffindbare Quellenmaterial zum Thema Pestschinken zusammengetragen. Dabei habe ich, sofern vorhanden, die Quellenangaben jeder Veröffentlichung zurückverfolgt, bis sich daraus keine weiteren Hinweise mehr ergeben haben. Im Zuge dieser Recherche besuchte ich das Privatarchiv meines Großvaters, die örtliche Buchhandlung, die Gemeindebücherei St. Marien, das Postgeschichtliche Museum in Friesoythe, die Landesbibliothek Oldenburg, die Staats- und Universitätsbibliothek Bremen, die Archivbibliothek des Bischöflich-Münsterschen Offizialats Vechta, das Internet und sogar eine Gastwirtschaft. Es erschloss sich mir ein recht umfangreicher Fundus an Sagenbüchern, Zeitungen, Lesefibeln für Grundschulen, heimatlichen Zeitschriften und Jubiläumsschriften. Die Spanne an Textsorten umfasste alte Aufzeichnungen der Sage, historische und kulturgeschichtliche Analysen derselben durch lokale Akademiker, künstlerische Verarbeitungen des Stoffs in Versform, Zeitungsartikel über

Geschichte und Verbleib des Gegenstandes und, als Textsorten im erweiterten Sinn, auch Postkarten und ein Glaskunstwerk.

Zur Analyse und Kontextualisierung der Sage verwende ich einschlägige Literatur aus der Sagenforschung. Allen voran ist hier der Sagenforscher Leander Petzoldt zu nennen, dessen Publikationen mir meinen Einstieg erheblich erleichterten, indem sie mir die Geschichte, Diskurse und teils internationale Vertreter*innen dieses Faches näher gebracht haben. Gleichzeitig war es mir ein Anliegen, die Arbeiten lokaler Forscher*innen mit einzubeziehen, die sich speziell mit der Region oder sogar explizit mit dem Pestschinken auseinandergesetzt haben. Wie sich zeigen wird, enthält die Sage vom Pestschinken eine überregional verbreitete Motivik, die sich in den Kontext historischer Pestsagen einfügt.

Aufschluss über die Bedeutung des Pestschinkens als identitätsstiftendes Objekt ziehe ich aus einer Diskursanalyse der genannten Textquellen und künstlerischen Verarbeitungen sowohl des Sagenstoffs als auch des materiellen Gegenstandes. Die nach Siegfried Jäger (2009) sogenannte Strukturanalyse allen vorhandenen Materials findet verteilt über weite Teile der gesamten Arbeit statt, während Feinanalysen nur zu ausgewählten Diskursfragmenten an passender Stelle angefertigt werden. Zwar sind diese Texte »auf den ersten Blick Produkte einzelner Individuen« (Jäger 2009: 173), werden in der Diskursanalyse aber primär als »Bestandteile eines (sozialen) Diskurses« (ebd.) verstanden: »Der Blick auf das individuelle Produkt verfolgt die Absicht, Elemente des (sozialen) Diskurses zu erfassen« (ebd.). Der Fokus meiner Analyse liegt darauf, wie der Pestschinken beschrieben und inszeniert wird, welche symbolischen Bedeutungen ihm beigemessen und welche Werte an ihm verhandelt werden. Dabei ziehe ich ergänzend Literatur aus der Europäischen Ethnologie zurate, insbesondere aus der Materiellen Kultur und der Museologie.

2.2 Zugang zum Feld und leitfadengestützte Interviewführung

Das Forschungsfeld, in dem ich mich bewege, ist nicht genau abzustecken und zu definieren. Das liegt vor allem daran, dass Forschungsfelder nicht, wie lange angenommen, als isolierte Einheiten existieren und daher eher als Fiktionen der Forschenden zu betrachten sind (vgl. Wolff 2009: 337f.). Wenn ich im Folgenden vereinfachend vom Forschungsfeld spreche, meine ich damit ein dezentrales Geflecht aus Orten und Personen, das erst durch mein spezifisches Forschungsinteresse geformt wurde, räumlich nicht allein auf Friesoythe zu beschränken ist und in Interdependenz zu anderen sozialen Kontexten steht. Es besteht zum einen aus öffentlichen und damit leicht zugänglichen Räumen wie regionalen Bibliotheken, Museen und dem Friesoyther Rathaus. Zum anderen besteht es aus Personen, an die ich mich aufgrund ihres spezifischen Wissens zum Pestschinken gewandt habe. Diese Personen waren sehr interessiert an meiner Arbeit und damit auch außerordentlich hilfsbereit, weil sie mein Interesse an dem Gegenstand guthießen oder auch die Tatsache, dass ihr Wissen gefragt war. Die Herausforderung bestand also nicht darin, die jeweiligen Leute für mein Anliegen zu gewinnen, sondern darin, überhaupt herauszufinden, wer als Ansprechperson infrage käme. Auch wenn ich persönlich in Friesoythe nicht sehr vernetzt bin, habe ich diesbezüglich stark von meiner Rolle als Einheimischer profitiert: Allein durch Familienbande bestanden für mich bereits Ansatzpunkte, nach denen Forscher*innen ohne diesen Hintergrund lange und ggf. vergeblich hätten suchen müssen. So erhielt ich bspw. den ersten Literaturtipp durch meine Mutter, die mir später auch eine meiner InterviewpartnerInnen vermittelte. Ein anderer Gesprächspartner, ursprünglich von meiner Großmutter vorgeschlagen, erkundigte sich bei meiner ersten Anfrage danach, aus welcher Familie ich denn käme. Auf die Erwähnung meines Großvaters hin fielen die letzten Zweifel von ihm ab und er kommentierte: »Da weiß ich auch, mit wem ich's zu tun habe!«. So übernahm mein Großvater, trotz seiner schweren Demenz und ohne es zu wissen, für meine Forschung die Rolle eines Türöffners. Noch weitere, hier nicht allesamt zu nennende Gespräche zur Informationsbeschaffung wurden mir auf ähnliche Weise erleichtert und böten bereits geraumes Material zur Analyse der lokalen Sozialstruktur. Die Kulturanthropologin Christine Aka bemerkte über ihre Mithilfe an der Ortschronik ihres Heimatdorfes, dass man sie weniger aufgrund ihrer fachlichen Expertise denn als »Tochter von« zurate gezogen habe (Aka 2018: 235). Ein ähnliches Gefühl beschlich auch mich während meiner Forschung das eine oder andere Mal: Ich profitierte von meinen Verwandtschaftsverhältnissen, die in diesem Forschungsfeld eine vergleichsweise große Rolle gespielt haben, doch heißt das im Umkehrschluss auch, dass Forscher*innen ohne entsprechende Vorpositionierung einen erschwerten Zugang gehabt hätten.

Die von mir hauptsächlich angewandte Methode zur Erhebung von Daten bestand in der Interview- bzw. Gesprächsführung, die in der Ethnographie eine grundlegende Herangehensweise zur »Ermittlung von Expertenwissen über das jeweilige Forschungsfeld, der Erfassung und Analyse der subjektiven Perspektive der Beobachteten« (Hopf 2009: 350) darstellt. Diese Interviews habe ich teilstandardisiert gestaltet, da sie zweierlei Zweck dienten: Sie sollten mir konkretes Faktenwissen zum Pestschinken liefern, das aus der Literatur nicht hervorging, den Interviewten aber auch Raum zur freien Erzählung mit eigener Schwerpunktwahl lassen. Solche längeren Gespräche führte ich mit Ferdinand Cloppenburg (ehemaliger Bürgermeister, Vorsitzender des Heimatvereins, Heimatforscher), Maria Zumsande (pensionierte Lehrerin, die Schulunterricht zum Pestschinken abgehalten hat) und Peter Sieve (Historiker und Archivar am Bischöflich-Münsterschen Offizialat in Vechta, der sich aufgrund von Familienbeziehungen für den Pestschinken und seine früheren Besitzer*innen interessiert). Wo Informationen aus diesen Gesprächen in meine Arbeit eingeflossen sind, ist das stets durch die Initialen der jeweiligen Person gekennzeichnet (fc, mz, ps). Eine geplante Hospitation im Sachkundeunterricht an der Ludgeri-Grundschule konnte aufgrund der Schulschließung im Zuge der Corona-Pandemie leider nicht stattfinden. Der Abschnitt über den Pestschinken als Unterrichtsgegenstand musste daher ohne aktuelle Daten aus Teilnehmender Beobachtung verfasst werden.

3 Die Sage um den Pestschinken

3.1 Definition des Sagenbegriffs und Einordnung der Pestschinken-Sage in die Erzählforschung

Bevor ich mich eingehend der Sage um den Pestschinken widme, muss zunächst eine adäquate Definition des Sagenbegriffs gefunden werden, was aufgrund der Anzahl der bisherigen Definitionsversuche bereits eine Herausforderung darstellt. Leander Petzoldt bezeichnet Sagen etwas abstrakt als »Erzählungen, die etwas aussagen über eine Möglichkeit menschlicher Welterfahrung und die auch auf eine bestimmte Weise Welt deuten wollen« (Petzoldt 1999: 200). Da sie Erlebtes und Wahrgenommenes wiedergibt, verfügt die Sage über »individuelle[n] Wahrheitswert« (ebd.: 58) und stellt eine Auseinandersetzung des Menschen »mit seiner eigenen und der ihn umgebenden Natur, mit der historischen Realität und der transzendenten Welt« (ebd.) dar. Sie entspringt damit »Grundbedürfnissen der menschlichen Psyche« (ebd.). Für eine kompakte und greifbare Grundcharakterisierung möchte ich den mit dem Oldenburger Münsterland vertrauten Volkskundler Ernst Helmut Segschneider zurate ziehen:

> »Die Sage, z.B. von einer meiner Erzählerinnen als ›wahre Geschichte‹ und auch sonst allgemein von den Gewährsleuten nie als ›Sage‹ sondern meist als ›Geschichte‹ oder mundartlich ›Dönken‹ bezeichnet, wird von den Erzählern und ihrem Zuhörerkreis geglaubt. Tatsächlich hat sie in der Regel einen realen Ausgangspunkt: ein historisches Ereignis oder eine historische Persönlichkeit, ein außergewöhnliches Erlebnis, eine Naturerscheinung und anderes mehr. Hierin unterscheidet sich die Sage grundsätzlich vom Märchen, das den Anspruch, für wahr gehalten zu werden, nicht erhebt. Die Sage wird in gewissen Abständen, z.B. sicherlich oft nach ihrer Übertragung auf eine jüngere Generation, aktualisiert, d.h. inzwischen eingetretenen Umweltveränderungen angepaßt, ohne daß ihr Kern davon berührt würde – weil sie ja eine ›wahre Geschichte‹ sein soll.« (Segschneider 1973: 165. Hervorhebung im Original.)

Der Volkskundler Helge Gerndt differenziert weiter und betont eine Ambivalenz aus Glaubwürdigkeit und Unglaubwürdigkeit als charakteristisches Merkmal der Sagen, da sie »sich als spezifische Erzählgebilde erst mit der Doppelheit von Wahrheitsanspruch und Zweifel« (Gerndt 1988: 1) konstituieren.

Die Sage um den Pestschinken gehört zu den *historischen Sagen*, deren Charakteristikum es nach Petzoldt ist, dass dabei reale Persönlichkeiten oder Ereignisse im Mittelpunkt stehen (vgl. Petzoldt 1999: 136f.). Diese Ereignisse sind 1.) das Auftreten der Pest, 2.) die zahlreichen Todesopfer und 3.) das letztendliche Verschwinden der Seuche. Außerdem handelt es sich um eine *ätiologische*, also erklärende Sage, der ein realer Kern zugrunde liegt und die das menschliche Bedürfnis nach Erklärung von Naturerscheinungen befriedigt (vgl. ebd.: 133f.). Die zu erklärenden Phänomene sind im Falle der Pestschinken-Sage die Qualität der Seuche sowie ihr Verschwinden. Diese Aspekte und Begebenheiten werden durch die Erzählgemeinschaft »vor dem Hintergrund kollektiver Glaubensvorstellungen und Erfahrungen interpretiert […]; auf diese Weise werden sie selbst Bestandteil der gemeinschaftlichen Erfahrung« (ebd.: 59).

Mündlich überlieferter Sagenstoff ist beständiger Veränderung und ggf. Anpassung an das Zeitgeschehen ausgesetzt. Auch von der Pestschinken-Sage existieren dementsprechend ältere und jüngere Varianten, jedoch keine richtigen bzw. falschen Erzählweisen und es ist auch nicht der Sinn dieser Arbeit, sie in dieser Hinsicht zu werten. Die genaue Entwicklung des Sagenstoffs über die Jahrhunderte lässt sich nicht mehr rekonstruieren, gerade weil er auf mündlicher Überlieferung beruht. Einige Hinweise über ihre Entwicklung lassen sich aus gelegentlichen Aufzeichnungen der Geschichte gewinnen, die bspw. in Sagensammlungen erschienen sind. Obgleich die ungarische Folkloristin Linda Dégh unlängst den Nutzen alter Sagenaufzeichnungen für die moderne Volkskundeforschung infrage gestellt hat, da jene umgeformt aufgezeichnet und der gemeinschaftlich erlebten Erzählsituation als ihrer natürlichen Umgebung entfremdet seien (Dégh 1969: 375ff.), bilden die Aufzeichnungen der Pestschinken-Sage die einzigen Primärquellen, auf die ich mich bzgl. des Inhalts der Erzählung noch berufen kann. Über die Mündlichkeit der Weitergabe des Stoffs während ihrer Entstehungszeit lassen die Aufzeichnungen allerdings kaum Rückschlüsse zu. Eine fortlaufende Entwicklung der Sage bzw. Anpassung an zeitgenössische Verhältnisse findet heutzutage nicht mehr statt, da man sich vom Pestschinken nicht mehr als »wahre Geschichte« erzählt. Zwar sah Segschneider 1973 in Südoldenburg eine Region, in der »wenigstens ein Teil der traditionellen Formen mündlichen Erzählens nach wie vor weiterexistiert« (Segschneider 1973: 165), jedoch betonte er schon damals, dass die Überlieferungsträger rar geworden seien (vgl. ebd.). Wenn heutzutage in Friesoythe vom Pestschinken erzählt wird, dann auf Basis einer der Aufzeichnungen und im Bewusstsein darüber, dass es sich dabei um eine Sage handelt. Das Zustandekommen der jeweiligen Aufzeichnungen bildet neben inhaltlichen Analysen der Sagenmotive einen Schwerpunkt dieses Kapitels.

3.2 Die Entwicklung des Sagenstoffs

Die nun zu besprechenden fünf Varianten der Geschichte sind als Primärtexte der Pestschinken-Sage zu betrachten, da sie zum Teil oder vollständig auf Grundlage mündlicher Erzählweisen formuliert wurden. Andere prosaische Texte, wie bspw. Verarbeitungen des Stoffs für Schulbücher, basieren auf diesen Texten und enthalten nur in wenigen Fällen neue oder gar widersprechende Informationen. Diese seien an anderer Stelle der vorliegenden Arbeit der Vollständigkeit halber zwar ebenfalls genannt, können aber nicht allesamt im Volltext zitiert werden.

3.2.1 Erste Aufzeichnung zum Zwecke der Konservierung (1848)

Erstmalig verschriftlicht und veröffentlicht wurde die Sage um den Pestschinken 1848 in der Sammlung *Norddeutsche Sagen, Märchen und Gebräuche aus Meklenburg, Pommern, der Mark, Sachsen, Thüringen, Braunschweig, Hannover, Oldenburg und Westfalen* von Adalbert Kuhn und Wilhelm Schwartz. Bevor ich inhaltlich auf den Sagentext eingehe, soll zunächst der Kontext seiner Entstehung erläutert werden, da das genannte Werk nur eine von vielen Sagensammlungen ist, die im 19. Jahrhundert in einer Euphorie um die Bewahrung mündlichen Erzählstoffs entstanden sind.

Ab dem Ende des 18. Jahrhunderts wandten sich Sagentheoretiker dem Stoff, der zuvor als »Fabel des ›gemeinen Mannes‹« eher geringschätzig betrachtet worden war, mit einer deutlich positiveren Einstellung zu und verklärten ihn zu erkenntnisfördernden »Sagen des Volkes« oder auch zu »Naturpoesie«[6] (Gerndt 1988: 5). Das Sammeln von Sagen wurde fortan öffentlich postuliert, bspw. in Zirkularen und Aufrufen, und damit zu einer Art idealistischer Tat erhoben (ebd.). Die Brüder Jacob und Wilhelm Grimm sind die bis heute populärsten Beispiele solcher Sagen- und Märchensamm-

6 Als Gegensatz zur »Kunstpoesie« (Gerndt 1988: 9).

ler[7] und formulierten die Notwendigkeit ihres Handelns ganz im Sinne der romantischen Epoche:

> »Es war vielleicht gerade Zeit, diese Märchen festzuhalten, da diejenigen, die sie bewahren sollen, immer seltner werden (freilich, die sie noch wissen, wissen auch recht viel, weil die Menschen ihnen absterben, sie nicht den Menschen), denn die Sitte darin nimmt selber immer mehr ab, wie alle heimlichen Plätze in Wohnungen und Gärten einer leeren Prächtigkeit weichen, die dem Lächeln gleicht, womit man von ihnen spricht, welches vornehm aussieht und doch so wenig kostet. Wo sie noch da sind, da leben sie so, daß man nicht daran denkt, ob sie gut oder schlecht sind, poetisch oder abgeschmackt, man weiß sie und liebt sie, weil man sie eben so empfangen hat, und freut sich daran ohne einen Grund dafür: so herrlich ist die Sitte, ja auch das hat diese Poesie mit allem unvergänglichen gemein, daß man ihr selbst gegen einen andern Willen geneigt seyn muss. Leicht wird man übrigens bemerken, daß sie nur da gehaftet, wo überhaupt eine regere Empfänglichkeit für Poesie oder eine noch nicht von den Verkehrtheiten des Lebens ausgelöschte Phantasie gewesen. Wir wollen in gleichem Sinn hier die Märchen nicht rühmen, oder gar gegen eine entgegengesetzte Meinung vertheidigen: jenes bloße Daseyn reicht hin, sie zu schüzzen. Was so mannichfach und immer wieder von neuem erfreut, bewegt und belehrt hat, das trägt seine Nothwendigkeit in sich, und ist gewiß aus jener ewigen Quelle gekommen, die alles Leben bethaut, und wenn auch nur ein einziger Tropfen, den ein kleines zusammenhaltendes Blatt gefaßt, doch in dem ersten Morgenroth schimmernd.« (Grimm 1812: VIIf. Hervorhebung im Original.)[8]

Was in diesem Ausschnitt des Vorwortes ihrer *Kinder- und Haus-Märchen* deutlich wird, ist ein gesellschaftlicher Wandel, vor dessen Wirkung sie glaubten, das Tradierte retten zu müssen, um seiner bloßen Schönheit willen. Laut dem Erzählforscher Helge Gerndt verengte sich nach den Freiheitskriegen 1813–1815 entsprechend dem vaterländischen Zeitgeist der Fokus auf *deutsche* Überlieferung (vgl. Gerndt 1988: 11) und Sagen und Märchen wurden zunehmend als Ausdruck eines vermeintlichen deutschen Volksgeistes sowie der poetischen Urbegabung desselben verstanden (vgl. ebd.: 14). Die

---

7 Die Qualität und der Einfluss ihrer Arbeit im Vergleich zu der anderer Zeitgenossen ist in der Sagenforschung jedoch nicht unumstritten. Vgl. hierzu Gerndt 1988: 13f.

8 Eine klare Trennung zwischen Märchen und Sage gibt es bei den Grimms nicht.

»Suche nach den Quellen einer deutschen Mythologie [sollte] der Nation den Weg zurück in das Goldene Zeitalter ihrer unschuldigen Kindheit« (Petzoldt 1999: 64) zeigen und »die Rekonstruktion einer umfassenden indogermanischen Urreligion« (ebd.: 66) ermöglichen. Diese stark ideologisierte Frühphase seiner Wissenschaft bezeichnet der Sagenforscher Leander Petzoldt als »Mythologische Schule« (ebd.: 63 ff.), deren »unkritische Haltung gegenüber den Quellen [...] sie oft zu allzu simplifizierenden Schlussfolgerungen verführte« (ebd: 66). In diesem Kontext ist auch die Sagensammlung von Kuhn und seinem Schwager Schwartz zu verorten, die die Geschichte vom Pestschinken erstmalig publik gemacht hat. Sie widmeten ihr Buch »[s]einer Majestät dem Könige [von Preußen, Anm. d. Verf.] Friedrich Wilhelm IV, dem großmütigen Förderer dieses vaterländischen Werkes in tiefster Ehrfurcht und voll Dankbarkeit«. Ihre Motivation zur Aufzeichnung von Sagen und Brauchtum begründet Kuhn historisch:

> »Die Herausgeber haben es sich als letztes Ziel gesetzt, alles, was an Sage und Gebräuchen aus älterer, vor allem heidnischer Zeit, noch im Volke lebendig war, zu sammeln, um so Quellen für die Darstellung der Geschichte des Volksglaubens von den ältesten Zeiten herab bis auf die neueste zu gewinnen [...].
> Unserem Hauptziele folgend, alles, was sich noch an Glauben aus der heidnischen Zeit zu uns herübergerettet hat, zu sammeln, waren es natürlich zunächst mythologische Punkte, auf die wir vorzugsweise unser Augenmerk richteten, ohne jedoch auch unsere Aufmerksamkeit von anderen Seiten der Sage ganz abzulenken, zumal sich ja oft von vornherein gar nicht bestimmen lässt, ob nicht einer Sage irgend ein Mythos zum Grunde liege, da häufig die Vergleichung mit Sagen älterer und neuerer Völker einen solchen mythischen Gehalt derselben ergibt.« (Kuhn und Schwartz 1848: VII, Xf.)

Das Ziel der beiden Philologen und Sagenforscher war es, einen Fundus an Material zusammenzutragen, mit dessen Hilfe eine Geschichte des »Volksglaubens« (re)konstruiert werden könne. Auch die Angst vor Verlust spielte in den Sagensammlungen jener Zeit eine Rolle: Mit den Freiheitskriegen, aber auch schon davor, habe die Gläubigkeit an die Überlieferungen entschieden abgenommen und zur Veranschaulichung dieser Erkenntnis zitieren sie einen Halberstädter Bauern: »Der alte Fritz hat die Zwerge verjagt, aber Napoleon hat allen Spuk aus dem Lande vertrieben!« (Kuhn und Schwartz 1848: XVIII). Kuhn hatte bereits zuvor eine Sammlung märkischer Sagen, Märchen und Gebräuche herausgegeben (1843) und sollte später noch ein zweibändiges

Äquivalent zu Westfalen veröffentlichen (1859ab), was jeden Zweifel daran ausräumt, dass es ihm in dieser Periode seines Schaffens dezidiert um einen *deutschen* Volksglauben ging. Am Ende des von ihm verfassten Vorwortes heißt es dementsprechend in überschwänglicher, nationaler Aufbruchsstimmung:

> »So mögen denn diese Blätter hingehen und von der alten vergangenen Zeit zeugen, aber indem sie das Leben derselben als in der Gegenwart noch nicht ganz erstorben nachweisen, mögen sie zugleich eine Mahnung sein, recht bald alle noch übrigen, die an den noch hie und da grünenden Aesten des einst gewaltigen Baumes sitzen, zu sammeln, ehe sie der Sturm unwiederbringlich dahinrafft. Ist das geschehn, dann mag die Windsbraut der neuen Zeit den morschen Stamm zerschmettern, ein neuer Baum erhebt sich, herrlicher und kräftiger, der seine Zweige über das ganze, einige Vaterland ausbreitet; möge es denn unter seinem schützenden Dache einer glücklichen Zukunft entgegengehen.« (Kuhn und Schwartz 1848: XXXIf.)

Die Motivation bei der Niederschrift der (großteils heidnischen) Sagen und Gebräuche bestand darin, sie in Anbetracht des starken gesellschaftlichen Wandels jener Zeit, der von Kuhn und Schwartz durchaus begrüßt wurde, als geistesgeschichtliches Zeugnis für die Nation zu konservieren, da ein zunehmendes Verschwinden von Sagen und Brauchtum angenommen wurde (ebd.: XVIIf.; XXXIf.). Auch ist die Naturmetapher zu beachten, die keinesfalls zufällig gewählt wurde, sondern derer sich auch schon die Grimms bspw. in der Vorrede zu ihren *Kinder- und Hausmärchen* bedienten. Der Germanist und Volkskundler Wolfgang Emmerich sieht das »eigentlich Ideologische« an Metaphern solcher Art darin, »daß sie die Grenzen zwischen den Bereichen von Geschichte und Gesellschaft einerseits und Natur andrerseits verwischen, ja prinzipiell aufheben wollen« (Emmerich 1971: 39). Organologische Interpretation der Geschichte würde bestehende gesellschaftliche Verhältnisse stützen, womit eine »Grundfigur konservativ-bürgerlichen Denkens« (ebd.: 40) benannt sei.

Im Untertitel der *Norddeutschen Sagen* wird bereits darauf hingewiesen, dass der Stoff »[a]us dem Munde des Volkes gesammelt« worden sei und auch die Vorrede betont, dass nur in Ausnahmefällen auf schriftliche Quellen zurückgegriffen wurde (Kuhn und Schwartz 1848: VII). Das genannte Prädikat »Mündlich.« ist definiert als Vermerk, dass »stets die niederen, meist die untersten Stände als Quellen anzunehmen sind« (ebd.: XII). Man habe »stets aus der großen Maße des Volks, der eigentlichen Trägerin der unverfälschten

Sage« (ebd.) geschöpft. Die Autoren haben sich also hauptsächlich an Menschen der niederen Stände gewandt, in der idealisierenden und verklärenden Annahme, dass jene die Sagen »in einer oft bewundernswerten Reinheit« (ebd.) von Generation zu Generation weitergeben und – anders als Vertreter*innen der höheren Stände – weniger »subjektive Ansicht und willkürliche Umbildung« (ebd.: XIII) einbringen würden. Das Leben »des Landvolks« (ebd.: XIV) wird als statisch und frei von Entwicklung angesehen; »seine Lieder und Sagen [seien darin] das einzige poetische Element« (ebd.) und würden »einen veredelnden Einfluß auf die raue Derbheit desselben üben« (ebd.), führen die Autoren gegen die polizeiliche Unterdrückung heidnischer Sitten an. Liest man zwischen den Zeilen, macht sich eine Mischung aus Faszination und unterdrückter Abscheu bemerkbar: Die beiden Gelehrten exotisieren die Landbevölkerung und stülpen ihr ihre Interpretation auf. Gleichzeitig sind sie bemüht um Authentizität: Kuhn betont, dass Schwartz und er sich der genauen Wiedergabe des Gehörten in Bezug auf wichtige Ausdrücke verpflichtet fühlten und dass die Darstellung etwas »hart und eckig« geraten sei, vor allem da es sich bei ihrer Sammlung fast durchweg um Übersetzungen aus dem Niederdeutschen handele (ebd.: XVf.).

Wie auch bei der Aufzeichnung der Pestschinken-Sage nach Kuhn und Schwartz wurde das Prädikat »Mündlich.« in den frühen Sagensammlungen häufig genutzt und dabei als Qualitätsmerkmal verwendet – in vielen Fällen selbst dann, wenn der schlussendliche Text nur teilweise auf Selbstgehörtem beruhte (Gerndt 1988: 7f.). Außerdem bezog sich die »Mündlichkeit« in erster Linie auf die so überlieferten *Inhalte*, nicht aber auf die *Form* des Gesprochenen: Die Inhalte wurden in eine literarische Form gebracht und aus ihren jeweiligen Dialekten ins Hochdeutsche übertragen (vgl. ebd.), obwohl es daran auch (Selbst-)Kritik gab, bspw. von den Brüdern Grimm:

> »Wären wir so glücklich gewesen, sie [die Sagen und Märchen, Anm. d. Verf.] in einem recht bestimmten Dialect erzählen zu können, so zweifeln wir nicht, würden sie viel gewonnen haben; es ist hier ein Fall, wo alle erlangte Bildung, Feinheit und Kunst der Sprache zu Schanden wird, und wo man fühlt, daß eine geläuterte Schriftsprache, so gewandt sie in allem andern seyn mag, heller und durchsichtiger aber auch schmackloser geworden, und nicht mehr fest an den Kern sich schließe.« (Grimm 1812: XXf.)

Tatsächlich liest sich auch die Aufzeichnung der Pestschinken-Sage bei Kuhn und Schwartz sehr sachlich, nüchtern und emotionslos, wozu nicht zuletzt der Verzicht auf Mundart beigetragen hat. Obgleich der Text explizit den Vermerk »Mündlich.« trägt, wirkt er aufgrund seines distanzierten Stils (man zeigt; man erzählt; man sagt) und der überwiegenden Formulierung im Konjunktiv stark entfremdet von mündlicher Erzählweise:

> »316. Der Pestschinken.
> Mündlich.
> In Friesoythe zeigt man in einem Hause nahe am Thor, wo es nach Harkebrücke hinausgeht, einen alten Schinken, der soll vierhundert Jahr alt sein und noch aus der Pestzeit herrühren, denn die Pest, erzählt man, sei in ihn hineingefahren, oder, wie andre sich ausdrücken, sei hineingetragen worden. Auf den Dörfern der Umgegend aber, z. B. in Edewecht und Westerscheeps sagt man, in Friesoythe sei in einem Hause ein Schinken, der wäre verwünscht und man könne ihn nicht los werden, denn so oft man ihn auch fortgebracht, er sei immer gleich wieder da gewesen. Beide sagen auch, er sei ewig, denn soviel man auch abschneiden möge, es wachse gleich immer wieder zu.« (Kuhn und Schwartz 1848: 282)

In Friesoythe wird diese Version der Sage in keiner Sekundärquelle rezipiert.[9] Das Detail, der Schinken würde nach Beschädigung wieder zuwachsen, widerspricht sogar der gängigen Erzählweise, die im folgenden Abschnitt nachzulesen ist und dezidiert auf ein durch menschlichen Eingriff entstandenes Loch im Schinken hinweist. Auch die sich aus diesem Text ergebende Altersangabe, welche den Schinken auf das 15. Jahrhundert datiert, weicht von anderen Quellen ab. Ein besonders interessantes Detail dieses ältesten erhaltenen Textes über den Pestschinken besteht darin, dass er berichtet, wie zu jener Zeit in zwei nicht unmittelbaren Nachbardörfern über den Schinken gesprochen wurde. Edewecht und Westerscheps liegen dicht beieinander, 15 Kilometer nördlich bzw. 16 Kilometer nord-östlich von Friesoythe, und dort wurde der gleiche Gegenstand mit einer anderen Sage in Verbindung gebracht. Der Schinken sei demnach verwunschen und es wäre nicht möglich, ihn dauerhaft fortzubringen. Er ist hier folglich ein negativer übernatürlicher Gegenstand, der die Menschen heimsucht. Die Pest fehlt in dieser Geschichte völlig und dem Schinken kommt keine Rolle als Retter zu; im Gegenteil

9 Allerdings sei erwähnt, dass sie in die mehrbändige Sammlung *Niedersächsische Sagen* des Volkskundlers Will-Erich Peuckert aufgenommen wurde (Peuckert 1964: 5). Auch später ist sie noch vereinzelt reproduziert worden (zuletzt bspw. in Kuper 2013: 62).

versuchen die Menschen mehrfach vergeblich, sich seiner zu entledigen. Diese Diskrepanz ist besonders im Verhältnis von Eigenem und Fremdem interessant: Während die Friesoyther ihren alten vertrockneten Schinken zum Gegenstand der Befreiung von einer Seuche hochstilisieren, erzeugt er von außen betrachtet Befremden und kann schwerlich als etwas Positives verstanden werden. Vielleicht hat man sich in Edewecht und Westerscheps gefragt, warum die Friesoyther das ungenießbar gewordene Stück Fleisch überhaupt weiterhin aufbewahren. In diesem Fall bedurfte die bloße Weiterexistenz des Schinkens einer Begründung oder Rechtfertigung, die darin gefunden wurde, dass die Friesoyther ihn aufgrund einer Verwünschung einfach nicht loswürden. Dennoch muss auch in Betracht gezogen werden, dass die Pest und die Verwünschung deckungsgleichere Geschichten gewesen sein könnten, als es aus heutiger Perspektive den Anschein macht: Ohne das Wissen über Krankheiten als durch mikroskopisch kleine Erreger verbreitete und ansteckende Leiden hat ein Phänomen wie die Pestilenz selbst den Anschein eines Fluches, einer Verwünschung, einer unheiligen Hexerei oder auch einer göttlichen Strafe für rituelles Fehlverhalten der Menschen. Seuchen werden daher in zahlreichen Sagen dämonisiert (vgl. Petzoldt 1999: 146). Wie genau nun die Ambiguität in der Identität des Schinkens zustande gekommen ist, kann aufgrund der dürftigen Quellenlage nicht rekonstruiert werden. Allein ihre Existenz zeigt jedoch auf: Der Friesoyther Schinken ist nicht immer von allen Rezipient*innen konsensuell als *Pest*schinken verstanden worden. Die abweichende Interpretation des Gegenstandes durch die Bewohner*innen eines Nachbardorfs mag mit Fremdheitsempfinden oder der bloßen Distanz zu erklären sein; dennoch eröffnet sich durch diese nachgewiesene ambigulente Bedeutung die Möglichkeit, dass der Schinken sogar in Friesoythe einmal eine andere Geschichte und eine andere Identität als die des Pestschinkens gehabt haben könnte. Mündlich überlieferte Geschichten unterliegen stetigen Änderungen, Anpassungen und Verfremdungen. So ist es durchaus möglich, dass die für den Schinken so zentrale Kontextualisierung mit der Pest ein Produkt dieses Wandels ist und im Laufe seiner früheren Geschichte bereits andere Erzählungen und Kontexte an ihn geknüpft waren. Den akribischen Sagensammlern wird jede Variante als Teil eines vermeintlichen Fundus deutschen Volkstums recht gewesen sein.

3.2.2 Zweite Aufzeichnung in der bis heute gängigen Erzählweise (1867/1909)

Die Sage um den Pestschinken wurde im Jahr 1867 in Ludwig Strackerjans zweibändiges Werk *Aberglaube und Sagen aus dem Herzogthum Oldenburg* aufgenommen[10]. Diese Sammlung steht im gleichen historischen Kontext wie die von Kuhn/Schwartz, geht allerdings in ihrer begrenzten Lokalität noch ausführlicher vor. Sein »kleines Feld«, das Herzogtum Oldenburg mit seinen Viertelmillion Einwohner*innen, habe Strackerjan »vollständig abgeerntet«, obgleich er nicht bezweifelt, »daß noch zahlreiche Ergänzungen und neue Anwendungen bekannter Dogmen aufzufinden sein werden« (Strackerjan und Willoh 1909: Bd. I, XIII). Daher schließt Strackerjan die Vorrede mit der Aufforderung an seine Leser*innen, »sich die Mühe nicht verdrießen [zu] lassen, alles was ihnen zur Ergänzung oder Berichtigung bekannt werden sollte, und wäre es auch scheinbar noch so unbedeutend, aufzuzeichnen und mir zuzusenden« (ebd.: XIV). Zur Erklärung, warum er den Spukgeschichten vergleichsweise viel Platz eingeräumt hat, verweist er auf deren zu wenig gewürdigte »Bedeutung im Volksleben« (ebd.: XIIf.), was letztendlich auch Aufschluss über die generelle Motivation seiner Arbeit liefert. Das Wort *Volk* definiert er wie folgt:

> »Vorliegendes Buch beschäftigt sich an erster Stelle mit dem Aberglauben. Damit ist der Volksaberglaube gemeint, jener Aberglaube, der im eigentlichen Volke, das ist in der gediegenen seßhaften Bevölkerung des Landes, von alters her bestanden hat, dort nach Ort und Zeiten minder oder mehr gepflegt worden, teils ausgestorben ist, teils sich bis auf unsere Tage erhalten hat. Der Volksaberglaube hat mit dem sogenannten modernen Aberglauben (Tischrücken, Spiritismus usw.) nichts gemein. Während dieser als das Produkt einer raffinierten Überkultur sich darstellt, ist der Volksaberglaube mehr geschichtlicher Art, ruht auf alten Überlieferungen, ist vielfach mit nationalen Volkssitten verbunden und hat an der Treue, mit welcher diese festgehalten werden, einigen Halt und einige sittliche Bedeutung.« (Strackerjan und Willoh 1909: Bd. I, 1. Hervorhebung im Original.)

In diesem ersten Absatz der Einleitung sind gleich zwei Dualitäten zu entdecken: Das »eigentliche«, auf dem Land sesshafte Volk wird vom nicht

10 Zitiert wird hier stets aus der von Karl Willoh herausgegebenen und erweiterten zweiten Auflage (Strackerjan und Willoh 1909).

näher definierten Rest der Bevölkerung unterschieden, sowie der Volksaberglaube von mutmaßlich moderneren Erscheinungen. Hier macht sich eine romantische Verklärung des einfachen ländlichen Lebens bemerkbar, das als etwas stetiges, ursprüngliches und auf natürliche Weise gesund gewachsenes dargestellt und mit Vokabeln wie *geschichtlich*, *Überlieferungen*, *national*, *Halt*, *Treue* und *sittlich* konnotiert wird. Den Gegenpol bilden mit nur kurzen Schlagworten umrissene *moderne* (also unstete und vergängliche) Erscheinungen, die sich einer als falsch zu entlarvenden *raffinierten Überkultur* zuschreiben, was die Konnotation von Nicht-Sesshaftigkeit und künstlicher statt natürlicher Entwicklung birgt. Wolfgang Emmerich bezeichnet solcherart Romantisierung ländlichen Lebens als Volkstumsideologie, »eine aus ökonomischen und machtpolitischen Interessen entspringende Verhüllung und Rechtfertigung von Herrschaftsverhältnissen« (Emmerich 1971: 15). Sie erhalte »ein gesellschaftlich nicht mehr gerechtfertigtes, ja gänzlich fiktives ständisches Bewußtsein der ›altdeutschen Welt‹ am Leben [...], das realiter mitgeholfen hat, die Bildung von Klassenbewußtsein zu verhindern und damit dem Faschismus die Machtübernahme erleichterte« (ebd.: 16). Akteure wie bspw. die Sagensammler nimmt er dabei aus marxistischer Perspektive besonders stark in die Verantwortung:

> »Waren doch die Liebhaber und Erforscher deutschen Volkstums eineinhalb Jahrhundert lang die eifrigen Mitproduzenten jener verfänglichen Ideologie der organischen Volksgemeinschaft, des ursprünglich-naturhaften Volkstums, die nicht erst unter dem Faschismus von den Herrschenden eingesetzt wurde, um den tatsächlichen Klassenantagonismus im durchaus nicht organischen Volk zu verschleiern.« (Emmerich 1971: 13)

Tatsächlich waren die Sagensammler Vertreter der herrschenden Klasse: Strackerjan bspw. war Richter, Justizrat, Mitglied der Direktion der Spar- und Leihbank und im Oldenburgischen Landtag ein Vertreter des rechten Flügels der Liberalen. Eine Kurzbiografie im Zuge der im Jahr 1909 erschienenen zweiten Auflage seines Werkes, erweitert und herausgegeben von dem aus Friesoythe stammenden katholischen Priester Karl Willoh, führt die Ausführung dieser Ämter auf das ihm eigene »leutselige, volkstümliche Wesen« zurück (Strackerjan und Willoh 1909: Bd. I, XVIII). Darüber hinaus betont die Biografie das Interesse des Kulturhistorikers »für die engere Heimat, ihre Geschichte und Eigentümlichkeiten« (ebd.: XIV) sowie seine Empfänglichkeit »für die Schönheiten der Natur und Landschaft« (ebd.: XX). In seinem Werk habe Strackerjan »eine Seite des Volkslebens aufgedeckt [...], die bislang vernachlässigt war. Man fühlte, wer die Volksseele verstehen, in ihr lesen wollte, der müsse auch das Volk in seinem Aberglauben kennen, auf seine Gebräuche und Sitten achten, der müsse auch wissen, was sich die Leute am Herdfeuer an Sagen, Märchen und Schnurren u. vgl. erzählen« (ebd.: XV). Es geht Willoh dabei um ein kulturhistorisches »Verstehen« von Außen, um eine Interpretation des Volkstümlichen von Seiten der Gelehrten; ähnlich konstruierend, wie die koloniale Ethnologie mit den vermeintlich ursprünglicheren »Naturvölkern« umgegangen ist, denen sie sich überlegen fühlte, aber deren Andenken sie durch nahezu wahnhaftes Sammeln vor der Vergessenheit zu bewahren suchte. Die Angst vor dem Vergessen spielt auch hier eine herausragende Rolle und ist generell ein wesentlicher Bestandteil der Vorreden von Sagensammlungen. So glaubte Willoh, die Sagen mögen sich noch länger halten, doch mit den Bräuchen ginge es »rasend bergab« (ebd.: XVII). Auch sah er in der Zeit zwischen der Erst- und der Zweitauflage das Verschwinden bestimmter Aspekte des Aberglaubens, die Strackerjan noch festgehalten hatte; er betonte aber, sie dennoch in die zweite Auflage übernommen zu haben, da es »für die Kenntnis der Geschichte des Aberglaubens und dessen, was daran klebt«, notwendig sei, »nicht nur das abergläubische Denken und Handeln der Jetztzeit, sondern auch der Vergangenheit heranzuziehen« (ebd.: XVI). Auch Strackerjan selbst hatte sich in seiner Rolle als in der Öffentlichkeit stehende Person bereits 1867 Gedanken dazu gemacht, weshalb es notwendig sei, Aberglauben und volkstümliche Erzählung nicht als Banalität abzutun. Er bewegte sich dabei in einem Spannungsfeld zwischen sehnsüchtiger Faszination für den vermeintlich ursprünglichen Volksglauben und einem Glauben an die eigene Aufgeklärtheit:

> »Was dem Aberglauben von jeher soviel Feindschaft eingetragen, ist der Glaube an seine große Gemeingefährlichkeit. Es ist sicher, daß der Aberglaube der Menschheit schon viel Schaden an der Ehre, Gesundheit und Vermögen zugefügt hat, man denke an den früheren Hexenwahn, aber was noch besteht ist nicht so schädlich, als der moderne Aberglaube, der in den Klassen sich breit macht, welche sich auf ihre Bildung und Gesittung etwas zu gute tun und auf den Bauernaberglauben verächtlich herabblicken. Immerhin sucht auch noch der Volksaberglaube täglich seine Opfer; z. B. ein Überrest des alten Hexenwahns, der Glaube, daß gewisse Leute dem Vieh oder Kindern durch bösen Blick oder sonst Unheil zufügen können und auch wirklich zufügen, spukt noch stark im Volke und wird von heute

auf morgen nicht verschwinden. Viel Leid hat dieser Glaube schon verursacht und verursacht es noch täglich. Es ist deshalb ganz verkehrt, wenn Leute, die im Volke stehen und im Volke wirken müssen, sich um den Volksaberglauben nicht kümmern, sondern sich stellen, als wäre derselbe nicht vorhanden oder gehe sie nichts an. Wer im Volke zu wirken hat, muß sich auch um dessen Aberglauben kümmern, er lernt dann die Denk- und Handlungsweise seiner Mitmenschen besser verstehen, kann unter Umständen aufklärend handeln und Schäden abwenden oder mildern. Dabei hüte man sich aber vor einem falschen Optimismus. Wer den Kampf mit dem schädlichen Aberglauben aufnimmt und glaubt, über kurz oder lang alles abergläubische Wesen bannen zu können, wird vor Überraschungen nicht bewahrt bleiben.« (Strackerjan und Willoh 1909: Bd. I, 8 f.)

Auch bei ihm macht sich zwischen den Zeilen ein Widerstreit zwischen Faszination und Abscheu bemerkbar, der einer Exotisierung gleichkommt.

Strackerjan weist direkt zu Beginn seiner Vorrede darauf hin, dass seine Sammlung »dem Volksmunde entnommen« und dass gedruckte Quellen nur in Ausnahmefällen verwendet und dementsprechend gekennzeichnet worden seien (ebd.: XII). Im Eintrag zum Pestschinken findet sich keine solche Kennzeichnung, was darauf schließen lässt, dass er gänzlich auf Grundlage mündlicher Berichte verfasst wurde. Er weist darauf hin, dass er nicht alle Sagen selbst zusammengetragen habe, sondern dass ihm »[f]leißige Mitarbeiter in den verschiedensten Lebensstellungen, besonders zahlreich aber Lehrer protestantischer Volksschulen« behilflich gewesen seien (ebd.) »Auch aus mehreren Kasernen und aus dem Hebammen-Institute« seien ihm »durch gütige Vermittelung wertvolle Beiträge geliefert« worden (ebd.). Diese habe er hauptsächlich über eine umfangreiche Fragebogenaktion gewonnen, obgleich Teile der Sammlung bis in seine Schülerjahre zurückreichen (ebd.: XX). Sein Werk kann als »Gemeinschaftsarbeit meist unbekannter Laien des ganzen Oldenburgerlandes« (Lübbing 1968: 299) bezeichnet werden und die Ausformulierung der Sage um den Pestschinken beruht demnach auf Informationen, die entweder Strackerjan selbst oder seine Helfer*innen durch gezielte Befragung der Bevölkerung zusammengetragen haben. Aus Rücksichtnahme auf das »größere Publikum« habe Strackerjan die in friesischer Mundart an ihn herangetragenen Geschichten ins Hochdeutsche übertragen (Strackerjan und Willoh 1909: Bd. I, XII). Durch den sachlichen Stil und den Verzicht auf Verwendung von Mundart wirkt auch der Sagentext zum Pestschinken sehr von tatsächlicher Erzählung entfremdet. Während

Strackerjan noch im Indikativ schreibt und dadurch zumindest etwas Nähe bewahrt, stehen Willohs Ergänzungen im Konjunktiv und wirken dadurch deutlich distanzierter. Auch in diesem Werk ist also die Formulierung »dem Volksmunde entnommen« auf die rein inhaltliche Ebene zu beschränken. Das mag u. a. am von Strackerjan intendierten Verwendungszweck seines Buches liegen: Obwohl das Werk letztendlich sehr populär gewesen und auch klassenübergreifend gelesen worden sei (vgl. ebd.: XIV), hatte Strackerjan es nicht primär als Lesebuch, sondern zur wissenschaftlichen Nutzung abgefasst (ebd.: XX). Die von Willoh 1909 ergänzten jüngeren Informationen werden durch das Sternchen markiert und der vollständige Pestschinken-Eintrag der 2. Auflage lautet wie folgt:

> »Zu Friesoythe im Wreesmannschen Hause (jetzt H. Windeberg) nahe dem Harkebrügger Tor wird ein über 300 Jahr alter Schinken aufbewahrt. In diesen Schinken ist einmal vor vielen vielen Jahren die Pest hineingebannt, die in Gestalt einer blauen Wolke in der Luft herumgefahren und endlich bezwungen und in den Schinken gebannt ist; der Schinken aber ist dadurch unverweslich geworden. Der Schinken kann aus dem Hause, in welchem er verwahrt wird, nicht entfernt werden; wird er herausgeholt, so kehrt er in der nächsten Nacht unfehlbar dahin zurück. Vor etwa 60 Jahren wollten Holländer den Schinken kaufen, wurden aber abschlägig beschieden; doch verstattete ihnen der Besitzer, ein Stück herauszuschneiden, und die Lücke ist noch zu sehen. *Auch neuerdings hält die Sage daran fest, daß die Pest in Gestalt eines blauen Rauches in den Schinken gezogen, und daß seitdem die Pest aus Friesoythe verschwunden sei. Nur sagt man, das Loch in den [sic] Schinken rühre von einem räuberischen Schweden her, der mit seinem Säbel ein Stück herausgeschnitten habe. Der Schinken sei unverletzlich, bei Bränden werde er immer zuerst gerettet.« (Strackerjan und Willoh 1909: Bd. II, 186 f.)

Die sich aus diesem Text ergebende Altersangabe datiert den Schinken ungenau (»über 300 Jahr«) auf das 16. Jahrhundert. Inhaltlich besonders bemerkenswert sind einige Anpassungen der Sage an das Zeitgeschehen: Es wird ein Ankaufversuch thematisiert, der in der späteren Aktualisierung zu einer mutwilligen Beschädigung wird, wobei auch die Nationalität der Akteure wechselt.[11] Die Aussage, der Schinken werde bei Bränden immer

11 Auf das Motiv der Beschädigung wird ausführlicher eingegangen in Abschnitt 3.3.3.

zuerst gerettet, beruht auf einem großen Brand von 1877, der sich tief im kollektiven Gedächtnis der Stadt verankert und den der Schinken überstanden hat, obwohl er sich in einem der betroffenen Häuser befand. Das Detail, der Schinken könne nicht entfernt werden und würde ggf. zurückkehren, mag als Abschreckung gegen Diebstahl erdacht worden sein (vgl. Göken 1969: 5), was etwas über die Wertbeimessung seitens der Friesoyther verrät. Zudem wird die Pest als blaue Wolke visualisiert, was charakteristisch nicht nur für zahlreiche Pestsagen, sondern darüber hinaus für verschiedene Arten von Geistern und dämonischen Wesen ist (vgl. Schewe 1927: 1368 f.). Spätere Verarbeitungen des Stoffs beziehen sich zumeist direkt auf Strackerjans Text und seine Version ist es auch, die in Friesoythe am häufigsten rezipiert wird. Die Motivation Strackerjans deckt sich großteils mit der von Kuhn/Schwartz[12], bloß fallen seine persönlichen Heimatgefühle für das Oldenburger Land stärker ins Gewicht.

3.2.3 Literarische Verarbeitung basierend auf Strackerjan (1922)

Im Jahr 1922 veröffentlichte Elisabeth Reinke, Heimatschriftstellerin und Mitbegründerin des Heimatbundes für das Oldenburger Münsterland, eine Sammlung mit dem Titel *Die Truhe. Die schönsten Sagen, Märchen und Schwänke aus dem Oldenburger Lande.* Der Titel deutet bereits an, dass es sich dabei nicht um ein wissenschaftliches Werk, sondern um ein heimatliches Lesebuch handelt. Es wurde keine Vollständigkeit angestrebt, sondern eine Auswahl nach ästhetischen Überlegungen getroffen. Auch existiert kein Vorwort, welches die Auswahl sowie das Zustandekommen der Texte kommentiert. Der Germanist Helmut Fischer charakterisiert Publikationen solcher Art wie folgt:

> »Das Buch enthält volkstümlichen Lesestoff. Gerade die Überführung aus der gesprochenen Sprache in die standardsprachliche Schriftlichkeit verleiht den ›heimatlichen‹ Texten ihren besonderen Wert. Bücher dieser Art erreichen hohe Auflagen, gelten als echte ›Heimatbücher‹, die den Geist einer Landschaft allgemeinverständlich spiegeln. Der Gedanke an die Rettung des altväterlichen Erbes ist wichtig, wichtiger erscheint indes die Repräsentation in einem stattlichen, von einem heimatlichen Künstler gestalteten Band.« (Fischer 1987: 7 f.)

12 So betont Strackerjan die Ermöglichung einer »Deutschen Mythologie« durch Sagen (Bd. I, S. 9).

Die heimatlich engagierte Autorin, die nach dem Zweiten Weltkrieg zeitweise für die CDU Stadt- und Kreisrätin war, ließ als Repräsentation der lokalen Mundart auch plattdeutsche Texte in ihr Werk einfließen. Tatsächlich erfuhr Reinkes Lesebuch noch eine zweite und eine dritte Auflage (1933; 1956), was den langanhaltenden Erfolg bestätigt. Der Pestschinken kommt im Abschnitt *Einiges aus Alt-Friesoythe* zur Sprache:

> »Das Städtchen Friesoythe hatte bislang einen historischen Schinken und ein historisches Gewehr. Der Schinken ist noch da und im Besitze des Kaufmanns Wimberg. Er ist ganz schwarz vor Ruß und Alter, und der Zahn der Zeit benagte und zerfaserte seine Außenseite. Ein jeder wird sich gar wohl hüten, ihn etwa zu zerschneiden, um den Zustand seines Innern zu untersuchen. Noch viel weniger wird jemand ein Stückchen von dem verknöcherten Alten zu schmecken begehren. Man weiß ja doch ganz genau, was lange vor diesem mit ihm geschehen ist. Friesoythe wurde dereinst von der Pest heimgesucht. Jung und alt fiel dieser verheerenden Seuche zum Opfer. Sie zog in Gestalt einer blauen Schürze dahin und wenn sie nahte, dann war es um die Menschen geschehen. Eines Tages nun traf es sich, daß irgendwo in der Stadt ein schöner Schinken recht offenbar in Rauch und Zugluft hing. Von dem fühlte sich die Pest angezogen. Alsbald zog sie gelassen darauf zu, löste sich in bläulichen Dunst auf und fuhr in ihn hinein. Von da ab war Friesoythe von der Pest befreit. Der Pestschinken aber wurde sorglich aufgehoben und Kind und Kindeskindern gezeigt. […]« (Reinke 1922: 240 f.)

Als Quellenangabe nennt Reinke ausschließlich Strackerjan / Willoh, obgleich in ihrer Version der Sage einige Unterschiede und Neuerungen zu bemerken sind. Anstatt die Beschädigung des Schinkens zu erwähnen, betont sie, dass man sich »hüten« würde, den Schinken zu zerschneiden, weil man wisse, dass die Pest darin stecke. Damit wird eine Angst vor der Wieder-Freisetzung der Seuche angedeutet. Auch ist nicht mehr davon die Rede, dass die Pest bezwungen und gebannt wurde, sondern sie fühlte sich schlicht von dem Schinken angezogen, fuhr »gelassen« darauf zu und in ihn hinein. Der Mensch spielt keine aktive Rolle dabei, da die Formulierung »Eines Tages traf es sich« auf eine Zufälligkeit hindeutet.

Mangels eines Vorwortes ist nicht klar, ob Reinke die genannten inhaltlichen Änderungen selbst erdacht oder sie in mündlicher Erzählung zu hören bekommen hat. Ihre Sagensammlung ist weniger auf genaue Wiedergabe denn auf abgerundete Erzählung ausgelegt und so ist es möglich, dass einzelne Aspekte der Fantasie der Autorin entspringen. Die Zustandsbeschreibung des Schinkens lässt allerdings vermuten, dass Heinke, die nicht in Friesoythe gelebt hat, den Gegenstand tatsächlich gekannt und ggf. auch mündliche Überlieferungen aus erster Hand gehört hat.

3.2.4 *Mündlich überlieferte Erzählweise (1956)*

Am 8. Dezember 1956 fand in der ehemaligen Stadthalle in Friesoythe die Versammlung des Heimatbundes für das Oldenburger Münsterland im Zuge des Münsterlandtages statt (vgl. auch Cloppenburg und Eismann 2015: 150). Dort kamen Vertreter*innen verschiedener Heimatvereine aus besagter Region zu einem festlichen Austausch zusammen. Der Friesoyther Oberpostmeister Fritz Bitter, der die Sage um den Pestschinken noch aus mündlicher Überlieferung gekannt hat, brachte den Schinken mit auf die Veranstaltung und machte ihn zum Hauptthema seiner Festrede. Er rezitierte die Geschichte dort in einer Version, die sein Vater ihm als Kind erzählt hatte:[13]

> »Dei Pestschinken hef alltied in Schraowen Hus an den Wiemen hungen. Hei is bolle so olt as use Stadt. Et geiht dei Saoge, dat hei van Schraowen Hus nich weg kann. Wenn hei weghaolt wed, kump hei in dei negeste Nacht wer nac Schraowen trügge. Einmaol sünd rieke Koplüe ut Holland wäsen, dei wullen üm kopen; at sei aober van dei olle Saoge hörden, hebt sei et nich mehr waoget, un blot baowen Stücksken utschneen, wat gi nu noch seihen könt. Freuher is uk noch en Urkunne bi üm wäsen, man dei schal verloren wäsen. Hei stammt ut dei Pesttied. Disse was van 1349 bit 1351. Daomaals gunk dei schwatte Dod, dei Pest, dör ganz Europa un rappkede ein Viddel van dei Menskheit henweg. So köm hei eines Daoges ok nao Eythe hen. Man stellede sik dei Pest daomaols at eine Persönlichkeit vör. At so'n swaten Knaokenkerl mit eine lange Zeißen, dei allet wegmeiede, wat üm inne Quere köm. Man künn üm woll nich seihn; man künn aober sien Spaur verfolgen an dei Lieken, dei öwerall legen. Daomaols waß in Eythe grote Not un Bedrängnis. Dei Mensken stürven as dei Fleigen, faoken wassen in eine Familge mehrere Dode tau glieke Tied. In ehre grote Not röppeden use Vörfaohren dei Pesthilgen an, den hilgen Sebastian un den hilgen Rochus, dat sei ehre Vörbidde bi usen Heergott vör sei inleggen müggen. Daomaols wohnde in Schraowen Hus son klüftiggen Kerl, dei seg sick: ›Viellicht möt wi dei Pest maol wat Besünneret beien, dann bitt sei an.‹ Un so hünk hei

13 Eine Übersetzung des plattdeutschen Textes ins Hochdeutsche findet sich im Anhang 8.1.

> dissen Schinken vör dat Schlöttellock van sine Husdören. Dor, o Wunner, o Wunner, truck dei Pest dör dat Schlöttellock in den Schinken. Dei Schinken wudde van dei Stunne af swat, un Eythe van dei Pest befreiet.
> Nu köm nao all dei Truer in Eythe bolle wer Freide up; dei Mensken wüppkeden un danzenden vör Plaseierlichkeit, un dei Kerl in Schraowen Hus schlög den Schinken unnern Arm un truck mit en grotet Gefolge nao dat Raothus, üm dao van den Magisraot beurkunnen tau laoten, wat sik Wunnerbaoret in sien Hus taudraogen harre.« (Bitter 1958: 102f.)

Was diesen Text einzigartig macht, ist die Tatsache, dass die Sage hier von einer Friesoyther Person erzählt wird, die mit der mündlichen Reproduktion des Stoffes aufgewachsen ist, einen persönlichen Bezug dazu hat und dementsprechend detailverliebt erzählt. Dieser Text, als Teil einer längeren Rede, ist keine nüchtern-distanzierte Zusammenfassung der wichtigsten Fakten zur Konservierung, wie es bei Kuhn/Schwartz oder Strackerjan/Willoh der Fall ist. Vielmehr ist er lebhaft, unterhaltsam und ausschweifend erzählt, um die Versammlung des Heimatbundes sowohl zu informieren als auch zu unterhalten. Die Friesoyther Herkunft und die persönliche Bindung des Redners zum Pestschinken verleihen dieser Überlieferung eine gewisse Authentizität gegenüber den distanzierteren früheren Versionen der Sage. Der Kontext der Rede muss dennoch auch kritisch mitbedacht werden: Es ist ein festliches Treffen gewesen, das zwar durchaus informieren sollte, aber das für die Teilnehmerschaft auch starken Unterhaltungscharakter hatte. Es ist möglich, dass dort recht viel Alkohol konsumiert wurde und der Anfang von Fritz Bitters Rede, bevor er auf den Schinken zu sprechen kommt, weckt durchaus Assoziationen mit einer Büttenrede. Als Transkript einer tatsächlichen Rede vor Publikum kommt dieser Text einer Aufzeichnung mündlicher Überlieferung am nächsten. Dennoch bleibt weiterhin zu beachten, dass der Rahmen einer Festrede nicht üblich für Sagenerzähler ist und dass auch hier eine Distanz zwischen Erzähler und Sage besteht und letztere nicht uneingeschränkt als wahre Geschichte erzählt wird. Zumindest Teile davon werden direkt als Sage bezeichnet oder mit Verweis auf damalige Vorstellungswelten kontextualisiert. Auch markiert der Erzähler die Geschichte als Zitat seines Vaters.

Der Historiker und Archivar Peter Sieve bezeichnete Fritz Bitter als Friesoyther »Paohlbürger« und führte auf diesen Identitätsaspekt die Tatsache zurück, dass jener die Sage noch aus mündlicher Überlieferung gekannt hat (Sieve 1989: 2). Das Wort *Paohlbürger* bedeutet zu hochdeutsch *Pfahl-*

bürger und bezeichnet Angehörige alteingesessener, bürgerlicher Familien in Friesoythe, denen das *tautogen Volk*, also das *zugezogene Volk*, begrifflich gegenüber steht. Die Pfahlbürger hatten einst privilegierte, vererbbare Bauplätze innerhalb der Stadtmauern, wodurch es zugezogenen Menschen erschwert wurde, auf gleiche Weise Fuß zu fassen. Die Privilegierten saßen symbolisch auf ihren Pfählen, ohne diese wieder freizugeben.[14] Der Einfluss dieses ständischen Relikts ist natürlich zurückgegangen und das Wort wird überwiegend mit einem Hauch Ironie verwendet, doch auch heute wird noch vereinzelt beklagt, dass in Wirtschaft, Politik und Vereinswesen Menschen außerhalb dieses Netzwerks höhere Hürden zu meistern hätten. Das von Bitter erwähnte »Schraowen Hus«, in dem der Schinken über Generationen aufbewahrt wurde, war der Beiname eines großen Bürgerhauses und daher ist anzunehmen, dass der Gegenstand und seine Sage einst über die soziale Vernetzung der Besitzer*innen ihren nachhaltigen Bekanntheitsgrad erlangt haben.[15]

Der aktuelle Vorsitzende des Friesoyther Heimatvereins, Ferdinand Cloppenburg, warnt davor, diese Version der Sage in all ihren Details zu genau zu nehmen: Der Redner habe in seiner ausschweifenden Erzählweise sehr frei erzählt und ggf. eigenmächtig das eine oder andere Detail hinzugefügt, um die Erzählung interessanter zu gestalten (fc). Ob Fritz Bitter die Sage für den Münsterlandtag ausstaffiert oder ob er sie tatsächlich möglichst genau so wiedergegeben hat, wie sein Vater sie ihm einst erzählt hatte, ist letztendlich nicht mehr nachzuvollziehen, aber auch von geringer Bedeutung, da es ein Charakteristikum der Sage ist, sich in ihren Details der erzählenden Person sowie dem Erzählkontext anzupassen. Einige Aspekte lassen aufhorchen: Bspw. sei die erwähnte Urkunde, durch die ein Magistrat die wundersame Pestbannung bestätigt habe, in Fritz Bitters Kindheit noch im Schraowen Hus bei dem Schinken gewesen, aber mittlerweile verloren gegangen (Bitter 1958: 102f.). Ob diese Angabe auf Wahrheit beruht, ist nicht rekonstruierbar, doch nützt die Erwähnung einer solchen Urkunde in jedem Falle der Bekräftigung der Glaubwürdigkeit für ein eindrucksvolleres Erleben seitens

14 Diese Erklärung des Pfahlbürger-Begriffs habe ich von einem Mitglied einer betreffenden Familie erhalten. Sie widerspricht der Duden-Definition, was daran liegt, dass der Begriff in Friesoythe eine andere Bedeutung innehat als in anderen Orten. Eine Erörterung würde hier aber zu weit führen.

15 In Abschnitt 4.2 wird näher auf das Schraowen Hus eingegangen.

der Zuhörerschaft. Die Pest wird als Knochenkerl statt als blaue Wolke charakterisiert[16] und ihre Tödlichkeit wird blumig und stellenweise brutal dargelegt. Eine Verbindung zum christlichen Glauben wird durch die Anrufung der Pestheiligen hergestellt. Danach, oder gar als Folge daraus, hat der Bewohner vom Schraowen Hus einen Geistesblitz und überlistet die Seuche. In diesem Kontext wird sogar das Wort »Wunder« gebraucht. Schließlich findet zwecks Beurkundung ein feierlicher Siegeszug zum besagten Magistraten statt. Durch die Erwähnung der Urkunde sowie das Miteinbeziehen des Schraowen Hus als Schauplatz schlägt der Erzähler eine Brücke zwischen Sagenwelt und gegenwärtiger Realität. Durch den Verweis darauf, dass er die Sage schon als Kind von seinem Vater gehört habe, betont Bitter indirekt, dass eine Tradition des Erzählens dahinter steht, in die er hineingeboren wurde und mit der er sich identifiziert. Dieser Aspekt der eigenen Verortung mag für sein Heimat-affines Publikum ebenso wichtig gewesen sein wie die Sage als solche.

3.2.5 Neuerzählung basierend auf Strackerjan und mündlichem Material (1968)

Im Jahr 1968 veröffentlichte Hermann Lübbing, ehemaliger Direktor des Oldenburger Staatsarchivs, das Buch *Oldenburgische Sagen*. Das betreffende Sagenmaterial habe der Autor »[a]usgewählt und neu erzählt« (Lübbing 1968: 3). Seine Version der Pestschinken-Sage basiert auf der von Strackerjan/ Willoh sowie auf mündlichen Informationen, die Lübbing noch während seiner Gymnasiastenzeit von seinem Onkel Wilhelm Diers erhalten habe, »der um die Jahrhundertwende als Gendarm zu Pferde in den Ämtern Cloppenburg und Friesoythe Land und Leute des Oldenburger Münsterlandes genau kennengelernt hatte« (ebd.: 300; vgl. auch ebd.: 308). Lübbing war es kein Anliegen, »unverständlich gewordene Ausdrucksweisen früherer Jahrhunderte zu konservieren«, sondern vielmehr »in der lebendigen Umgangssprache der Gegenwart – unter behutsamer Wahrung des klassischen Stils der Volkssagen – zu erzählen« (ebd.: 299). Er habe sich »nicht allzu eng an Strackerjans Text gehalten, sondern jede Sage […] in das ihr gemäße sprachliche Gewand gekleidet, wobei die z. T. unerträglichen novellistischen

16 Dennoch dringt sie durch das Schlüsselloch in das Haus ein, was eine verbreitete Vorstellung vom Vorgehen des Pestrauchs war (vgl. Schewe 1927: 1369).

Ausschmückungen gekürzt werden mussten« (ebd.: 300). Das Werk ist weniger systematisch und umfangreich als das von Strackerjan. Lübbing erkennt den wissenschaftlichen Nutzen des Variantenreichtums in Strackerjans Sammlung an, argumentiert aber, »dem praktischen Bedürfnis der Gegenwart [sei] mehr gedient mit einer sorgfältig überlegten Auswahl, die auf Überflüssiges verzichtet und durch ausreichende Quellennachweise auch den wissenschaftlichen Ansprüchen gerecht zu werden strebt« (ebd.: 299). Seine Bearbeitungen des Sagenstoffs erscheinen als abgerundete Geschichten einer weiteren Zielgruppe zugänglich, als es Strackerjans auf Vollständigkeit ausgelegtes Werk sein könnte. Es handelt sich also primär um ein Lesebuch. Durch Lübbings Auswahlband sei »ein Schatz wieder gehoben [...], der in neuem Glanz seine alte Kraft entfalten möchte« (ebd.: 300). In den Sagen sah er einen »Spiegel geschichtlichen Erlebens und Denkens der breiten Masse des Volkes« (ebd.: 301) und verfällt zum Ende des Nachworts hin außerdem in einen ähnlichen Pathos, wie die Sagensammler der mythologischen Schule ihn vorgelebt haben: »Möge der Klang aus jener Welt wie ein Anruf der Vorväter die Gegenwart grüßen und eine Brücke schlagen von Geschlecht zu Geschlecht!« (ebd.: 302). Lübbings Variante der Pestschinken-Sage lautet wie folgt:

> »In einem Hause zu Friesoythe, das vormals Wreesmann, später Windeberg gehörte, nicht weit von dem vormaligen Harkebrügger Tor gelegen, zeigt man einen sonderbaren, uralten, trockenen und harten Schinken. Daran knüpfen sich allerlei seltsame Geschichten.
> In der Zeit des Dreißigjährigen Krieges kam die Pest in Gestalt einer blauen Wolke auch nach Friesoythe und bedrohte die ganze Stadt. Sie schwebte von einer Straße zur andern, und die Leute machten ängstlich alle Türen zu. Der Besitzer von Wreesmanns Haus, der sich auf die schwarze Kunst verstand, brachte es fertig, die Pestwolke zu besprechen, so daß sie stillstand und in einen Schinken hineinfuhr, den er ihr entgegenhielt. Dieser war verloren und nicht mehr genießbar, aber die Pest hatte für ewige Zeiten zu fressen und hat ihren Sitz nicht wieder verlassen. Allmählich ist alles Fett ausgezehrt, und das Fleisch ist völlig ausgetrocknet und hart geworden. Der Schinken kann nicht aus dem Haus entfernt werden. Als man ihn einmal als Sehenswürdigkeit aus dem Haus gegeben hatte, kehrte er in der folgenden Nacht von selbst zurück.« (Lübbing 1968: 276)

Inhaltlich besonders auffällig ist zunächst, dass zum Zeitpunkt der Veröffentlichung dieses Werks der Pestschinken bereits mindestens zweimal seinen

Standort gewechselt hatte (was laut Lübbings im Präsens formulierter Zustandsbeschreibung des Schinkens nicht möglich gewesen wäre), und seit einigen Jahren Ausstellungsstück in der Friesoyther Marienschule war. Auch war das besagte Haus bereits 1945 zerstört worden. Diese Diskrepanz lässt sich dadurch erklären, dass Lübbing das mündlich überlieferte Material bereits zu seiner Zeit als Gymnasiast von seinem Onkel erhalten hatte, was in den 1910er Jahren gewesen sein muss. Seine Version der Pestschinken-Sage, obgleich 1968 erschienen, ist in ihren Details also eher um die 50 Jahre früher einzuordnen. Während u.a. die Beschädigung des Schinkens gestrichen wurde, kamen neue Details hinzu: Der Ursprungszeitraum wurde auf den 30-jährigen Krieg konkretisiert, die Beschaffenheit der Pest als eine Art Persönlichkeit hervorgehoben und der Akt der Bannung näher erläutert. Der Aspekt des Besprechens der Pest mithilfe »schwarzer Kunst« findet sich ausschließlich in diesem Text, während in den älteren Versionen nicht genauer genannt wird, wie der Bann vonstatten gegangen sei. Mit dem betonten Einsatz übernatürlicher Kräfte wird der Geschichte ein Charakteristikum dämonologischer Sagen hinzugefügt, die nach Petzoldt neben den historischen Sagen die zweite Oberkategorie bilden (vgl. Petzoldt 1999: 123f.). Dass die Pest in den Schinken hineinfährt (aktiv formuliert) und dort »für ewige Zeiten zu fressen« hat, deutet außerdem einen gewissen Grad von Freiwilligkeit seitens der Krankheit an, »ihren Sitz nicht wieder [zu] verlassen«, was sie weiter im Sinne eines Dämonen personifiziert.

3.2.6 Der unveränderliche Kern der Sage und Variabilität

Nach der Lektüre dieser fünf sehr verschiedenen Aufzeichnungen der Sage können Rückschlüsse über konstante sowie wandelbare Elemente derselben getroffen werden. Der amerikanische Folklorist Wayland Hand beschreibt, bezugnehmend auf den finnischen Folkloristen Kaarle Krohn, die Veränderungsfähigkeit von Sagen wie folgt:

> »Da die Sage kurz und knapp ist und oft einer gebundenen Form entbehrt, und zumal da sie überall üppig gedeiht und weiter verpflanzt wird, nimmt man als selbstverständlich die Neigung zur Umgestaltung seitens des Erzählers an, der die Sage schon ihrer lockeren Form wegen keineswegs als unantastbar betrachtet. Eines nur ist dem Erzähler, der fest an das Erzählte glaubt, wichtig, daß nämlich der Sinn der Sage – die stabile Funktion – nicht zu weit schwanken darf, wenn es schon mit anderen Einzelheiten, die sich auf die Sage beziehen, so zu sein scheint. Selbst die handelnden Personen

> dürfen verwechselt werden, nur daß bei einer solchen Veränderung sonst nichts Wesentliches am Thema und an dessen Sinn eingebüßt wird.« (Hand 1969: 320)

Der wesentliche und unveränderliche Kern der Pestschinken-Sage besteht darin, dass die Pest, nachdem sie Tod über Friesoythe gebracht hatte, in den Schinken verschwunden ist, sich seither darin befindet und daher nicht wieder aufgetreten ist. Ihr Thema ist also das Verschwinden der Pest, womit sie zum verbreiteten Typus der *Pestsagen* zählt.[17] Im Gegensatz zu Märchen verfügen Sagen oft über nur ein einziges, dafür sehr machtvolles Motiv, welches die gesamte Handlung stützt (Sirovátka 1969: 331). In diesem Falle ist das die Pestbannung. Reale Ausgangspunkte der Sage sind die Existenz der Seuche, ihre hohen Opferzahlen sowie ihr Verschwinden. Ihre Funktion ist es, eine Erklärung für das Verschwinden der Seuche zu liefern, und ferner, eine Vorstellung ihrer Qualität zu ermöglichen. Unveränderliche Bestandteile sind lediglich der Schauplatz Friesoythe sowie die beiden Gegenstände der Sage, namentlich die Pest und der Schinken, die sich zum Pestschinken vereinen. Die handelnden Personen variieren ebenso wie die Erklärungen darüber, *wie* die Vereinigung von Pest und Schinken stattfindet: Kuhn/Schwartz bleiben äußerst vage und weisen auf verschiedene Möglichkeiten hin (hineingefahren oder hineingetragen). Strackerjan/Willoh sprechen von Bezwingung und Bann. Ein Zeitungsartikel von 1926[18] spricht sogar von einem Priester als Ausführenden des Banns, was eine Brücke zum Katholizismus schlägt. Reinke dagegen betont Freiwilligkeit der Pest, die »gelassen« in den Schinken zieht. Bei Bitter zeigt der Akt sowohl Züge einer List als auch eines Opferrituals, da der Schinken der Seuche dargeboten wird – allerdings nicht offen, sondern als Lockmittel. Auch kann es als Wunder gedeutet werden, da die Idee nach der Anrufung der Pestheiligen aufkam. Bei Lübbing wird schließlich »schwarze Kunst« eingesetzt, um die Pest dem Willen der Menschen zu unterwerfen, wobei sie allerdings ebenfalls Nutznießerin bleibt, da sie ewig vom Schinken zehren kann. Die Zauberei ermöglicht hier einen Kompromiss.

---

17 Zur Unterteilung von Thema, Motiv und Typus einer Sage siehe auch Greverus 1969.

18 Unbetitelter Beitrag in der Sparte »Oldenburg und Nachbargebiete«. In: Jeversches Wochenblatt vom 25.03.1926. Autor*innen: Landesverein für Heimatkunde und Heimatschutz.

Da der Pestschinken als materieller Gegenstand wahrscheinlich sehr viel älter ist als die erste Niederschrift der Sage,[19] muss die Geschichte, unter Wahrung des genannten Kerns, durch vielfache mündliche Weitergabe weiteren immensen Änderungen und Anpassungen unterworfen gewesen sein und eine ursprüngliche Version oder gar ein Archetyp können unmöglich (re)konstruiert werden. Dégh betont, mehr noch als Hand, die individuelle Prägung einer Sage durch die Person des Erzählers oder der Erzählerin und unterstreicht die kollektive Funktion:

> »Außerdem ist, der Funktion der Sage entsprechend, ihre Form außerordentlich variabel, da sie ja nicht darauf abzielt, als Dichtung zu unterhalten. Die Geschichte ist somit nicht festgelegt und völlig in der Hand des jeweiligen Erzählers. Unglücklicherweise wissen wir selbst heute noch kaum etwas über die Persönlichkeit des Sagenerzählers, eines aber ist sicher: Er ist kein Künstler, er hat keine künstlerischen Eingebungen, er behauptet nur, die Wahrheit zu erzählen. Er fühlt sich ein wenig mehr zur übersinnlichen Welt hingezogen als der Durchschnittsmensch. Manche Sagenerzähler neigen zu Halluzinationen und ihre Vorstellungswelt ist durch Phantasien beeinflusst. Noch charakteristischer jedoch ist die Tatsache, daß die Erhaltung der Sagentradition in einer Kultur nicht von außergewöhnlichen Persönlichkeiten abhängt, wie es bei Märchenerzählungen der Fall ist; jedermann kann Sagen verbreiten. Es ist wahrscheinlich, daß manche Personen sehr viele Sagen kennen und von solchen Stoffen gepackt werden, doch in der Regel kann auch das gewöhnliche Mitglied einer ländlichen (oder sogar städtischen) Gemeinschaft eine Reihe Sagen erzählen, die es gehört oder erfahren hat […]. Die Funktion der Sage ist viel mehr eine *kollektive* als die der Märchen, sowohl in ihrer Erschaffung wie in der Wiedergabe. Trotzdem aber hängt die Bildung einer Sage aus ihrem Rohmaterial, zerstreuten Elementen des Volksglaubens, vom jeweiligen Erzähler ab.« (Dégh 1969: 382f. Hervorhebung im Original, ein Fußnotenverweis entfernt.)

Auch wenn ihre Ausführungen teils sehr essentialistisch anmuten und bewusst darauf abzielen, einen Stereotypen zu schaffen, machen sie doch erneut die Unzulänglichkeit entfremdeter Aufzeichnungen deutlich. Jeder der besprochenen Sagentexte kann demnach höchstens Hinweise darauf liefern, wie zu seiner jeweiligen Entstehungszeit die Geschichte vom Pestschinken erzählt worden ist und welche Bedeutung ihr beigemessen wurde; wahrscheinlich hat

19 Zum Alter des Pestschinkens siehe Kapitel 4.1.

es verschiedene Versionen der Sage aber auch zeitgleich gegeben. Ebenso gibt es einige relativ beständige Elemente der Geschichte, die (obgleich nicht zu ihrem Kern gehörend) über einen längeren Zeitraum grob erhalten geblieben sind und sich in Details dem Zeitgeschehen angepasst haben, worauf in den folgenden Abschnitten noch ein Augenmerk geworfen wird.

3.3 Ideengeschichtliche Kontextualisierung der Sage

> »Was es mit dem sagenhaften Pestschinken auf sich hat, wird sich im einzelnen nie mehr mit Sicherheit feststellen lassen. Die Sage hat ihm bestimmt trübe Zusätze beigemischt. [...] Wenn im folgenden versucht wird, aus der Sage um den Pestschinken einen echten und wahren Kern herauszuschälen, ist das nicht als unanfechtbare Behauptung gedacht. Immerhin kann man sich auf einige feststehende Tatsachen stützen, bevor man das Glatteis volkstümlicher Überlieferung betritt.« (Göken 1969: 3)

Der Versuch einer zeit- und ideengeschichtlichen Einordnung des Pestschinkens ist 1969 bereits von dem Oberstudienrat Johannes Göken angestellt worden. Wie das vorgestellte Zitat verdeutlicht, ging dieser nicht davon aus, die Geschichte bis zu ihrer Entstehung zurückverfolgen zu können. Das ist selbstverständlich auch mir nicht möglich. Dennoch hangelte Göken sich an bestimmten Fakten entlang und stellte auf diese Weise einige Möglichkeiten zur Entstehung der Sage heraus. Diese sollen hier zunächst zitiert und kommentiert werden. In einem weiteren Schritt werden eigene Beobachtungen ergänzt, die auf den Sagensammlungen von Kuhn/Schwartz und Strackerjan/Willoh sowie auf Werken der Sagenforschung beruhen.

3.3.1 Verankerung der Sagenmotive in der mittelalterlichen Vorstellungswelt

Göken beginnt seine Ausführungen mit der Überlegung, dass dem Schinken durch die mittelalterlichen Menschen ein dauerhafter Nutzen zugesprochen sein musste, weil er andernfalls die Jahrhunderte nicht überdauert hätte:

> »Da ist zunächst die Tatsache, daß der Schinken unter dem Namen »Pestschinken« so viele Jahrhunderte aufbewahrt wurde, obwohl er für den menschlichen Genuß nicht lange brauchbar sein konnte. An sich war es im Mittelalter nicht üblich, eine Rarität um ihrer selbst willen aufzubewahren. Als Andenken, als Monument war ein so unansehnliches Stück auch wenig geeignet. Man muß dem Schinken doch wohl irgendeinen dauerhaften Nütz-

> lichkeitswert beigemessen haben. […] Die Sage stellt es so dar, als ob die Pest nur einmal, etwa am Ende einer Seuchenzeit, in den Schinken gebannt worden sei. Hätte man das wirklich geglaubt, würde man den Schinken wohl nicht aufbewahrt haben. Man hätte aus Furcht, der Pesthauch könnte wieder zum Vorschein kommen, den Schinken möglichst tief in die Erde vergraben oder ins Wasser versenkt. Die Aufbewahrung des Pestschinkens beweist den Glauben an seinen dauerhaften Wert.« (Göken 1969: 3)

Einen weiteren Beweis für den Glauben an einen dauerhaften Wert hatte Göken im Interesse der Holländer an dem Schinken gesehen (ebd.). Für diesen Ankaufversuch gibt es allerdings keinen wirklichen Beweis und so ist es möglich, dass er ein bloßer Bestandteil der Sage ist. Darüber hinaus geht Göken davon aus, dass der Pestschinken ein mittelalterlicher Gegenstand ist, und setzt den Fokus daher auf Gründe für den Erhalt des Schinkens unter mittelalterlichen Bedingungen. Allerdings stammt der Schinken jüngeren Erkenntnissen zufolge wahrscheinlich aus dem 17. Jahrhundert,[20] was die These der Beimessung eines dauerhaften Wertes zwar nicht widerlegt, allerdings die Unabdingbarkeit eines solchen infrage stellt. Den Glauben an die Heilkraft des Schinkens kontextualisiert Göken mit mittelalterlichem Welt- und Gottesbild sowie dem Stand der Wissenschaft, die von Bakterien und Viren noch nichts wusste:

> »Aber die Erfahrung, daß die Krankheit durch Berührung mit etwas anderem sich fortbewegte, ohne daß man die Existenz kleinster Lebewesen als Ursache kannte, führte logischerweise auch zu Überlegungen, die uns heute fremdartig vorkommen. So wie die Gesunden die Berührung mit den Erkrankten mieden, suchten die bereits Erkrankten durch Berührung mit etwas anderem die Krankheit loszuwerden. Man suchte nach Gegenständen, in die man die Pest ›bannen‹ konnte.
>
> Solche Überlegungen entsprachen ganz dem mittelalterlichen Weltbild, in dem man sowohl Gott als auch den Teufel etwas anders empfand als wir. Weil die Erde als Mittelpunkt der Welt galt, wurde das Eingreifen Gottes in irdisches Geschehen viel stärker empfunden als heute. Das äußerte sich am deutlichsten in den verschiedenen Formen der Gottesurteile. […] Katastrophen galten als Strafe Gottes für begangene Sünden, auch wenn den betroffenen keine besondere Schlechtigkeit nachzuweisen war. […] Selbstverständlich galt auch das Auftreten der Pest als Strafe Gottes. […]

20 Zum Alter des Pestschinkens siehe Kapitel 4.1.

> Entsprechend der Betonung göttlichen Eingreifens glaubte man auch an ein starkes und vielseitiges Eingreifen des Teufels. Dieser war gewissermaßen das ausführende Organ göttlicher Strafen. Man fühlte sich in größerer Gottesnähe, aber auch in größerer Teufelsnähe. [...] Kein Wunder, daß auch die Pest mit dem Teufel in Beziehung gebracht, als ein böser Geist, als etwas Teuflisches aufgefaßt wurde. Das ließ ihre Austreibung, ihre Verbannung in etwas anderes noch glaubwürdiger erscheinen.
> Warum man in Friesoythe gerade auf einen Schweineschinken als Heil- und Bannmittel gekommen ist, kann verschiedene Gründe haben. Daß die Pest in Schweine gefahren sei, weiß auch Boccaccio zu berichten. Allerdings verendeten die Tiere sofort. Er schreibt: ›Man hatte die Lumpen eines armen, an dieser Krankheit gestorbenen Mannes auf die Straße geworfen. Von ungefähr kamen ein paar Schweine dazu, machten sich darüber her und wühlten nach ihrer Gewohnheit mit der Schnauze und mit den Zähnen drinnen herum. Nach einer kleinen Weile wälzten sie sich beide einigemal, als ob sie Gift bekommen hätten, und fielen auf die zerrissenen Lumpen tot zur Erde hin.‹ Er fügt noch hinzu, daß er dies mit eigenen Augen gesehen habe.
> Möglicherweise sind für das Einziehen des Pestgeistes in einen Schweineschinken auch biblische Erzählungen von Einfluß gewesen, obwohl die mittelalterliche Kirche solche Auffassungen nicht förderte. Das Volk mag aber an die dramatische Szene von Gerasa gedacht haben (Matth. 8,28–34; Mark. 5,1–21; Luk. 8,26–37), wo Jesus einen Menschen heilte, der von vielen bösen Geistern besessen war. Diese fuhren in eine Herde von 2000 Schweinen, die den Abhang hinunterstürzten und im See ertranken. Bei Matthäus und Lukas scheint das Schwein ein Tier zu sein, das den unreinen Geistern einen ihnen zusagenden Aufenthalt bietet.« (ebd.: 3f.)

Göken betont die Vorstellung von Krankheiten als Gottesstrafen und stellt das Schwein in einen biblischen Kontext. Auch hier bleibt natürlich zu beachten, dass der Pestschinken deutlich jünger ist als er angenommen hatte und daher die spätmittelalterliche Vorstellungswelt nicht uneingeschränkt anwendbar ist. Zwar spielen Schinken in der Sagenwelt selten eine Rolle und wenn, dann keine einheitliche (vgl. Eckstein 1935/36: 1077); dem Speck wird allerdings in Heilzaubern und der Volksmedizin heilende Wirkung bzgl. verschiedenster Leiden zugesprochen (vgl. Eckstein 1936/37: 145 ff.) ebenso dem Schwein allgemein (vgl. Herold 1935/36: 1490 ff.). Daher kann der Pestschinken auch im Kontext der Rudimente heidnischer Naturheilkunde stehen.

Göken deutete bereits an, dass es neben dem Pestschinken weitere Bannmittel gegeben hat. Der Glaube daran, dass Phänomene wie die Pest in Gegenstände gebannt werden können, war im gesamten deutschsprachigen Raum verbreitet und so existieren neben der Sage vom Pestschinken zahlreiche Geschichten, die dieses Motiv zur Grundlage haben: Bspw. im Münsterland (Bügener 1929: 23ff.), in Halle und Gera (Burde-Schneidewind 1979: 309f.), im hessischen Hirschhorn (Peuckert 1962: 200) und auf Rügen (Petzoldt 1978: 300), um nur eine kleine Auswahl zu nennen. Allein Strackerjan hat in seinem thematisch strukturierten Werk *Aberglaube und Sagen aus dem Herzogthum Oldenburg* eine Vielzahl an Sagen mit dem Motiv der Pestbannung zusammengetragen. Der Friesoyther Pestschinken reiht sich in seinem Werk in eine Auswahl weiterer Pestsagen aus Gebieten und Gemeinden in der näheren und weiteren Nachbarschaft ein: Auf einem Hof bei Neuenkirchen (im Landkreis Vechta) wurde die Pest in Form eines bläulichen Dampfes in den Pfosten einer Stubentür verpflöckt, jedoch später wieder befreit (Strackerjan und Willoh 1909: Bd. II, 186). In Strücklingen im Saterland fuhr sie nach der Abwehr durch ein Kind in einen Plaggenhaufen[21], bei dessen späterer Zerstörung sie ebenfalls wieder entweichen konnte (ebd.). In Langförden (heute Teil von Vechta) bannte ein Bauer die blaue Wolke in ein Loch eines hohlen Baumes (ebd.: 187). Im friesischen Neuenburg wurde sie als blaue Wolke in einen »Hausständer« verpflöckt (ebd.: 280), in Gristede (heute Ortsteil von Wiefelstede im Ammerland) als blaue Dunstwolke »in ein Loch in einem Ständer an der Diele« (ebd.: 259). Das »Verpflöcken« ist das am weitesten verbreitete Motiv der Pest- und allgemein der Krankheitsbannung, Leander Petzoldt beschreibt es wie folgt:

> »Krankheiten werden infolge ihrer fühlbaren und sichtbaren Symptome einem Krankheitsdämon zugeschrieben, den man wegschicken, verbannen oder ›verpflöcken‹ kann. So schreibt man Zahnschmerzen dem Bohren eines ›Zahnwurmes‹ zu. Bei dem ›Verpflökken‹ wird die Krankheit auf einen Gegenstand (Hanfstrick, Haarbüschel, Stoffetzen oder Papier) übertragen, den man in ein Loch in einem Baum oder Balken steckt und mit einem Holzpflock verschließt. Daß man eine Seuche in Gestalt eines Flämmchens, eines Dunstes oder einer Fliege auf diese Weise unschädlich machen kann, ist allgemeiner Volksglaube bis ins 19. Jh. hinein.« (Petzoldt 1978: 461)

21 Eine Plagge ist ein ausgestochenes Stück Oberboden. In Norddeutschland wurden Plaggen bis zur industriellen Revolution als Grundlage für eine Düngemethode, die Plaggendüngung, eingesetzt.

Das *Handwörterbuch des deutschen Aberglaubens*, herausgegeben von den Schweizer Volkskundlern Hanns Bächtold-Stäubli und Eduard Hoffmann-Krayer, verdeutlicht darüber hinaus die Variantenvielfalt der Banngegenstände, die keines Pflockes bedurften, und unter denen auch der Schinken mit Verweis auf Strackerjan zu finden ist:

> »Eine Menge Sagen berichtet, wie die P. – gewöhnlich in Gestalt eines blauen Flämmchens oder Dunstes – in einen Baum oder Pfosten verpflöckt wird, und zwar oft endgültig. Wenn aber der Pflock herausgezogen wird, beginnt sie ihre Tätigkeit von neuem. Auch in einen Schinken, ein Bündel Lumpen, eine Grube, ein Kellerloch wird sie eingeschlossen. In Recke sitzt sie unter einem Busch beim Pfarrhause. In Frankfurt mauerte man sie auf Rat eines weisen Mannes unter Zeichen und Sprüchen in ein Loch der Stadtmauer. In Mailand bannte der hl. Karl Borromaeus sie in eine Marmorsäule.« (Sartori 1934/35: 1515. Eintrag: Pest. In: Handwörterbuch des deutschen Aberglaubens. Fußnotenverweise entfernt.)

Die Tatsache, dass die Krankheit in einigen Erzählungen (anders als beim Pestschinken) durch unvorsichtiges Verhalten der Menschen wieder befreit wird und erneut Tod über die jeweilige Region bringt, ist ein Hinweis auf verschiedene Pestzeiten. Auffällig ist zudem, dass die Farbe Blau stets mit der Pest konnotiert wird und sie symbolisiert. Die Seuche wird stets als eine Art blaue Wolke verbildlicht, in Eversten wurde eine Pestzeit zudem durch eine blaue Taube angekündigt (Strackerjan und Willoh 1909: Bd. I, 27). Die Vorstellungen, die die Menschen sich über das äußere Erscheinungsbild der Seuche machten, waren in weiten Teilen mindestens des deutschsprachigen Raums deckungsgleich. Der Volkskundler Bernward Deneke kontextualisierte diese Vorstellungen mit der spätmittelalterlichen Wissenschaft und führte ein Gutachten der medizinischen Fakultät der Universität Paris aus dem Jahr 1348 an:

> »Wir glauben, daß die besagte Epidemie oder Pest aus der verdorbenen Luft hervorgeht. Dies verstehen wir so: die von Natur einfache und klare Luft wird verdorben und vergiftet, indem sie sich mit schädlichen Dämpfen durchsetzt.« (Gutachten der medizinischen Fakultät der Universität Paris 1348, zit. n. Deneke 1958: 103)

Diese Verderbnis der Luft sei laut dem zeitgenössischen Arzt Chalin de Vinario allerdings weder an ihrem Geruch noch an ihrer Farbe zu erkennen (vgl. Deneke 1958: 103). Die blaue Färbung der sagenhaften Wolke entspringe dem »Bedürfnis des Volkes nach konkreter Anschauung« (ebd.). Aus der Vorstellung einer Übertragung durch die Luft resultieren Praktiken wie das Ausräuchern von Pesthäusern (ebd.) und ggf. besteht darin der gedankliche Anknüpfungspunkt zwischen dem Verschwinden der Krankheit und dem geräucherten Schinken. Auch volkstümliche Bittgebete an den Pestpatron Rochus weisen auf vergiftete Luft als angenommene Krankheitsursache hin (ebd.).

Deneke betont außerdem die Parallele zwischen dem Motiv des Einfangens von Krankheiten und jenem der »in einen Behälter eingeschlossenen und so [ihrer] Wirksamkeit beraubten Dämonen« (ebd.), nennt als Beispiel den Grimm'schen Geist im Glas und weist als direkte Kombination aus Krankheit und Dämon auf die Sage von der »Pestfrau« hin (bspw. in Schambach und Müller 1855: 240f.). Auch schon in antiker Mythologie fänden sich vergleichbare Darstellungen, die allerdings den göttlichen Ursprung der Krankheit darlegen sollten: So sei bspw. die Pest aus einem goldenen Kästchen im Tempel des Apoll zu Babylon hervorgekommen und habe das Gebiet der Parther überzogen (Deneke 1958: 104). Außerdem sei sie laut dem römischen Schriftsteller Ammianus Marcellinus von römischen Soldaten versehentlich aus einem Heiligtum zu Seleucia befreit worden, in das die Chaldäer sie gebannt hatten, und habe daraufhin bis nach Gallien unter den Menschen gewütet (ebd.). Obgleich die nicht antiken Pestsagen vor allem im sogenannten Volksglauben verankert sind und Assoziationen mit Heidentum und Okkultismus wecken, schlägt die Gestalt, in welcher die Pest auftritt, eine Brücke hin zu christlicher Weltanschauung. Die Krankheit verkörpert ein dämonisches Böses, das von einem Willen gelenkt durch die Lande zieht und Verderben bringt.[22] Das Bannen desselben in Gegenstände, insbesondere durch eine Person, die nicht als kirchlicher Würdenträger genannt ist, hat wiederum mehr mit einem magischen Akt als mit christlicher Dämonenbekämpfung gemein. Allerdings nennt eine Zeitungsmeldung von 1926[23] explizit einen Priester als Ausführenden des Banns, was darauf hinweist, dass

---

22 Im Saterland wurde die Pest laut Strackerjan maskulin betitelt (*Der* Pest), was einen weiteren Hinweis bezüglich ihrer Personifizierung als Dämon darstellt (Strackerjan und Willoh 1909: Bd. II, 185).

23 Unbetitelter Beitrag in der Sparte »Oldenburg und Nachbargebiete«. In: Jeversches Wochenblatt vom 25.03.1926. Autor*innen: Landesverein für Heimatkunde und Heimatschutz.

die Sage stellenweise auch mit stark christlicher Konnotation erzählt wurde. In Lübbings Version der Pestschinken-Sage ist dagegen von »schwarze[r] Kunst« die Rede, doch weisen das Einschließen des tödlichen Pesthauchs in einen Gegenstand und das dadurch erklärte Verschwinden der Krankheit ebenso Parallelen zu christlichen Wunderberichten auf. Christliches Weltbild und magischer Volksglaube vermengen sich demnach in den Pestsagen. Petzoldt betont unter Verweis auf eine unveröffentlichte Studie (Schmitt 1958), »daß christliche und magische Intentionen in der Volksüberlieferung wie im Volksglauben bis in die Neuzeit nebeneinanderstehen oder zwanglos ineinander übergehen können« (Petzoldt 1999: 196f.). Bezüglich des mit der Sage verwandten »Aberglaubens« (oder plattdeutsch *Biglove*) kam Strackerjan zu der Erkenntnis, dass die Menschen darunter einen Glauben verstanden, der neben dem Christentum existiere, diesem aber nicht zuwiderlaufe und der ebenfalls eine gewisse Berechtigung besitze (Strackerjan und Willoh 1909: Bd. I, 6). In der Hoffnung, jene würden doch noch aussterben, habe sich die Kirche mit zäh sich haltenden heidnischen Bräuchen abgefunden oder verlieh ihnen eine christliche Bedeutung (ebd.: 10).

3.3.2 Das Bann-Motiv in der Literatur: »Die schwarze Spinne« (1842)

Eine eindeutig auf das Christentum zugeschnittene Interpretation des Leitmotivs der Pestbannung erschien 1842 mit der Novelle *Die schwarze Spinne*. Der Schweizer Schriftsteller des Biedermeier und reformierte Pfarrer Albert Bitzius, der seine Werke unter dem Pseudonym Jeremias Gotthelf veröffentlichte, verarbeitete darin verschiedene Sagenmotive zu einer im christlich-konservativen Sinne moralisierenden Erzählung über Gut und Böse. Die schwarze Spinne, einmal explizit als schwarzer Tod umschrieben, symbolisiert die Beulenpest, deren Symptome sie auch teilt. Auf Geheiß des Teufels überkommt die Spinne ein nicht namentlich genanntes Dorf im Emmental, wo die Pest einst tatsächlich besonders viele Todesopfer gefordert hatte (vgl. Zobel 1994: 119). Die Bewohner*innen waren zuvor in einer Notsituation einen Teufelspakt eingegangen, hatten dem Satan ihre Schuld in Form eines ungetauften Kindes aber nicht beglichen. Als die Menschen in ihrer Bedrängnis schließlich doch die Auslieferung eines Kindes einleiten, ist es die liebende und gottesfürchtige Mutter, die in einem Akt der Selbstopferung die Spinne in ein Loch in einem Pfosten ihres Hauses bannt und jenes mit einem Zapfen versiegelt. Die Menschen sehen daraufhin ihre Fehler ein und werden fromm. Mehrere Generationen später verlieren sie ihre Gottesfurcht jedoch wieder und werden eitel und dekadent. Ein großspuriger und gotteslästerlicher Knecht setzt die Spinne frei, woraufhin sie erneut wütet und von einem Nachfahr jener gottesfürchtigen Mutter, dem einzig verbliebenen frommen Menschen im Dorf, in einem neuerlichen Akt der Selbstopferung in den Pfosten zurückgedrängt werden muss. Der Pfosten wird daraufhin weitervererbt und seine Geschichte mahnt die folgenden Generationen. Während die Spinne zunächst als bloße Strafe des rachsüchtigen Teufels erscheint, wird später klar, dass sowohl Teufel als auch Spinne unbewusst im Kontext eines größeren Gottesplans agieren, um die Menschen wieder Gottesfurcht, Demut und Bescheidenheit zu lehren und sie zurück auf den rechten Pfad zu bringen. Durch diese Darstellung ermöglicht Gotthelf eine christliche Deutung des sinnlos erscheinenden Leids, das die Pestilenz über die Menschheit gebracht hat (ebd.: 120).

Dafür, dass die Novelle erst 1842 veröffentlicht wurde, erscheint das durch sie proklamierte Welt- und Gottesbild erstaunlich rückwärtsgewandt und reaktionär, was der konservativen Einstellung des Autors geschuldet ist. Die Tatsache, dass zumindest in konservativen Milieus mittelalterliche Vorstellungen noch so lange fortwirkten, weist darauf hin, dass Gökens Kontextualisierung der Pestschinken-Sage im mittelalterlichen Gottesbild zutreffend sein mag, obgleich er ihre Entstehung einige Jahrhunderte zu früh verortete. Die Novelle zeigt auf, wie sehr das Thema Pest instrumentalisiert werden kann, um über Gut und Böse, Sünde und Tugend zu moralisieren. Umso erstaunlicher ist es, dass die Sage um den Pestschinken (soweit rückverfolgbar) nie als Frevelsage erzählt wurde, welche »von der übernatürlichen Bestrafung eines Menschen berichten, der sich außerhalb der Ordnung gestellt hat« (Petzoldt 1999: 199). Der Ursprung der Krankheit wird in der Pestschinken-Sage nicht erklärt. Ihr kann also nicht die ideologische Funktion der Erhaltung einer (ständischen, traditionellen, gottgewollten, etc.) Ordnung zugesprochen werden, die Frevelsagen innehaben (vgl. ebd.).

3.3.3 Das Motiv der Beschädigung durch Fremde

Ein relativ konstant auftauchendes Nebenmotiv der Sage, welches sich allerdings im Detail häufig geändert hat, ist das der Beschädigung. Zur Zeit der ersten Überlieferung durch Adalbert Kuhn und Wilhelm Schwartz 1848 hieß es, dass der Schinken »ewig« sei und immer wieder zuwachse, egal wie viel man abschneiden möge (Kuhn und Schwartz 1848: 282). Im Jahr 1867 wurde die Geschichte Ludwig Strackerjan und seinen Informant*innen bereits mit einem direkten Widerspruch dazu erzählt: Explizit wurde ein Loch im Schinken erwähnt, welches entstanden sei, als »[v]or etwa 60 Jahren«, also ungefähr im ersten Jahrzehnt des 19 Jahrhunderts, Holländer den Schinken hatten kaufen wollen. Der Erwerb sei ihnen zwar verweigert worden, aber der Besitzer gestattete, ein Stück herauszuschneiden (Strackerjan und Willoh 1909: Bd. II, 186 f.). Die inhaltliche Differenz muss allerdings nicht zwangsläufig auf die 19 Jahre zeitlichen Unterschieds zurückzuführen sein. Ebenso ist es möglich, dass unterschiedliche Erzählweisen zeitgleich existieren und daher die Unterschiedlichkeit der jeweiligen Informant*innen ausschlaggebend war. Weder bei der ersten noch bei der zweiten Verschriftlichung ist bekannt, wie viele Personen durch die jeweiligen Autoren zu der Sage befragt worden sind, daher sind die überlieferten Texte nicht zwangsläufig für ihre Zeit repräsentativ. Als Karl Willoh das Werk Strackerjans im Jahr 1909 aktualisierte, berichtete man ihm von einem »räuberischen Schweden«, der das Stück mit seinem Säbel herausgeschnitten habe[24] (ebd.). Sieve sieht diesen Schweden im Kontext des 30-jährigen Krieges (Sieve 1989: 2). Alternativ zu den Holländern als Urheber des Lochs wurden zeitweise in Schulbüchern auch »französische Emigranten« genannt, stellenweise mit dem Zusatz »(Ausgewiesene)« (Kühling 1927: 158). Diese seien in den »letzten Jahren des 18. Jahrhunderts« durch Friesoythe gezogen (ebd.). Jene Franzosen kontextualisiert Sieve aufgrund der zeitlichen Übereinstimmung mit der Herrschaft von Napoléon Bonaparte (Sieve 1989: 2). In der mündlichen Überlieferung durch Fritz Bitter aus dem Jahr 1956 ist wieder von Holländern die Rede, konkretisiert als reiche Kaufleute. Diese wollten den Schinken erwerben, wagten dies aber nicht mehr, nachdem sie die Sage gehört hatten, und schnitten lediglich ein Stück heraus (Bitter 1958: 102). Sieve hält das Szenario mit den Holländern für das wahrscheinlichste: Einen Beweis dafür sieht er in der Familiengeschichte der Wreesmanns, die für lange Zeit im Besitz des Pestschinkens gewesen war. Diese Familie habe seit dem 17 Jahrhundert einen Zweig in den Niederlanden gehabt, zu dem beständiger Kontakt gepflegt worden sei (Sieve 1989: 2 f.). Angehörige des niederländischen Familienzweigs könnten einmal das Bedürfnis verspürt haben, aus dem Hause ihrer Friesoyther Verwandtschaft den Schinken als Andenken zu erwerben bzw. nach einer Absage lediglich

24 Kurioserweise wird dennoch daran festgehalten, dass der Schinken unverletzlich sei.

ein Stück herauszuschneiden (ps). Als Beweis erscheint dieses Familiengeflecht allerdings zu dürftig und sollte eher als Indiz gewertet werden. Mit Bestimmtheit lässt sich nicht sagen, dass eine der Erzählweisen bzgl. der Beschädigung des Schinkens zutreffend sei, und daher ist auch dieser Aspekt eher als Teil der Sage denn als historisches Zeugnis zum Schicksal des Gegenstands zu werten. Zumindest ist es aber kein Zufall, dass neben der gängigen Erzählweise mit den Holländern ausgerechnet solche mit Franzosen und Schweden existieren: Petzoldt betont, dass neben den beiden Weltkriegen sowohl der Dreißigjährige Krieg (oft als »Schwedenzeit« bezeichnet) und die Napoleonische Herrschaft (»Franzosenzeit«) besonders prägende Ereignisse waren, welche sich vermehrt in historischen Sagen niedergeschlagen haben (Petzoldt 1999: 145). Während die Beschädigung des Pestschinkens durch die Holländer stets als einvernehmlicher Handel beschrieben ist, überrascht es kaum, dass sie beim »räuberischen« Schweden eher als Symbol für Besatzung und Willkür, vielleicht sogar für Kriegshandlungen steht. Die Variante mit den Franzosen, als Schulbuchtext aus den 1920ern, mag dagegen als eine Reaktion auf den Ausgang des Ersten Weltkriegs zu sehen sein: Sie fügen einem heimischen Gegenstand mutwillig ein Unrecht zu, was angesichts der damals weit verbreiteten und sich auch im Schulunterricht abbildenden deutschnationalen Haltung als Symbol für den Friedensvertrag von Versailles interpretiert werden kann. Dieser wurde in der Weimarer Republik von Lehrer*innen verschiedener politischer Lager zurückweisend thematisiert (vgl. Lorenz 2008: 346ff.).

3.3.4 Spekulative Weiterführung mangels Fakten

Zum Ende seines Artikels hin widmet Göken sich mangels weiterer Fakten schließlich der Spekulation hinsichtlich der Sagenentstehung und der dauerhaften Verwendung des Pestschinkens:

> »Vielleicht mag der Schinken aber auch durch ein ganz zufälliges Ereignis in den Ruf eines Heilmittels gekommen sein. Der menschlichen Phantasie sind in solchen nervösen Notzeiten kaum Schranken gesetzt. Wenn etwa in der Nacht, wo ein Kranker Genesung spürte, zufällig ein Schinken vom »Wiemen« fiel oder durch Luftzug in Bewegung kam, wer weiß, was für einen Pestgeist man dann hineinziehen sah! […] Wie und unter welchen Umständen der Glaube an die Heilkraft des Schinkens angefangen hat, läßt sich nicht mehr ergründen. Daß die Kirche bzw. die Geistlichkeit dabei mitgewirkt hat, ist wenig wahrscheinlich. Die Kirche kannte wohl die

> Austreibung böser Geister (Exorzismus), nicht aber ihre Verbannung in einen anderen Gegenstand, obwohl das, wie erwähnt, nach dem Text der Evangelien nicht unmöglich gewesen wäre.
> Um so besser ist es erklärlich, daß dieser Glaube sich schnell verbreitete und lange Zeit erhalten blieb. Was man wünscht, das glaubt man gern. Es brauchte nur von Zeit zu Zeit ein Kranker, der den Pestschinken berührt hatte, auf natürliche Weise zur Heilung gelangen, dann waren schnell alle Mißerfolge vergessen. Tatsächlich hat es bei den mittelalterlichen Seuchen Genesungen gegeben. Selbst beim ersten Auftreten der Pest (1348) überstanden einige Kranke, wie Boccaccio schreibt, die Seuche. Bei den später auftretenden Seuchen, die vielfach nicht mehr mit der eigentlichen Beulenpest identisch waren, aber vom Volk als Pest bezeichnet wurden, war der Prozentsatz der Heilungen bestimmt größer. Welch eine Stärkung des Glaubens an den Pestschinken mußte es sein, wenn die Geheilten diesen berührt hatten!
> Im einzelnen bleiben da noch Fragen genug. Vielleicht ist der Schinken im Laufe der Jahrhunderte schon neben vielen Kranken im Bett gewesen. Ein Glück war es, daß er wohl nur von bereits Erkrankten benutzt wurde. Sonst hätte das Stück mehr zur Verbreitung als zur Bekämpfung der Seuchen beigetragen. Vielleicht hat man die Wunderkraft des Schinkens auch in das Wreesmannsche Haus lokalisiert, so daß die Kranken dorthin gebracht werden mußten. […] Wenn die Sage berichtet, daß der Schinken nicht aus dem Hause entfernt werden konnte, mag das zur Abschreckung gegen Diebstahl verbreitet worden sein. Vielleicht sind auch schon in Zeiten von Seuchen Kranke von weither nach Friesoythe gekommen, um durch Betasten des Schinkens geheilt zu werden. Daß die Holländer daran interessiert waren, deutet ja darauf hin, wie weit das Friesoyther Kleinod bekannt gewesen ist.« (Göken 1969: 4f.)

In all seinen Ausführungen geht Göken davon aus, dass der Pestschinken tatsächlich während einer Pestzeit entstanden ist. Der Chronist Anton Wreesmann leitete außerdem die Möglichkeit ab, dass der Schinken einst in einem »Pesthause hängen geblieben ist« (Wreesmann 2006: 19). Aufgrund der aktuell geschätzten Entstehungszeit zwischen 1640 und 1670 ist das allerdings eher unwahrscheinlich. Wenn der unverwesliche Schinken also nicht während einer Pestzeit entstanden ist, muss auch in Betracht gezogen werden, dass er zunächst gar nicht als *Pest*schinken bekannt gewesen, sondern erst später zum Gegenstand einer Pestsage geworden ist. Einen bereits genannten Hinweis darauf bietet schon die Verschriftlichung der Sage nach Kuhn/Schwartz, laut der man sich in Nachbardörfern erzählt habe, dass es in Friesoythe einen *verwunschenen* Schinken gebe, den man nicht loswerde. Eine erstaunlich ähnliche Geschichte findet sich 1867 auch bei Strackerjan:

> »In einem Dorfe nicht weit von Wildeshausen lag eine Frau krank. Sie verspürte ein großes Gelüste nach einem Stücke Schinken; aber obwohl ein Schinken über der Diele hing, weigerten sich doch die Hausgenossen hartnäckig, ihr etwas davon zu geben. Da verwünschte die Frau den Schinken und sprach: »So wollte ich, daß der Schinken ewig dort hängen müßte!« Und so ist es gekommen. Der Schinken hängt noch im Hause, im Laufe der Jahre vom Rauche ganz geschwärzt, und wenn man ihn heute fortbringt, ist er morgen gleich wieder zur Stelle.« (Strackerjan und Willoh 1909: Bd. I, 129f.)

Zwar befindet sich Friesoythe nicht gerade in der unmittelbaren Nähe Wildeshausens (die Entfernung beträgt 40,75 Kilometer Luftlinie), aber entscheidende Aspekte wie die Rauchschwärze, die Verwünschung und die Unmöglichkeit, ihn fortzubringen, deuten darauf hin, dass es sich bei diesem verwunschenen Schinken ebenfalls um den Friesoyther Schinken gehandelt haben mochte.[25]

Auch bzgl. der Frage, warum die Pestschinken-Sage heutzutage nur noch in konservierter Form Bestand hat, lassen sich keine endgültigen Aussagen treffen. Das allmähliche Verschwinden von Sagen wurde bereits durch die mythologischen Sammler beklagt und einer vermeintlich neuen Zeit, der Aufklärung, dem Christentum, der Schule und der Presse sowie den sich bessernden Lebensumständen angelastet (vgl. Strackerjan und Willoh 1909: Bd. I, 3f.). Allerdings sollte man nicht den erklärenden Sinn der Pestschinken-Sage außer Acht lassen: Sie liefert eine Deutung über die Gestalt und das Verschwinden einer Seuche. Nicht nur hat die Medizin diese Deutung obsolet gemacht, auch ist die Pest heutzutage keine Bedrohung mehr. In letzter Konsequenz bedeutet das, dass die Pest als Gegenstand der Pestschinken-Sage für das alltägliche Leben der Menschen irrelevant geworden ist; sie bereitet ihnen keine Angst mehr und daher ist das Bedürfnis nach einer (ohnehin antiquierten) Erklärung in großen Teilen der Bevölkerung verschwunden, was die Sage zum Verklingen gebracht hat. Das bedeutet allerdings nicht, dass

---

25 Eine Sagen- und Märchen-Anthologie mit Fokus auf das Oldenburger Land druckte die Sage vom verwunschenen Schinken und die Pestschinken-Sage nach Kuhn/ Schwartz bereits gemeinsam ab (Dettmer 1987: 39). Die Parallelen sind demnach bereits zuvor aufgefallen.

wissenschaftlich-rationale Weltanschauungen sich konkurrenzlos durchgesetzt hätten. Betrachtet man gegenwärtige Krankheiten, allen voran AIDS oder aktuell Covid-19, fällt auf, dass sich auch darum verschiedene Mythen und moderne Sagen ranken: So existieren bspw. Verschwörungsmythen von der Entwicklung der Viren durch Geheimdienste[26]; über die Verbreitung des HI-Virus kursieren sogenannte Urban Legends von mutwillig in der Öffentlichkeit platzierten Nadeln, welche zur Infektion führen[27]; und letztendlich gibt es, vor allem in besonders stark betroffenen Ländern, den fatalen Heilungsmythos, welcher besagt, dass sexueller Kontakt mit einer jungfräulichen Person zur Heilung von AIDS führen könne (vgl. Groce und Trasi 2004: 1663). Petzoldt betont, dass das »mythisch-magische Bewußtsein [...] zu allen Zeiten neben rationalen Geisteshaltungen gegenwärtig« (Petzoldt 1999: 60) war und sich »[n]ur der Einfluß auf die Gesamtkultur verändert« (ebd.) hat. Das magische Denken ist in weiten Teilen der Welt stark zurückgegangen, doch bieten moderne Sagen und Mythen weiterhin (zu) einfache Erklärungen für komplexe Sachverhalte.

26 Siehe hierzu bspw.: »Böse Mächte und trojanische Pferde. Verschwörungstheorien.« In: Tagesschau Website am 02.04.2020. Autor*innen: Jochen Taßler und Jana Heck.
Und: »Alte Feindbilder zurechtgebogen. Corona und Antisemitismus.« In: Tagesschau Website am 09.04.2020. Autor*innen: Joseph Röhmel und Sabina Wolf.

27 Vgl.: »Urban Legend: HIV-Infektion in der Disco ... wahlweise auch im Kino, Theater, etc.« In: Website des Hoax-Info-Service an der Technischen Universität Berlin, aktualisiert am 08.09.2019. Autor: Frank Ziemann.

4 Geschichte und Rezeption des materiellen Gegenstandes

Der Pestschinken von Friesoythe ist ein wahrscheinlich mehrere Jahrhunderte alter »vollständig verholzter« (Kühling 1927: 157), »zu einer schmalen Keule eingeschrumpfter, mit dem Messer kaum angreifbarer Schinken«[28], dessen natürlicher Zerfallsprozess einst durch stetige Beräucherung gestoppt worden ist. Er misst 58 cm in der Länge sowie 17 cm an der breitesten und 9 cm an der höchsten Stelle. In dem zur Einleitung dieser Arbeit zitierten Rede-Ausschnitt von Fritz Bitter wird der Schinken als »tusterig«, also zerzaust, beschrieben. Das ist vor allem auf seiner rechten Seite der Fall, wo einstmals ein Stück herausgeschnitten wurde. Er ist beinahe völlig schwärzlich-braun, »[d]er Knochen des Schinkens ist steinhart, das Fleisch fühlt sich an wie trockener Torf und das, was mal Fett und Schwarte war, ist heute plastikartig« (Vosskuhl 1985: 30). Aufgrund seines holzartigen, völlig vertrockneten Zustands geht von dem Schinken kein Geruch mehr aus (fc). In lediglich einem Artikel wird er als Schweineschinken bezeichnet (Göken 1969: 4), die anderen schriftlichen Quellen geben keine Hinweise darauf, von was für einem Tier er stammen möge.[29] An dem Knochen hängen noch die Überreste einer alten Schnur, an der der Pestschinken einst gehangen hat. In diesem Kapitel soll der Geschichte des Gegenstandes nachgegangen werden. Es werden die Frage nach seinem tatsächlichen Alter gestellt, seine Aufbewahrungsorte vorgestellt und seine Bedeutung für die Konstruktion einer Friesoyther Identität erörtert.

4.1 Das Alter des Pestschinkens

> »Je faokener wi Kinner den Pestschinken segen, um so neischieriger wudden wi, un so frögen wi usen Pape: ›Pape, wat is eigentlick mit den Pestschinken los? Wo olt is dei, un woher kump dei?‹« (Bitter 1958: 102)

---

28 Unbetitelter Beitrag in der Sparte »Oldenburg und Nachbargebiete«. In: Jeversches Wochenblatt vom 25.03.1926. Autor*innen: Landesverein für Heimatkunde und Heimatschutz.

29 Einige meiner GesprächspartnerInnen waren von meiner Frage nach der Tierart überrascht und äußerten, dass sie darüber nie nachgedacht hätten. Der Pestschinken wird demnach weitestgehend entfremdet von seinem Ursprung im lebenden Tier betrachtet.

Fritz Bitters Frage nach dem tatsächlichen Alter des Schinkens ist nicht abschließend geklärt und die unterschiedlichen Quellen widersprechen einander zum Teil. Während Kuhn und Schwartz in ihrer Verschriftlichung der Sage von einem 400 Jahre alten Schinken sprechen und folglich auf das 15. Jahrhundert verweisen, nennt Strackerjan eine grobere Altersangabe von über 300 Jahren und weist damit auf das 16. Jahrhundert hin. Ferdinand Cloppenburg betont, dass sich eine Datierung auf das 16. Jahrhundert mit bildlichen Darstellungen und Jahreszahlen an großen Seitenfenstern der Marienkirche deckt, die an Schicksalsschläge erinnern und einen Ausbruch der Pest auf 1567 datieren (Cloppenburg 2003: 26). Auch Peter Sieve berichtet, dass 1568 in vier Friesoyther Bürgerhäusern die Pestilenz gewütet habe (Sieve 1989: 3).

Aufgrund der schriftlichen Quellenlage erscheint ein Entstehen im 16. Jahrhundert als die plausibelste Antwort auf die Frage nach dem Alter des Schinkens. Dennoch sind zeitliche Angaben in Sagentexten selbst ein dem Wandel unterworfenes Detail, das hauptsächlich Glaubwürdigkeit schaffen soll. Im Laufe der mündlichen Überlieferung vor der Verschriftlichung kann dieses Detail bereits Änderungen und Übertreibungen anheim gefallen sein und gibt daher keine verlässlichen Hinweise auf die Entstehungszeit des Gegenstands. Sicher kann anhand der schriftlichen Quellen lediglich festgehalten werden, dass der Schinken heute (im Jahr 2020) mindestens 172 Jahre alt sein muss, da die Sagen-Verschriftlichung nach Kuhn und Schwartz als älteste Quelle aus dem Jahr 1848 stammt.

1961 erwarb der Friesoyther Heimatverein den Schinken und verschaffte ihm, den zuvor genannten Quellen und Hinweisen zum Trotz, eine hölzerne Unterlage mit der Aufschrift: »Pestschinken von Friesoythe 1350« (Cloppenburg 2003: 25), die sich mit den Angaben der Erzählweise von Fritz Bitter deckt. Es ist zwar aus Aufzeichnungen über eine andere Kleinstadt in der Umgebung bekannt, dass die Pest dort in dem betreffenden Jahr viele Todesopfer gefordert hat (ebd.: 25f.), aber als Beweis erscheint das sehr dürftig. Warum der Heimatverein sich nun für die vergleichsweise haltlose Jahreszahl 1350 entschieden hat, bleibt fraglich. Ein zum 675. Stadtjubiläum erschienener Artikel betont, dass es eigentlich keine Rolle spiele, wie alt der Schinken wirklich ist, da es ja eine Sage sei (Vosskuhl 1985: 30). Es wird dennoch auf nicht näher benannte Experten verwiesen, die es nicht für ausgeschlossen hielten, dass der Schinken »tatsächlich mehrere hundert, vielleicht gar über 600 Jahre alt sein könnte. Bestimmte Konservierungstechniken und das ständige Beräuchern des Schinkens in den Wiemen von »Schraowen Hus« könnten den Verfall weitgehend gestoppt haben« (ebd.). Zum Abschluss des Artikels wird die rhetorische Frage gestellt, wer denn angesichts der vermeintlichen Weltberühmtheit des Pestschinkens, welcher auf Glas verewigt und von Dichtern beschrieben worden sei, eine wissenschaftliche Expertise bestellen würde (ebd.). Eine solche wurde durch Ferdinand Cloppenburg und den Heimatverein in den Jahren 2005/06 allerdings tatsächlich eingeholt: Das Leibniz-Labor für Altersbestimmung und Isotopenforschung an der Christian-Albrechts-Universität zu Kiel führte zwei Untersuchungen durch. Sowohl eine Probe von der Außenseite des Schinkens als auch solche aus dem Inneren bestätigten die Datierung 1350 nicht und wiesen stattdessen den Zeitraum 1640 bis 1670 als die wahrscheinliche Entstehungszeit des Pestschinkens aus (fc). Weitere Nachforschungen bezüglich des Alters werden laut Herrn Cloppenburg nun nicht mehr angestellt; die Holztafel mit der falschen Jahreszahl bleibt erhalten, soll aber durch eine ausführlichere Informationstafel ergänzt werden (fc).

4.2 Das »Schraowen Hus« als Verwahrungsort bis in die 1930er Jahre

> »Hei heff zeiläwe in Schraowen Hus an dei Langestraoten in en Wiemen hungen. Min öllerlick Hus leg freuher Schraowen Hus so dwask gägenäöwer. Wi sünd Frönde van mine Kindheit her. Immer wenn wi Kinner nao Schraowen Hus kömen, schielden wi forts taun Wiemen hoch. Do sähen wi dann den gauden Blaud midden tüsken frisken Schinken, Specksieden, Mett- un Ziesewüste hangen. Hei müß sick dor so verlaoten vörkaomen, denn hei was jo ut eine ganz annere Tied, un ut ganz annere Verhältnisse.« (Bitter 1958: 102)

Bereits in der Überlieferung der Sage nach Kuhn und Schwartz ist die Rede von »einem Hause nahe am Thor, wo es nach Harkebrücke hinausgeht« (Kuhn und Schwartz 1848: 282). In der Version nach Strackerjan wird diese Angabe konkretisiert: Er spricht vom »Wreesmannschen Hause« als Verwahrungsort des Schinkens und betont dabei ebenfalls die Nähe zum Harkebrügger Tor (Strackerjan und Willoh 1909: Bd. II, 186). In der oben zitierten Erzählweise nach Fritz Bitter, der selber Friesoyther war und daher lokal gebräuchliche Begrifflichkeiten verwendete, wird das Gebäude als »Schraowen Hus« bezeichnet (Bitter 1958: 102). Es handelt sich dabei immer um dasselbe

Gebäude. Der Verweis auf diesen konkreten Ort, an dem zumal der tatsächlich existierende Schinken aufbewahrt wurde, hat zur Glaubwürdigkeit der Sage beigetragen, da er eine Brücke zwischen sagenhafter Vergangenheit und greifbarer Gegenwart schlug. Die Geschichte des Hauses ist durch Peter Sieve ausführlich aufgearbeitet worden.

Das Schraowen Hus (oder auch Schraoben Hus oder Schrawen Haus) war das Stammhaus eines Zweigs der Familie Wreesmann und befand sich zeitweise an der Langen Straße 14 (Sieve 1989: 2) oder 15 (Sieve 2004: 11). Es war ein Bürgerhaus, in dem über die Jahrhunderte mehrfach Personen gelebt haben, die in der Geschichte der Stadt eine Rolle spielten (Sieve 1989: 2). Das Haus stand nahe dem historischen Stadttor Lange Pforte (oder Langenpforte), welches identisch mit dem Harkebrügger Tor bei Strackerjan ist (ebd.). Die Herkunft des Beinamens Schraowen ist nicht eindeutig geklärt, jedoch existiert die These, dass er auf eine ausgestorbene Familien Schrappe zurückgeht (ebd.). Bereits Ende des 14. Jahrhunderts wird in einer Urkunde ein »Scrappen hus« erwähnt und seit dem 17. Jahrhundert ist in Akten und kirchlichen Dokumenten von Schraowen Hus die Rede (ebd.). Der Name bezieht sich weniger auf ein bestimmtes Haus, sondern eher auf den Hausplatz (vgl. ebd.). Das lässt sich auch daraus schließen, dass das Haus 1877 bei einem großen Brand in Friesoythe vollständig zerstört worden ist, woraufhin der Wiederaufbau erneut unter dem Beinamen Schraowen Hus bekannt war (vgl. ebd.). Das Haus (Abb. 1) stand an der Ecke Lange Straße/Neue Straße (der heutigen Bürgermeister-Krose-Straße), bis es im April 1945 erneut zerstört wurde (Cloppenburg 2003: 24). Schraowen Hus ist eines der größten Bürgerhäuser der Stadt gewesen, sodass auf dem Grundstück nach dem Zweiten Weltkrieg zwei neue Bauplätze entstehen konnten (Sieve 1989: 2). Heutzutage trägt der Platz die Adresse Lange Straße 21 (ebd.), der alte Beiname ist nicht mehr geläufig.

Wenn davon die Rede ist, dass der Pestschinken sich im »Wiemen« jenes großen Bürgerhauses inmitten frischer Fleischprodukte befand, so meint dies, dass er (ggf. an einem speziell zum Räuchern angelegten Lattengerüst) in der Nähe zu einer Feuerstelle im Dachgebälk hing. Der zitierte Rede-Ausschnitt von Fritz Bitter deutet darauf hin, dass für die Kinder, die zu Besuch kamen, der Schinken eine Art Attraktion war. Auch die Zeitzeugin Elisabeth Schäfer berichtet aus ihrer Kindheit in den 1920er und -30er Jahren, dass sie und andere Kinder »dorthin liefen«, um ihn sich anzusehen (Schäfer 2012: 43). Peter Sieve spricht davon, dass der Schinken im Schraowen Hus im 19. Jahrhundert

Abb. 1: Das Wreesmann'sche Haus bzw. »Schraowen Hus« um 1930

»gezeigt« (Sieve 2004: 11) wurde, was den Eindruck eines Ausstellungsstücks vermittelt. Tatsächlich erwähnt Schäfer, dass »oft Touristen [kamen], um ihn zu besichtigen« (Schäfer 2012: 43). Ein Ausflugsbericht des Landesvereins für Heimatkunde und Heimatschutz von 1926 bestätigt, dass der Pestschinken »in einem Bürgerhause Besuchern bereitwilligst gezeigt wird«[30]. Ferdinand Cloppenburg ist der Ansicht, dass es sich nicht um eine Art öffentlicher Ausstellung des Schinkens gehandelt hat, sondern eher um ein Zurschaustellen im Familien- und Freundeskreis der Bewohner*innen des Schraowen Hus; auf konkrete Anfragen sei er auch Fremden und Reisenden gezeigt worden (fc). Sieve konkretisiert diese Ansicht dahingehend, dass Friesoythe zu jener Zeit nur etwa 140 bis 150 Häuser umfasste und sich die Einwohner*innen daher gegenseitig zum Großteil gekannt haben mussten. Daher werden viele Friesoyther*innen, insbesondere die bereits genannten »Paohlbürger«, in gutem Verhältnis zu den jeweiligen Bewohner*innen des Hauses gestanden und ihnen gelegentlich Besuche abgestattet haben (ps). Außerdem seien im Laufe seiner Geschichte in dem Haus mehrere Wirtschaftsbetriebe ansässig

30 Unbetitelter Beitrag in der Sparte »Oldenburg und Nachbargebiete«. In: Jeversches Wochenblatt vom 25.03.1926. Autor*innen: Landesverein für Heimatkunde und Heimatschutz.

gewesen, wie bspw. eine Bierbrauerei, ein Geschäft von Kaufleuten und vielleicht auch ein Rauchhaus (ps). Dadurch seien auch Menschen von außerhalb ab und zu dorthin gekommen und hatten Gelegenheit, den Schinken zu sehen (ps). Die Lange Straße selbst wurde Anfang des 20. Jahrhunderts auch »Hauptgeschäftsstraße« genannt (Schäfer 2012: 40), was auf ihre hohe Relevanz für das Gemeinwesen und damit auf starke Frequentierung hinweist. Diese Faktoren haben den Bekanntheitsgrad des Pestschinkens begünstigt, obwohl er kein öffentlicher Gegenstand war. Der jahrhundertelange Verbleib des Hauses im Besitz derselben Familie erklärt, wie der Pestschinken, als von Generation zu Generation weitergereichtes Erbstück, so lange erhalten bleiben konnte (Wreesmann 2006: 19). Wie er diesen privilegierten Status letztendlich erlangt hat, lässt sich ebenso wenig sicher rekonstruieren wie der Ursprung der Sage, und wahrscheinlich sind diese beiden Aspekte eng miteinander verwoben. Sieve konnte acht Generationen der Wreesmanns nachweisen, die das Schraowen Hus ab Anfang des 17. Jahrhunderts bewohnt haben (Sieve 1989: 2f.).

4.3 Verbleib ab den 1930er Jahren

Seit den 1930ern hat der Pestschinken mehrere Ortswechsel durchlaufen und wurde beinahe als Unrat vernichtet. Die jüngere Geschichte des Objekts ist in Zeitungsartikeln und Stadtchroniken dokumentiert und soll hier zusammengefasst werden.

Der Erbe des Schraowen Hauses, ein Gutsbesitzer namens Dietrich Windberg (Abb. 2), verpachtete es in den 1930er Jahren und brachte den Pestschinken auf seinen Hof nach Schwaneburg (Sieve 1989: 3).[31] Letzteres ist laut Ferdinand Cloppenburgs Schätzung »wohl schon vor 1930« (Cloppenburg 2003: 25) geschehen. Dort überstand der Schinken den Krieg unbeschadet und wurde 1956 im Zuge des Münsterlandtages in Friesoythe durch Fritz Bitter

31 »Wimbergs Didi« war bekannt als »schwieriger Eigenbrötler« (Sieve 1989: 3). Einem Zeitzeuginnenbericht zufolge galt er als »Friesoyther Original«, da er ohne gelernten Beruf u.a. vom Verkauf geerbten Landes an das Siedlungsamt lebte. Obgleich viel Geld für nicht näher definierte »Prozesse« verwendet wurde, blieb für den bescheiden lebenden Junggesellen – und selbst noch für die zahlreiche und sehr um seine Gunst bemühte erbende Verwandtschaft – genug übrig (Schäfer 2012: 44f.).

den anderen Teilnehmer*innen der Versammlung des Heimatbundes für das Oldenburger Münsterland in einer recht feierlichen Rede vorgestellt (Deneke 1958: 103; Bitter 1958: 102f.). Danach muss der Schinken wieder auf den Hof nach Schwaneburg gebracht worden sein. Als der Besitzer Windberg 1961 verstarb und seine Erben Möbel und andere wertvolle Gegenstände verbrannten, landete auch der Pestschinken auf dem Scheiterhaufen und konnte noch in letzter Minute durch eine Familie aus Mehrenkamp, die den Schinken dort entdeckt hatte, gerettet werden (Sieve 1989: 4). Dr. Fritz Landgraf, Zahnarzt und Vorsitzender des Friesoyther Heimatvereins, kaufte den Schinken im Namen desselben an; seither befindet sich das Objekt nicht mehr in Privatbesitz (ebd.). Der Schatzmeister Heinrich Bögemann verschaffte ihm daraufhin die hölzerne Unterlage mit der Aufschrift »Pestschinken von Friesoythe 1350« (Abb. 3) sowie Erklärungstafeln in Hoch- und Plattdeutsch (ebd.), die aber heutzutage nicht mehr mit ausgestellt werden[32]. Danach wurde er in der katholischen Volksschule untergebracht (Ahlrichs 1965: 526), wo Bögemann Lehrer war und aus der nach deren Auflösung eine Grundschule wurde, die Marienschule. Dort lag der Schinken für mehrere Jahrzehnte umgeben von einer Vitrine in einem Flur aufbewahrt und zur Schau gestellt (vgl. Sieve 1989: 4).

Während seiner Zeit in der Schule war der Pestschinken eingeschränkt öffentlich zugänglich. Die Kinder bekamen ihn alltäglich zu Gesicht und kannten seine Geschichte aus dem Unterricht: »Die Kinder gingen dran vorbei. Die wussten: Das ist der Pestschinken« (mz). Da Außenstehende die Schule jedoch nicht ohne Weiteres betreten durften, mussten sie, um den Gegenstand zu sehen, über das Sekretariat bei der Schulleitung eine Genehmigung einholen und einen Besuchstermin vereinbaren (mz). Diese Möglichkeit sei auch ab und an von Externen wahrgenommen worden, berichtet die ehemalige Lehrerin Maria Zumsande; dies seien »einfache interessierte Leute« gewesen (mz). Innerhalb der Marienschule hat der Schinken einmal seine Position gewechselt: Von einem Flur im Erdgeschoss in einen Flur auf der oberen Etage, wo die Räume der dritten und vierten Klassen waren, die ihn als Unterrichtsstoff behandelten (mz). Mindestens eine Unterbrechung jener Dauerausstellung hat es gegeben, als der Pestschinken Ende der 1960er Jahre zeitweilig Teil von »Niedersachsen-West stellt aus« war, einer Messe

32 Die Gründe für diesen Verzicht waren nicht rekonstruierbar.

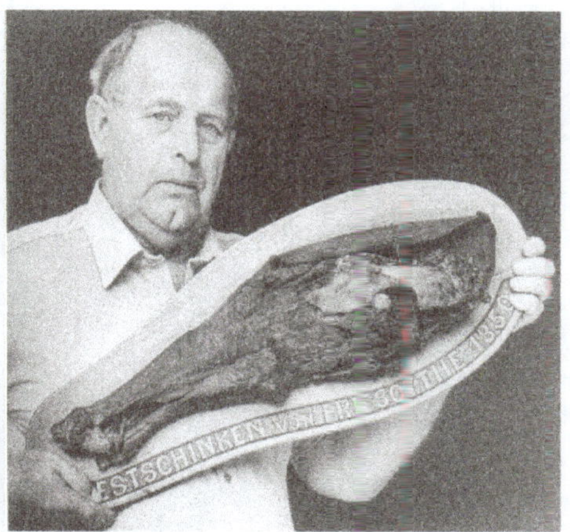

Abb. 2: Dietrich Windberg als Verwahrer des Pestschinkens (links)
Abb. 3: Heinrich Bögemann und den Schinken auf der von ihm angefertigten Holzunterlage (rechts)

des Vereins für Handel und Handwerk[33], und dort »als heimatgeschichtliche Rarität [...] einer breiten Öffentlichkeit gezeigt wurde« (Göken 1969: 3). Kurz vor dem 700-jährigen Jubiläum Friesoythes zur Stadterhebung im Jahr 2008 wurde die Vitrine mit dem Schinken aus der Marienschule in das Friesoyther Rathaus verlagert, wo er heute noch liegt. Diese Übergabe wurde medial dokumentiert durch ein Foto von Ferdinand Cloppenburg mit dem damaligen Bürgermeister Johann Wimberg und dem Pestschinken in ihrer Mitte (Abb. 4).

Besonders hervorzuheben an der jüngeren Geschichte des Pestschinkens ist die Veränderung seines Status von Privatbesitz zu quasi öffentlichem Eigentum. Durch seine Anbringung an eine informative Holzunterlage wurde dieser Übergang sogar optisch am Gegenstand sichtbar gemacht: Man hat ihn physisch verändert und erweitert; auf jüngeren Fotos ist der Schinken nur noch mitsamt der Unterlage zu sehen, die mittlerweile wie untrennbar verbunden zu ihm gehört. Diese neue Form weist ihn als einen historisch bedeutsamen Gegenstand aus, während er vorher rein optisch nur als vertrockneter Schinken zu erkennen war. Dennoch wurde ihm auch etwas genommen: Seine Transformation zum Ausstellungsobjekt hat ihn losgelöst von seinen ehemaligen Besitzer*innen, deren Beziehungen zu dem Gegenstand nicht

33 Vgl. dazu im Teil »Altes Amt Friesoythe« der Münsterländischen Tageszeitung vom 17.07.1968 den Artikel »Der Pestschinken in der Sage«.

Abb. 4: Ferdinand Cloppenburg und Johann Wimberg mit dem Pestschinken

mit ihm dokumentiert sind.[34] Stattdessen wurde ein (vermeintliches) Alter hinzugefügt, welches ihm physisch anhaftet. Dieser transformative Schritt ist nicht ungewöhnlich, denn »viele der Sammlungsgegenstände in unseren Museen [sind] in erweiterter Betrachtung in Wirklichkeit historische Objekte, gefertigt, um Geschichte vor Augen zu führen und Erinnerungsstücken einen legitimierenden Zweck zuzuweisen. Das Alter des Stücks, seine Authentizität und seine Echtheit sind dabei die Hauptanliegen« (Ottomeyer 2010: 23). Der Pestschinken in der Form eines Ausstellungsstücks soll eine (Erzähl-)Tradition für die gesamte Stadtgeschichte und nicht nur für eine Familie repräsentieren.

4.4 Wahrzeichen-Charakter bis in das 20. Jahrhundert

> »Siet den wunnerbaoren Vörfall is use olle Pestschinken weltberühmt; väle Dichter hebt üm all besungen. Vör us Eyther is hei dei edele Riddersmann, dei use Vaoderstadt freuher van den swatten Dod befreiet heff.« (Bitter 1958: 103)

34 Zur Transformation von Gegenständen zu Museumsobjekten siehe bspw. Clifford 1996.

Die hier zitierte Aussage, der Pestschinken sei von vielen Dichtern besungen worden, ist eine maßlose Übertreibung. Dennoch ist der Schinken ab Ende des 19. Jahrhunderts mehrfach auf verschiedene Weise rezipiert worden, u.a. in zwei Gedichten. Peter Sieve äußerte die Ansicht, dass der Pestschinken seit dem Ende des Zweiten Weltkrieges eine »Art Friesoyther Wahrzeichen« geworden sei, weil das historische Stadttor, die Langenpforte, nicht mehr stehe (Sieve 1989: 4). Sieht man sich aber einige Rezeptionen des Schinkens ab Ende des 19. Jahrhunderts an, liegt die These nahe, dass er schon viel früher den Status eines inoffiziellen Wahrzeichens neben der Langenpforte genossen hat. Die Art und Weise, wie der Pestschinken im Laufe der Zeit eingesetzt worden ist, um Friesoythe zu definieren, soll im Folgenden dargestellt werden.

Die älteste noch erhaltene künstlerische Verarbeitung fand der Pestschinken in humoristischen Versen. Ungefähr im Zeitraum 1884–1898 verfasste der ehemalige Friesoyther Amtshauptmann Johann Ernst von Heimburg das längere Gedicht *Der Geldschrankdiebstahl zu Friesoythe* oder einfach *Der Geldschrankdiebstahl*. Das Gedicht, welches auf einem tatsächlichen Kriminalfall beruht, trägt den langen Untertitel *Ein Ritter- und Räuber-Epos aus dem Nachtleben einer Kleinstadt, gewürzt mit Bürgertugend, Menschenschläue und etwas Fuseldunst jedoch gänzlich ohne Blutvergießen.* Es ist ein humoristisches Werk, da es reale Personen-, Familien- und Ortsnamen enthält und mit Klischees über Friesoythe sowie seine Nachbardörfer spielt. Lokale Leser*innen konnten ggf. vertraute Personen darin vorfinden und sich daran erfreuen oder belustigen und viele der Familiennamen sind noch heute geläufig. Der Pestschinken trägt nicht zum Verlauf der eigentlichen Handlung bei, sondern findet lediglich einmal Erwähnung in den Versen 25 bis 30. Diese befinden sich bereits auf der ersten Seite in der Mitte des ersten Gesangs, welcher das Werk mit einer geografischen Verortung Friesoythes anhand anderer Dörfer und Städte der Region einleitet. Danach werden Natur und Moore beschrieben, die man wandernd zu durchqueren habe, um nach Friesoythe zu gelangen. Tore ohne Mauern seien von der alten Festung noch übrig, dann:

»Auf dem Rathaus alte Fahnen
An der Väter Taten mahnen.
Und im Schornstein, da bewahrt
Man den Schinken selt'ner Art,
In den vor dreihundert Jahren,
Wie man sagt, die Pest gefahren!«
(von Heimburg 1984: 9; verfasst um 1884)

Es folgen Ausführungen darüber, dass seit der Erfindung der Kanone keine Wälle mehr gebraucht würden und die braven Friesoyther Bürger in Frieden und Einklang mit dem Gesetz und der herrschenden Ordnung lebten sowie Steuer an die katholische Kirche entrichteten. Nahrung würden sie durch Ackerbau gewinnen. Zur Düngung der Felder durch Asche und Torf würden Brände auf dem Moor gelegt, gegen den Widerstand bspw. der Bremer. Dann äßen die Friesoyther Buchweizenpfannkuchen und tränken im Bett Branntwein bis sie einschliefen. Damit endet der erste Gesang (vgl. ebd. 9 ff.).

Dieser erste Abschnitt des Epos widmet sich der Beschreibung Friesoythes als Ort der Handlung, bevor die Hauptcharaktere eingeführt werden und der Kriminalfall seinen Lauf nimmt. Beschrieben werden hier also die geografische Verortung, die Natur des Umlands, charakteristische Gebäude wie die alten Stadttore und das Rathaus, der soziale Frieden und der Katholizismus, das Arbeitsleben und einige vermeintlich für Friesoyther*innen typische Eigenarten in der Lebensweise in überspitzter Form. Die Platzierung des Pestschinkens in der Mitte dieser grundlegenden Charakterisierung der Stadt deutet darauf hin, dass von Heimburg ihm und der Sage eine sehr zentrale Rolle bei der Konstruktion einer Friesoyther Identität beigemessen hat. Es muss dabei allerdings der Hintergrund der Person von Heimburg sowie der Komödiencharakter seines Werkes mit in Betracht gezogen werden: Der Amtshauptmann stammte aus Nordoldenburg und ist lediglich für eine Weile nach Friesoythe strafversetzt worden oder empfand es zumindest als Strafe (vgl. Göken 1969: 3). Das Gedicht ist erst nach seiner erneuten Versetzung nach Cloppenburg 1884 entstanden und blickt stellenweise sehr ironisch auf Friesoythe zurück (ebd.). Einige Friesoyther empfanden dies als Affront und noch 1969 urteilte der Oberstudienrat i.R. Johannes Göken, die Ironie ginge »stellenweise über das rechte Maß hinaus« (ebd.). Ferdinand Cloppenburg bestätigt mit etwas wohlwollenderem Humor, dass von Heimburg die Friesoyther »ziemlich auf die Schippe genommen« (fc) habe. Dennoch, oder gerade deswegen, erfreut sich das Gedicht bis heute einer gewissen Popularität in Friesoythe und ist 1984 durch die örtliche Buchhandlung neu aufgelegt worden. Interessant ist hierbei, dass trotz der geringen Rolle, die der Schinken für das Werk spielt, ein Foto desselben dem Büchlein als Anhang angefügt wurde.

Zu Beginn des 20. Jahrhunderts sind zwei Ansichtskarten veröffentlicht worden, die den Pestschinken zum Motiv haben. Die erste enthält eine ähnliche Kombination von Wahrzeichen wie die Verse des Gedichts: Sie zeigt unter dem Motto »Gruss aus Friesoythe« die St. Marienkirche, das historische Stadttor, welches im Zweiten Weltkrieg zerstört worden ist und noch heute das Friesoyther Wappen ziert, sowie den Pestschinken (Abb. 5[35]). Die zweite Karte zeigt lediglich den Pestschinken mit der Beschreibung »Pestschinken aus dem 16. Jahrhundert« (Abb. 6[36]). Zweck solcher Ansichtskarten ist es, in konzentrierter Form visuelle Eindrücke über die bedeutenden Sehenswürdigkeiten eines Ortes zu vermitteln, entweder als Andenken für Besucher*innen oder zum Verschicken an Menschen, die den Ort nicht kennen und einen Eindruck gewinnen sollen. »Der reizvolle Bildausschnitt ersetzt die argumentative Beweisführung [eines Reisebriefs], warum es lohnenswert war, das jeweilige Reiseziel zu wählen, und gibt dem Empfänger Gelegenheit, beim nächsten Treffen informiert dem Zurückgekehrten zu begegnen« (Holzheid 2011: 297). Insofern deutet die Motivauswahl der Postkarten ebenso wie die Verse des Gedichts darauf hin, dass der Schinken noch zum Ende des 19. und zu Beginn des 20. Jahrhunderts den Stellenwert eines Wahrzeichens für Friesoythe besaß. Vergleichbare Ansichtskarten hat es später allerdings nicht wieder gegeben. »Das ist wohl nicht so das Motiv, das die Leute haben wollten«, witzelte der Betreiber des Postgeschichtlichen Museums.

Es ist belegt, dass 1926 der Landesverein für Heimatkunde und Heimatschutz mit 48 Mitgliedern aus Oldenburg, Vechta, Wilhelmshaven und dem Jeverland nach einer Besichtigung der damals neuen Thülsfelder Talsperre noch nach Friesoythe kam, um sich neben anderen Sehenswürdigkeiten den Pestschinken zeigen zu lassen, was auch bereitwillig gewährt wurde.[37] Noch 1930 bewarb die Pressevorankündigung einer Wanderfahrt des Heimatbundes für das Oldenburger Münsterland den Zielort Friesoythe mit folgenden Worten: »Wer denkt da nicht an den Pestschinken, an die alten Baulichkeiten, an die schöne Kirche mit ihrer neuen Orgel [...]« (Tageszeitung[38] zit. n.: Hirschfeld 2008: 298). Über die Rezeption des Pestschinkens während

35 Aufgrund der Beschaffenheit der Kirche muss diese Karte 1908 oder früher erschienen sein.

36 Aufgrund der mit einem Datum versehenen Rückseite eines erhaltenen Exemplars muss diese Karte 1914 oder früher erschienen sein.

37 Unbetitelter Beitrag in der Sparte »Oldenburg und Nachbargebiete«. In: Jeversches Wochenblatt vom 25.03.1926. Autor*innen: Landesverein für Heimatkunde und Heimatschutz.

38 Tageszeitung für den Amtsbezirk Friesoythe: Friesoyther Zeitung Nachrichten für Barßel und das Sagterland. Am 23.06.1930.

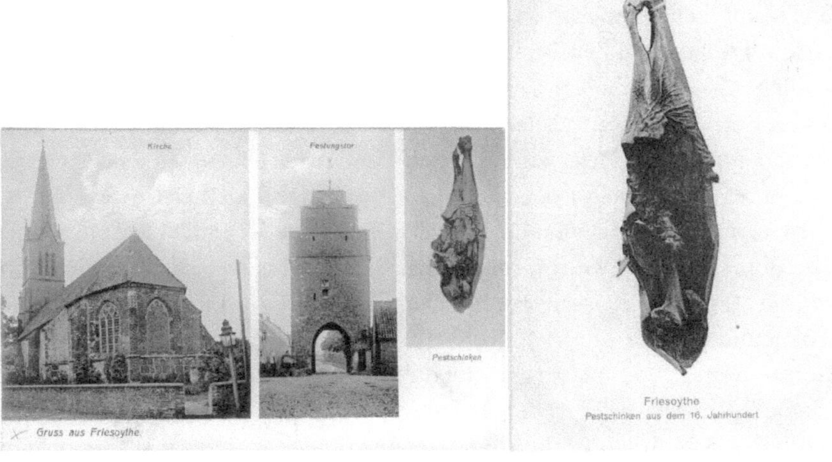

Abb. 5: Postkarte von 1908 oder älter (links)
Abb. 6: Postkarte 1914 oder älter (rechts)

der Herrschaft des Nationalsozialismus ließen sich keine Quellen ausfindig machen. Dies verwundert insofern, als dass Rückbesinnung auf das Mythische und Archaische durch den völkischen Nationalismus propagiert wurde. Lediglich ein im *Jeverschen Wochenblatt* erschienener Artikel[39] gibt einen kleinen Anhaltspunkt: Er berichtet mit faschistischem Pathos darüber, wie »[u]nter der Führung des Bürgermeisters der Stadt Jever [...] Vertreter der Stadtverwaltung und des Vorstandes des Altertums- und Heimatvereins eine Besichtigungsfahrt durch das oldenburgische Münsterland« unternahmen. Die Stationen dieser ideologischen Fahrt sollten den Teilnehmern die Resultate des »nationalsozialistischen Aufbau[s]« vor Augen führen. Nach der Besichtigung der neuen Friesoyther Stadt- und Turnhalle, eines Heims der Hitlerjugend sowie des Langetors heißt es dann allerdings: »Leider zu spät dachten wir daran, noch einmal wieder den Friesoyther Pestschinken zu besichtigen. Er wird im Wreesmannschen Hause aufbewahrt [...]«[40]. So mag es

39 »Vom Jeverland ins Oldenburger Münsterland«. In: Jeversches Wochenblatt vom 23.09.1938. Autor*innenkürzel: H.W.

40 Ob der Schinken sich zu dem Zeitpunkt tatsächlich noch dort befunden hat, ist fraglich.

gerade die durch den Nationalsozialismus propagierte Aufbruchsstimmung gewesen sein, die ein Relikt wie den Pestschinken in den Hintergrund hat treten lassen.

Ungefähr in den 1950ern oder Anfang der 1960er Jahre verfasste die Heimatautorin und damalige Konrektorin der Marienschule Elisabeth Osterhoff in plattdeutscher Sprache das 21-strophige Gedicht *Watt dei Pestschinken vertellt*[41]. Es ist in der ersten Person aus der Perspektive des Pestschinkens verfasst, welcher als der »öllste Frieseither« (ältester Friesoyther) zum Geschichtenerzähler erhoben wird, der die gesamte Stadtgeschichte miterlebt hat und nun den Leser*innen von »ollen Tien« (alten Zeiten) berichtet. Er beginnt dabei mit der Pest und seiner eigenen Geschichte, wie er im »Schrowen«-Haus hing und Mitglieder alter Friesoyther Familien gekannt hat, die er als »Pohlbörgers« bezeichnet. Er fährt fort mit dem blühenden Handel unter der Hanse, dem Schmiedehandwerk, der Not des Dreißigjährigen Krieges und des großen Brandes von 1877. Schmerzlich berichtet er, wie er das Haus verlassen musste, in dem ihn viele »neischierige Lüe« (neugierige Leute) begutachtet hatten, als wenn er ein »König« wäre. Aufgrund des Zweiten Weltkrieges, in dem viel »junget Blaut« (junges Blut) sterben musste und alles »in Scherben« lag, wurde ihm dies jedoch zur Rettung. Nach dem Wiederaufbau der nun »modern« anmutenden Stadt fällt ihm auf, dass das »beste Stück«, das historische Stadttor, allerdings noch fehle. Dennoch ist er optimistisch, dass sich alles wieder richten würde. Das Gedicht endet mit einer Huldigung an die »Langestroten« (Langestraße), in die er nicht wieder zurückgebracht wurde, weil es dort keinen »Wiemen swatt van Look« (Wiemen schwarz von Rauch) mehr gab. Der Pestschinken wird in dem Gedicht als eine Art Ur-Friesoyther inszeniert, der alle historischen Ereignisse und Perioden der Stadtgeschichte miterlebt hat und sehr wertend über diese zu berichten weiß. So habe es »sonne stolze Tied« (so eine stolze Zeit) wie die der (nicht eindeutig belegten) Mitgliedschaft Friesoythes im Hansebund

41 Die Quelle konnte nicht zurückverfolgt werden, da es sich dabei um einen nicht datierten Ausschnitt aus einer unbekannten Zeitung handelt, den mir Herr Sieve freundlicherweise zur Verfügung gestellt hat. Die grobe zeitliche Einordnung beruht auf dem Umstand, dass in dem Gedicht noch nicht die Unterbringung des Pestschinkens in der Marienschule erwähnt wird. Der Volltext befindet sich im Anhang unter 8.2. Eine jüngere, inhaltlich bearbeitete und an die Zeit angepasste Version mit 22 Strophen findet sich außerdem in Osterhoff 19[illegible].

sowie des blühenden Schmiedehandwerks nie wieder gegeben. Auch werden dem Schinken eine starke Heimatverbundenheit und Sesshaftigkeit zugesprochen, wozu das Detail der Sage eingesetzt wird, nach dem der Schinken nicht aus seinem Hause entfernt werden könne. So lautet nach der Beschreibung des Ankaufversuchs durch die Holländer die sehr eindrückliche vierte Strophe wie folgt:

»Ick lot mie nich kopen förn Hopen Geld,
Un böt man mie dei halbe Welt,
Man mott tau siene Heimat stohn
Un nich liggfertig int Utland gaon.
Köm ick no Paris oder Brügge,
Ick neihde dei eierste Nacht wehr trügge.«

Auch später, nachdem der Schinken doch aus dem Haus entfernt worden war, wird diese Haltung noch einmal bekräftigt: »Man schall nich verplanten ollet Stück« (Man soll nicht verpflanzen ein altes Stück). Die Autorin, deren weiteres Werk Aufschluss über ihre eigene konservative Weltsicht gibt, macht in diesem Gedicht den Friesoyther Pestschinken zu einem Träger ihrer Wertvorstellungen: Heimatverbundenheit, auch ausgedrückt durch die plattdeutsche Sprache, derer sich der Schinken bedient, gepaart mit der Wehmut nach einer vergangenen und vermeintlich goldenen Zeit. Die moderne neue Stadt erscheint dem Schinken mangels Wiederaufbau des historischen Stadttors unfertig, was auf Traditionalismus hinweist: Die Zukunft kann Gutes bringen – sofern Teile der Vergangenheit erhalten bleiben und gepflegt werden. So nimmt der Pestschinken in Osterhoffs Gedicht nicht nur die Rolle eines fiktiven Ur-Friesoythers ein, sondern auch die eines im Sinne der Autorin idealtypischen Friesoythers.

Eine bildliche Verarbeitung des Sagenmotivs besteht aus einem gläsernen Kunstwerk, etwa in der Größe eines DIN-A4-Blattes, das seit 1972 ein Fenster der ehemaligen Gastwirtschaft »Amtsstuben« schmückt (Abb. 7). Es beruht auf einer nicht datierbaren skizzenhaften Zeichnung, angefertigt von einer Person namens Winter (Abb. 8)[42]. Das Glasbild zeigt die Pest als Skelett mit Kutte und Kapuze. In der linken Hand trägt sie einen Morgenstern mit drei Kolben, in der rechten eine Schriftrolle. Sie wird in den Schinken unter ihr

42 Ich bekam einen ungesicherten Hinweis darauf, dass diese Person ein Kunstlehrer gewesen sein könnte.

hineingesogen, was eine Assoziation mit einem Geist in der Flasche weckt. Über das ganze Bild erstreckt sich der Schriftzug »Es fähret die Pest in einen Schinken zu FRYSOYTHE. AD 1350«. Die falsche Altersangabe wurde wahrscheinlich von der Holzunterlage des Schinkens übernommen, datieren die römischen Ziffern der Skizze das Geschehen doch noch auf 1667, als die Pest in Oldenburg wütete. Der damalige Name der Gastwirtschaft Amtsstuben leitet sich vom ehemaligen Amtsgericht ab, dem sie gegenüber steht. Das Gebäude befindet sich in unmittelbarer Nähe zum Rathaus und dort seien auch offizielle Anlässe gefeiert worden, wie mir von einem ehemaligen Betreiber berichtet wurde. Das Fensterbild ist Teil einer Reihe von vier Bildern ähnlichen Stils, wovon zwei unmittelbar mit dem Schankgeschäft in Verbindung stehen und einen Mann mit Weinflasche sowie ein Wappen mit den Worten »Vom alten Fass« zeigen. Das vierte Bild der Reihe zeigt das historische Stadttor, die Langenpforte, die als Wahrzeichen immer wieder im Kontext des Pestschinkens auftaucht. Auf die vier Fensterbilder angesprochen, sagte mir eine Kellnerin, dass sie zwar nichts über die Bilder wisse, dass sie aber wirklich schön seien. Auch sei es schön, dass sie einmal jemandem auffielen.

Das Thema Pestschinken scheint heute nur noch auf eine solch subtile und unauffällige Weise in der Öffentlichkeit präsent zu sein. Nichtsdestotrotz verdeutlichen die genannten Beispiele, wie vielfältig er einst genutzt wurde, um zur Konstruktion einer Friesoyther Identität beizutragen. Sowohl in Texten als auch in Darstellungen ist eine beständige Nähe zur zerstörten Langenpforte, ferner noch zur katholischen Kirche zu beobachten. Die Brockhaus-Enzyklopädie definiert den Begriff *Wahrzeichen* wie folgt:

> »[…] Im alten Handwerksbrauch Kennzeichen einer Stadt, das vom wandernden Gesellen als Beweis des Aufenthalts in der betreffenden Stadt genannt werden musste. Heute sind W. meist markante Bauwerke einer Stadt, die diese symbolisieren sollen (z. B. auf den Briefmarken und die bei der Werbung für den Fremdenverkehr bes. hervorgehoben werden. […]« (Brockhaus Enzyklopädie, 21. Auflage, Band 29: 348)

Obgleich er kein Gebäude ist und nie in offiziellen Dokumenten der Stadt Erwähnung fand (fc), verliehen seine Rezipient*innen dem Pestschinken den Status einer Art gegenständigen Wahrzeichens, das außerdem während seiner Hochphase untrennbar mit einem bestimmten Bürgerhaus konnotiert wurde. Reisende bekamen ihn zu Gesicht und hatten zeitweise die Mög-

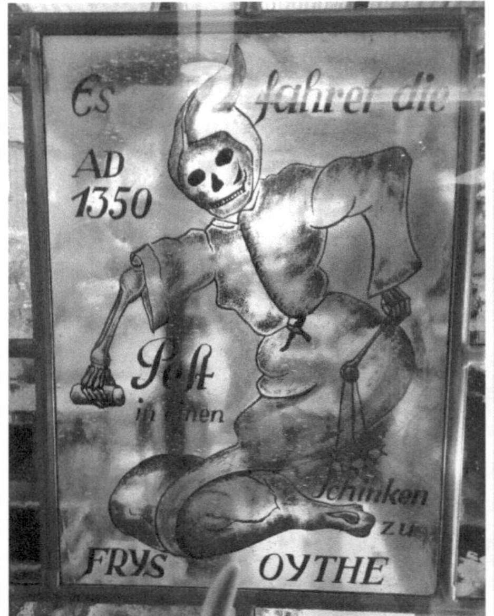

Abb. 7: Fensterbild in den ehemaligen »Amtsstuben« (links)
Abb. 8: Zugrunde liegende Zeichnung von Winter: Die Pest als symbolische Figur (rechts)

lichkeit, Ansichtskarten mit seinem Motiv zu erwerben. Auch stand er für Kontinuität und Überdauern: Fritz Bitter hatte ihn als beinahe so alt wie »unsere« Stadt bezeichnet und als Rittersmann, der gegen die Pest gekämpft und gesiegt habe (Bitter 1958: 102). Eine Schulbuch-Variante der Sage endet mit folgender Beschreibung seiner vermeintlich unvergleichlichen Beständigkeit:

> »Der Schinken hat alle schweren Zeiten überstanden. Sogar bei dem großen Brande 1877 ist er gerettet worden. Im letzten Kriege wurden viel [sic] Häuser in Friesoythe zerstört, auch das Wreesmannsche Haus und das Stadttor. Der Pestschinken aber ist noch da.« (Kühling 1950: 59)

Aus dieser damaligen Rolle des Schinkens als Symbol für das Überdauern ergibt sich eine mögliche Begründung für die Fehldatierung auf 1350: Als ausdauernder Begleiter in allen Entwicklungsphasen der Stadt muss der Schinken auch in etwa so alt sein wie sie selbst. Aus diesem Gedanken heraus mag sich die Erzählung um seine Entstehungszeit auf die große Pestwelle des 14. Jahrhunderts verlagert haben.

Dass der Pestschinken als materieller Gegenstand von symbolischer Bedeutung seine Blütezeit vom 19. bis in das 20. Jahrhundert hatte, ist kein Zufall. So wie die Volkskunde jener Zeit eine fetischistische Sammelwut bzgl. Sagentexten an den Tag legte, wurde auch materiellen Gegenständen, die Tradition und Archaik symbolisierten, ein ähnlicher Wert beigemessen. »Gesucht und gesammelt wurden vorwiegend Gegenstände, die in die Vormoderne zurückwiesen, deren vermutetes oder tatsächliches Alter sie mit einer historischen Aura umgab, die überzeitliche Kontinuität signalisierte, nicht Prozeßcharakter und Wandel in der Zeit« (Kaschuba 2012: 225). Obgleich nicht durch Volkskundler*innen entdeckt, wird die Bewahrung des Pestschinkens zum Teil diesem Zeitgeist geschuldet sein, der sich nicht nur auf die Wissenschaft beschränkte. Das Haus, in dem der Pestschinken verwahrt wurde, war ein wohlhabendes Bürgerhaus und kein Bauernhaus. Dementsprechend mag eine ähnliche mythische Verklärung des Landlebens vorgelegen haben, wie die Sagensammler sie propagiert haben.

Seit Jahrzehnten schon gibt es nun keine neuen künstlerischen Rezeptionen des Schinkens und abgesehen von Erwähnungen in Werbetexten zu Stadtführungen wird er nicht kommerzialisiert. Sein Übergang in öffentlichen Besitz hat einerseits seine Bedeutung als inoffizielles Wahrzeichen gestärkt, doch die dadurch eingetretene gefühlte Loslösung von persönlichen Lebensgeschichten hat ihm auch einen Teil seiner Anziehungskraft genommen. Die Aufbewahrung unter der Vitrine erweckt den Eindruck von etwas Vergangenem, das steril konserviert wird, und dem keine weiteren Geheimnisse zu entlocken sind: Der Pestschinken ist entzaubert. Zudem versucht die Stadt sich ein Image zu schaffen, das Tradition und Moderne vereint, und eine Skurrilität wie der Pestschinken fällt dabei zunehmend durchs Raster. Pünktlich zum genannten Stadtjubiläum im Jahr 2008 erschien die bislang ausführlichste Chronik *Die Geschichte der Stadt Friesoythe* (Eckhardt et al. 2008), die allerdings ihren Fokus eindeutig auf politische und wirtschaftliche Entwicklungen sowie solche des Gemeinwesens und der Demografie legt. Der Pestschinken wird darin lediglich einmal zufällig in einem Zitat erwähnt, welches in einem anderen Kontext Verwendung findet, und er wird auch nicht weiter erläutert. Das einstmalige inoffizielle Wahrzeichen Friesoythes hat es also nicht mehr in das prestigeträchtige 815-seitige Werk zum groß gefeierten Stadtjubiläum geschafft.

5 Der Pestschinken und seine Sage als lokale Identifikationsobjekte bis in die Gegenwart

> »Es sind Fragen über Fragen, die der schwarze Sonderling uns stellt. Gern würde man auch wissen, bis zu welcher Zeit der Glaube an die Macht des Pestschinkens bestanden hat. Im Zeitalter des Humanismus, der keineswegs so rationalistisch und kritisch war, wie zuweilen behauptet wird, dürfte der Glaube noch unerschüttert geblieben sein. Selbst Luther hat noch an Hexen geglaubt. Auch um die Zeit des 30-jährigen Krieges wird der Pestschinken noch seine Bedeutung gehabt haben, obwohl ich ihn in den Akten des Friesoyther Stadtarchivs bisher nicht erwähnt fand. Wohl erst im Zeitalter der Aufklärung dürfte der Schinken das geworden sein, was er heute noch ist: ein heimatgeschichtliches Kleinod seltener Art. Er spricht zu uns von den Nöten früherer Generationen, von menschlicher Unzulänglichkeit und menschlichem Irrtum. Es wäre verkehrt, ihn mit überlegenem Lächeln zu betrachten. Wer wagt es schließlich, zu behaupten, daß er nicht schon mal an etwas ebenso Törichtes geglaubt hat? Der Pestschinken, einzig in seiner Art, mahnt uns zu Selbstbesinnung und Bescheidenheit und verdient Ehrfurcht.« (Göken 1969: 5)

In den vorangegangenen Kapiteln sind sowohl die Sage als auch die Geschichte des »heimatgeschichtlichen Kleinods seltener Art« untersucht worden. Abschließend soll nun der Fokus auf die Gegenwart verlagert werden: Es geht dabei um die Frage, welche Bedeutung dem Schinken noch zugestanden wird. Die oben zitierten, etwas verteidigend wirkenden Wertbeimessungen Gökens sind, soviel vorweg, nicht repräsentativ und waren es auch damals nicht. Dennoch bleibt der Gegenstand, teilweise eher unterschwellig aber dennoch tief, im Stadtgedächtnis verankert. Nach einer Beschreibung der aktuellen Ausstellungsumgebung des Pestschinkens soll seine Rezeption in bspw. Journalismus und Tourismus betrachtet werden. Danach wird ein Blick auf die gelebte Praxis des gegenstandsbezogenen Schulunterrichts sowie auf das Milieu der Heimatforschung geworfen.

5.1 Der Pestschinken als Ausstellungsstück im Rathaus

> »Ach, der alte Schinken liegt da immer noch?« (Ein weggezogener Verwandter des Autors, als er von dieser Arbeit erfuhr)

Auf der offiziellen Website der Stadt Friesoythe verfügt der Pestschinken über einen Info-Text, der neben seiner Sage und Geschichte Auskunft über seine aktuelle Adresse gibt: »Alte Mühlenstraße 12, 26169 Friesoythe, im Rathaus am Stadtpark«[43]. Dort ist der Pestschinken Teil einer losen, semiprofessionellen Ausstellung von historischen Gegenständen und Werken von Friesoyther Künstler*innen, die sich über verschiedene Gänge und Flure erstreckt. Der Schinken befindet sich in einem geräumigen Durchgangszimmer, das aufgrund seiner großen Fensterfronten von Tageslicht durchflutet wird. Dieser Raum, der modern und minimalistisch anmutet, enthält die meisten historischen Stücke. Das für die Stadtgeschichte bedeutsame Schmiedehandwerk wird durch Brocken von Raseneisenerz, Schwarztorf und Eisenschwamm sowie von einem Schmiedeamboss repräsentiert. Auf der anderen Seite des Raumes steht ein mechanisches Kirchturmuhrwerk, das bis 1987 in der katholischen Kirche in Betrieb war, begleitet von einem vom Pfarrer verfassten Sinnspruch über verrinnende Zeit und den Namen der Sponsor*innen, die eine Restaurierung ermöglicht haben. Eine Vitrine dokumentiert ausführlich historische Schützenorden und weiteres Zubehör für das jährliche Friesoyther Schützenfest und zeigt einige Fotos vergangener Feste. Eine weitere Vitrine enthält Bücher über die Stadt und anderes Merchandise. Ein modern designter Glasaufsteller von ungefähr zwei Metern Höhe zeigt von oben nach unten das Logo der 700-Jahr-Feierlichkeiten, das Wappen von Friesoythe und darunter, kleiner, die Wappen der zwölf eingemeindeten Dörfer. Das historische Stadttor ist durch eine Art Sandsteinbild vertreten. Zwischen dem Amboss und dem Uhrwerk ist der Pestschinken aufgebahrt und wirkt dort ein wenig verloren. Die einzige Kontextualisierung besteht aus dem Schriftzug seiner Holzunterlage sowie einem Vermerk, dass es sich dabei um eine Dauerleihgabe des Heimatvereins handele. In einem Nebenflur findet sich außerdem ein Gemälde des umstrittenen Amtshaupt-

43 Website der Stadt Friesoythe. Der Text dort ist, mit nur einer geringfügigen Anpassung, übernommen aus dem Buch *Die Stadt Friesoythe im zwanzigsten Jahrhundert* von Ferdinand Cloppenburg (2003).

manns von Heimburg, der den Pestschinken in seinem spöttischen Gedicht erwähnt hatte. Die Ausstellung werde nicht beworben, aber es kämen »schon einige« Privatleute, Schulklassen und Tourismusgruppen, verriet man mir auf meine Nachfrage hin an der Rezeption.

Laut Aussage des Heimatverein-Vorsitzenden Ferdinand Cloppenburg habe man um die Zeit der 700-Jahr-Feierlichkeiten 2008 herum begonnen, verschiedene historisch bedeutsame Gegenstände im Rathaus zu konzentrieren. Dadurch sollte ihre Zugänglichkeit erleichtert werden: Der Pestschinken, vorher kurioses Einzelstück und nur eingeschränkt in einer Schule zugänglich, wurde Teil einer losen Ausstellung von »gegenständigem Archivgut« (fc). Ein direkter Zusammenhang zwischen dem Ortswechsel und dem Jubiläum habe aber nicht bestanden (fc). Betrachtet man die zuvor beschriebene Auswahl an Ausstellungsstücken, so fallen qualitative Ähnlichkeiten zum Inventar von Heimatmuseen auf: Die Gegenstände haben allesamt regionalen Bezug, stammen aber aus unterschiedlichen Epochen und aus sehr unterschiedlichen Kontexten. Herr Cloppenburg berichtete, dass bei Bauarbeiten einmal ein steinzeitliches Werkzeug gefunden wurde, das ggf. noch mit in die Sammlung aufgenommen würde (fc), wodurch dann auch die ferne Vergangenheit mit einbezogen wäre. Ebenso positiv wies er auf die Gemälde einer zeitgenössischen Künstlerin hin.

Der Museumssachverständige Andreas Grote beobachtete hinsichtlich der Arbeit von Heimatmuseen, dass »[n]ach dem Zweiten Weltkriege und nach dem auch für sie weithin geltenden ideologischen Kollaps, nach einer gewissen Stagnation [...] diese Museen in die Aufgabe der Findung und Bewahrung von regionaler Identität ein[treten], in welche sie heute fast ausnahmslos voll eingebettet sind« (Grote in der Vorbemerkung zu Roth 1990: 9). Außerdem bemerkte er »[z]u dem schier unglaublich anmutenden Aufblühen, zu der massenhaft zu nennenden zahlenmäßigen Vermehrung solcher Sammlungen« (ebd.), dass sowohl die innerdeutsche Gebietsreform als auch die Angst vor Identitätsverlust im Zuge der europäischen Integration »zu einer Rückbesinnung auf das Regionale und zu den erwähnten Museumsneugründungen entscheidend beigetragen« (ebd.) hätten. Schließlich definiert er den Zweck wie folgt:

> »Das Archiv Heimatmuseum vermittelt in einem solchen Kontext der örtlichen Bevölkerung das Gefühl der Identität mit ihrem Gemeinwesen und ihrer Region, es vermittelt aber auch dem durchreisenden Gast Informationen zu der Region, in welcher er sich gerade befindet, und es vermittelt auch

> ganz allgemein Empfindungen, welche wir heute etwas als ›nostalgisch‹ abqualifizieren.« (ebd.)

Der Kulturwissenschaftler und mehrfache Museumsdirektor Martin Roth ergänzt in der Einleitung seiner Dissertationsschrift, im Heimatmuseum solle »das gezeigt werden, was den eigenen Horizont umschließt, woraus die eigene Welt besteht« (Roth 1990: 11). Die Ausstellung im Friesoyther Rathaus ist in Ermangelung eines solchen Museums entstanden. So verriet Ferdinand Cloppenburg, dass der Heimatverein froh sei, überhaupt einen öffentlichen Platz für den Pestschinken gefunden zu haben (fc). Auch erfüllt die Ausstellung die gleichen Zwecke wie ein solches Museum, allen voran den der Abbildung einer Friesoyther Identität, sowohl für Einheimische als auch für Gäste. Dass der Pestschinken dort bislang ohne Informationstafel oder -broschüre ausliegt, hat mehrere ineinander verzahnte Gründe: Einerseits hat sich bislang schlicht noch niemand darum gekümmert, was nachgeholt werden solle (fc). Der Grund aber, weshalb sich noch niemand darum gekümmert hat, besteht meiner Einsicht nach darin, dass der Pestschinken in Friesoythe eine allgemein bekannte Selbstverständlichkeit ist, die gleichzeitig ein sehr spezielles Interessensgebiet darstellt, das nur noch für wenige Menschen eine Rolle spielt (wie bspw. das Zitat andeutet, das diesen Abschnitt einleitet). So ist die Abwesenheit von Informationsmaterial zu einem gewissen Grad auch der Fahrigkeit geschuldet, welche einem nur geringen öffentlichen Interesse entspringt.[44] Die Plakette allerdings, die den Schinken als Dauerleihgabe kennzeichnet, stellt wiederum einen Ausdruck von Wertbemessung seitens des besitzenden Heimatvereins dar. Die Art und Weise, wie der Pestschinken in die Ausstellung eingebunden ist, vermittelt so den paradoxen Eindruck von einem privilegierten Abstellgleis.

Obgleich unter einer Vitrine ausgestellt, ist der Pestschinken nicht vollständig musealisiert: Es existieren keine Richtlinien dafür, wie mit dem Objekt umzugehen ist, um es zu schonen und weiterhin zu konservieren; im Widerspruch zu den vom Deutschen Museumsbund definierten Standards[45]

44 Kürzlich erreichte mich durch Herrn Cloppenburg die Information, dass im Nachgang meiner Forschung nun eine Informationstafel angebracht wurde. Diese enthält eine auf das Wesentliche reduzierte Zusammenfassung des Sageninhalts sowie einen kurzen Abriss über die jüngere Geschichte des Gegenstands.

45 Festgehalten bspw. in der Broschüre »Standards für Museen« (2006) vom Dt. Museumsbund.

existiert kein Reglement bzgl. Belichtung, Raumtemperatur, Luftfeuchtigkeit oder weiteren Einfluss nehmenden Faktoren. Zum Zweck der Untersuchung unter dem Mikroskop wurden durch das Leibniz-Labor für Altersbestimmung Stücke der Schwarte vom Rand und aus dem Innern entnommen, was eine kleine Beschädigung des Gegenstandes darstellt, die jedoch für den Erkenntnisgewinn in Kauf genommen wurde. Als ich Herrn Cloppenburg fragte, ob noch ein Zerfallsprozess stattfände, überraschte er mich gar mit dem Angebot, dass wir den Schinken ja einmal umdrehen und schütteln könnten, um zu schauen, ob etwas herausfalle. Letztendlich kam es dazu leider nicht, da wir die Vitrine ohne Hilfsmittel nicht entfernen konnten. Allein dass eine solche Handlung als denkbarer Umgang in Betracht gezogen wurde, verdeutlicht allerdings, dass der Pestschinken kein Gegenstand ist, der nur mit allergrößter Vorsicht oder den sprichwörtlichen Samthandschuhen behandelt würde. Es spricht für eine vertraute Beziehung zu dem Objekt, denn man weiß intuitiv, was man dem Schinken zumuten kann. Auch eine gewisse verletzbare Würde wird dem Gegenstand beigemessen: So bat ein Gesprächspartner mich, in meiner Arbeit im Kontext der Beinahe-Vernichtung des Schinkens bestimmte herabsetzende Vokabeln nicht zu gebrauchen.

5.2 Rezeption des Schinkens und der Sage heutzutage

> »Ja und da hat man sich damals erzählt, dass die Pest dann in diesen Schinken verschwunden ist … Aber das ist doch auch alles Unsinn … oder?« (Eine 80-jährige Verwandte des Autors im informellen Gespräch)

Die Sage vom Pestschinken wird nicht mehr als wahre Geschichte geglaubt, sonst würde sie noch weiterhin als solche erzählt werden. Schon Elisabeth Schäfers Zeitzeuginnenbericht über die 1920er und -30er Jahre berichtet von Eltern, die der Tochter erklärten, »die Leute hätten den Schinken im Wiem (Rauchabzug) wohl vergessen und [er] sei mit der Zeit schwarz geworden« (Schäfer 2012: 43). Dennoch fügen vor allem einige ältere Leute ihrer Skepsis noch immer ein nach Bestätigung fragendes »oder?« an. Eine andere Person gehobenen Alters, mit der ich über die Geschichte sprach, äußerte sich etwas schwammig dahingehend, dass man ja nicht wisse, »wie das damals gewesen ist«. Bei solchen vorsichtigen und verhaltenen Äußerungen mag es sich um das letzte Aufglimmen vom Glauben an die Kraft des Pestschinkens handeln.

Im alltäglichen Leben (außerhalb der Grundschulen) wird kaum noch über den Schinken oder die Sage gesprochen[46]. Ich selbst habe in den vielen Jahren zwischen meiner Grundschulzeit und der zufälligen Wiederentdeckung des Themas kaum einmal daran gedacht. Die beiden in Friesoythe gängigen regionalen Zeitungen (*Münsterländische Tageszeitung* und *Nordwest Zeitung*) enthalten ab und an noch kurze Beiträge zum Pestschinken, die sich inhaltlich allerdings immer sehr ähneln. Sie beginnen meist einführend mit einem Auszug des Sagentextes nach Strackerjan und umreißen dann kurz den späteren Verbleib des Gegenstandes, ohne inhaltlich etwas Neues berichten zu können. Sie sind daher weniger Neuigkeiten über den Pestschinken als Erinnerungen daran, dass es ihn gibt. Diese Form der Berichterstattung scheint eine gewisse Konstante in seiner Geschichte zu sein: So gibt es bezüglich des genannten Aufbaus bspw. große Ähnlichkeiten zwischen einem Kurzartikel von 1929[47], einem von 1968[48] und einem Online-Artikel von 2008[49]. In einem Artikel von 2019 wird erstmals die Skurrilität des Gegenstandes öffentlich angesprochen, was den Status des Pestschinkens als Selbstverständlichkeit infrage stellt und betont, dass er etwas besonderes ist.[50] Auch zu inhaltlich mehr oder weniger passenden Anlässen wird an die Geschichte vom Pestschinken erinnert: Zuletzt erschien ein Artikel, der die Corona-Krise zum Anlass nimmt, die drei großen Katastrophen der Stadtgeschichte zu

46 Interessanterweise geschah es kurz nach dem Abschluss der vorliegenden Arbeit erstmalig, dass ich zufällig Zeuge eines Gesprächs über den Pestschinken wurde: Zwei offensichtlich alkoholisierte Männer unterhielten sich an der zentralen Bushaltestelle Friesoythes u. a. darüber, dass ihnen die Geschichte damals in der Schule erzählt worden war, und diskutierten, ob der Schinken tatsächlich so alt sei, wie behauptet wurde.

47 »Der Pestschinken von Friesoythe. Ueber 500 Jahre alt.« In: Oldenburgische Volkszeitung vom 14.09.1929. Beilage »Heimatblätter«, Nr. 5/11. Jahrgang. Unbekannter Verfasser.

48 »Der Pestschinken in der Sage. Vom Heimatverein Friesoythe sorgfältig behütet.« In: Münsterländische Tageszeitung vom 17.07.1968: Abschnitt »Altes Amt Friesoythe«. Autor*innenkürzel fr

49 »Pestschinken rettet Menschen das Leben«. In: Nordwest Zeitung Online am 10.09.2008. Autor*innenkürzel EB.

50 »Sie liegen versteckt hinter Mauern und Glas«. In: Nordwest Zeitung vom 14.06.2019 (S. 37). Autor: Sonke Heykes.

beleuchten, und der die Pest und Corona als Pandemien parallelisiert[51]. Zu Halloween 2018 veröffentlichte die *Nordwest Zeitung* einen Artikel mit dem Titel *Hier spukt es nicht nur zu Halloween*, der sich neben dem Pestschinken verschiedenen weiteren Sagen und Schauergeschichten aus Friesoythe und dem Umland widmet.[52] Hier fällt auf, dass diese regional getroffene Auswahl in ihrem Titel Bezug auf das aus den USA übernommene Halloween-Fest nimmt. Die Formulierung hat etwas von einem augenzwinkernden Seitenhieb, als wolle die Autorin daran erinnern, dass auch ohne den Einfluss der zunehmenden Globalisierung die Menschen sich schon zu gruseln gewusst haben. Noch deutlicher wird dies in einer abgewandelten und längeren Version des Artikels, die auf der Website KLARnordisch veröffentlicht wurde. Diese Website wird betrieben von Volontär*innen der *Nordwest Zeitung*, die einer Zielgruppe von vor allem jungen, Internet-affinen Leser*innen regionale Inhalte bieten möchten. Dort heißt es: »Auch bevor Halloween zum beliebten Feiertag wurde, hat man sich im Oldenburger Land gegruselt.«[53] Hier spielt die Aushandlung von Eigenem und Fremdem eine Rolle, sowie eine Rückbesinnung auf das, was vermeintlich schon immer da war und dem daher die Ehre der Beachtung gebühren sollte. Gefühle von Verfremdung und Identitätsverlust durch als fremd identifizierte Einflüsse führen zu einer Faszination für das Irrationale (vgl. Dégh 2001: 21).

Dass die Geschichte vom Pestschinken Teil eines explizit lokalen Sagenkanons ist, wird insbesondere dann deutlich, wenn Autor*innen von Lesebüchern bei der freien Nacherzählung Bezüge zwischen verschiedenen Sagen oder auch anderen Teilen der Stadtgeschichte herstellen, wie es bspw. in dieser literarischen Neuformulierung des regionalen Autors Michael Kuper von 2018 der Fall ist:

> »Um das Jahr 1350 litt Friesoythe eine große Not, als wieder die Pest in Norddeutschland umging. Als nichts mehr half, trat ihr ein Pestbanner, möglicherweise ein Sensenschmied und Vorfahre des Sehers Wreesmann, entgegen. Die Pest zeigte sich in Form einer blau schimmernden Wolke

51 »Fenster in St.-Marien-Kirche erinnern: Die drei Katastrophen der Friesoyther Geschichte.« In: Nordwest Zeitung Online am 07.05.2020. Autor: Heiner Elsen.

52 »Hier spukt es nicht nur zu Halloween. Schauerlegenden aus Friesoythe und umzu.« In: Nordwest Zeitung Online am 30.10.2018. Autorin: Nathalie Meng.

53 »Klarschaurig: Gruselgeschichten aus dem Oldenburger Land«. In: KLARnordisch am 30.10.2018.

und drohte den Mann einzuhüllen, gewissermaßen zu verschlingen. Doch er besprach sie und hielt ihr einen Schinken entgegen, in den die Seuche hineinfuhr. Nun saß sie fest und war gebannt, hatte sie doch genug zu fressen respektive zu kauen. Eine Weile herrschte Ruhe, bis im 16. Jahrhundert noch eine andere Sorte Pestdämon umging. Doch da war der Banner längst gestorben.« (Kuper 2018: 34)

Zunächst schlägt hier der Autor mit dem Sensenschmied eine Brücke zur Geschichte der Friesoyther Eisenverarbeitung, danach zur historischen wie sagenumrankten Figur des Stadtschreibers und vermeintlichen Sehers Theodor Caspar Anton Joseph Wreesmann (1855–1941), auch bekannt unter dem Spottnamen »Vierfuß«. Schließlich wird unter Beibehaltung der in Bezug auf den Schinken falschen Datierung 1350 noch auf eine spätere Pestwelle verwiesen, die dadurch erklärt wird, dass der Banner zu jener Zeit längst verstorben gewesen sei. So stellt der Autor, wenn auch recht willkürlich, Bezüge zwischen den beiden bekanntesten Sagen der Stadt sowie zur weiteren Kulturgeschichte her, bringt Zahlen in Einklang und konstruiert Kontinuität sowie ein größeres Ganzes.

Sagen beziehen »[a]us ihrer Affinität zur übernatürlichen Welt [...] einen Teil ihrer emotionalen Anziehungskraft« (Petzoldt 1999: 58f.) und die erzählten Erlebnisse bestehen zumeist aus dem »faszinierende[n] und erschreckende[n] Zusammenstoß mit dem Unbekannten, dem Übernatürlichen« (ebd.: 59). So bedient sich gelegentlich auch die Kultur-Tourismusbranche des anziehenden Spuk-Aspekts der Sage. In einem friesischen Reiseführer fand sie Erwähnung (Iba und Iba 1981: 34) und einige Stadtführungen werden mit ihr beworben: »Haben Sie schon vom Wasserhund gehört, der hier seit Jahrhunderten sein Unwesen treibt? Wissen Sie, wie die Friesoyther die Pest besiegt haben und welche Prophezeiungen des Stadtschreibers Wreesmann noch nicht eingetroffen sind?«[54], heißt es zum Beispiel. Die Tourismus-Website Tourbee versucht gar, den Schinken noch interessanter zu machen, indem sie ein brisantes und bedrohliches Detail eigenmächtig hinzudichtet: »Ein unappetitlicher, angeblich seit 1350 unverwüstlich unverweslicher Schinken, in den eine blaue Pestwolke gefahren ist, wird im Rathaus sicher aufbewahrt. Die Zerstörung des Pestschinkens würde die Krankheit wie-

54 Kulturtourismus im Oldenburger Land. Tour: »Mit Sagen und Geschichten durch Friesoythe«.

der befreien und mordend durch die Stadt ziehen lassen.«[55] Jeder Erzähler und jede Erzählerin prägt eine Sage auf seine oder ihre Weise und daher kann selbstverständlich auch eine Tourismus-Website die Geschichte auf ihre Weise auslegen. Allemal ist es ein lebendigerer Umgang mit dem Stoff als das beständige Zitieren einer Aufzeichnung.

Trotz seiner sporadischen Internet-Präsenz auf genannten Websites, in Artikeln oder Digitalisaten von Sagenbüchern, bleibt es für tiefer Interessierte unerlässlich, in die teils schwer zugänglichen Printquellen zu schauen. Der Wikipedia-Artikel zu Friesoythe nennt den Pestschinken als Sehenswürdigkeit, allerdings gänzlich ohne Beschreibung oder Bild.[56] Das Internet, welches immerhin seine eigenen modernen Sagen hervorbringt oder bereits vorhandenen Erzählungen als Multiplikator dient,[57] war dem Pestschinken bislang nicht in dieser Weise dienstbar. Mein eigenes Forschungsvorhaben profitierte insofern von der Möglichkeit der Online-Suche, als dass es mir das Auffinden einiger Zeitungsartikel ermöglichte, deren Print-Versionen ich mangels Hinweisen nicht entdeckt hätte. Auch auf die Aufzeichnungen der Sage nach Kuhn/Schwartz und Lübbing wurde ich zunächst durch Online-Digitalisate aufmerksam.

5.3 Der Pestschinken als Gegenstand des Schulunterrichts

> »Das lief unter Sachunterricht. Wenn man dann drittes Schuljahr die Gemeinde Friesoythe durchnahm und dann vielleicht zur Wiederholung im vierten Schuljahr nochmal streifte, dann hat man diese Geschichte vom Pestschinken natürlich auch besprochen. Dann wurden die Geschichten vorgelesen, die Bücher wurden ausgeteilt, dann haben die Kinder das also mitverfolgt, dann haben die zu dem Text Fragen gestellt. […] Das war für die Kinder also hoch interessant. So Geschichten von früher. Wollten sie gerne hören. […] Einmal die Geschichte zu hören, sich das vorzustellen… Dann wurden Fragen gestellt, die wurden dann beantwortet. Also für die Kinder war es immer sehr interessant.« (Maria Zumsande, 1974 bis 2002 Lehrerin an der Marienschule, im Gespräch)

55 Tourbee-Eintrag zu Friesoythe.

56 Wikipedia-Artikel zu Friesoythe.

57 Zu nennen ist hier bspw. die Sage vom Morbach-Monster, siehe dazu Burgard 2008.

Wie in der Einleitung zu dieser Arbeit bereits erwähnt wurde, habe ich zu meiner Zeit als Grundschüler an der Friesoyther Ludgeri Schule im Zuge des Sachkunde-Unterrichts vom Friesoyther Pestschinken erfahren, als wir dort einige Stunden Heimatkunde vermittelt bekamen. Obgleich ein Großteil meiner Erinnerungen daran verblasst ist, decken die noch vorhandenen sich inhaltlich mit den eingangs genannten Ausführungen der pensionierten Lehrerin Maria Zumsande. Meine alten Schulhefte existieren leider nicht mehr und so kann ich rückblickend nur schätzen, dass es das Jahr 2000 und ich damals im dritten Schuljahr gewesen sein muss. In diesen Unterrichtsstunden zur Stadtgeschichte lernten wir in sehr vereinfachter Form etwas über die Gründung von Friesoythe, die Erlangung der Stadtrechte, die Hanse, das lokal weit verbreitete Schmiedehandwerk, einige historische Persönlichkeiten wie den Theologen Heinrich von Oytha, schaurige Orte wie den alten Galgenberg oder die Moore und historische Gebäude wie das im Zweiten Weltkrieg zerstörte historische Stadttor namens Langenpforte. Verwoben mit bestimmten historischen Begebenheiten erzählte man uns auch von Mythen und Sagen. So halfen bspw. die Geschichten um den als »Vierfuß« bekannten vermeintlichen Seher dabei, die Zerstörungen des Zweiten Weltkriegs begreiflich zu machen. Das Mittelalter und insbesondere die Pestzeit(en) wurde unter Zuhilfenahme der Sage um den Pestschinken erläutert. Das Verhältnis zwischen historischer Tatsache und Sage war dabei wechselseitig befruchtend: Anhand der Sage war es einfacher, das Historische begreifbar zu machen; gleichzeitig bildeten die historischen Fakten den notwendigen Kontext, um die für die Stadtgeschichte als bedeutsam erachtete Sage einordnen zu können. Als Abschluss dieser heimatkundlichen Sitzungen stattete die gesamte Klasse der Marienschule einen Besuch ab, um den Pestschinken einmal mit eigenen Augen zu sehen. Seine Geschichte (in der Version nach Strackerjan) habe ich nicht zuletzt deshalb in- und auswendig gekannt, um sie in einer Klassenarbeit reproduzieren zu können, aber sie regte auch Fantasie und Vorstellungskraft an. Sofern mich die Erinnerung nicht täuscht, habe ich damals bei der Besichtigung eine seltsame Mischung aus Befremden und Ehrfurcht vor diesem Gegenstand empfunden. Der Kulturwissenschaftler Wolfgang Kaschuba spricht von einem kulturell anerzogenen Reiz, ausgelöst durch die Vorstellung von Geschichtlichkeit:

> »Was die frühen Volks- und Völkerkundler in ihrem Sammeltrieb so faszinierte, fasziniert auch heute noch: die Vorstellung nämlich, daß diese

Dinge die Aura der Geschichte atmen, daß es der Hauch einer unbekannten Vergangenheit ist, der uns in Räumen umweht, in denen diese Zeugnisse ausgestellt sind. Die Geschichtlichkeit des Materials und seines Gebrauchs scheint gleichsam in den Poren des Gegenstandes enthalten und die Vergangenheit sinnlich erfahrbar zu machen. Etwas zu betrachten oder gar zu berühren, das hundert oder tausend Jahre alt ist, schafft einen besonderen ästhetischen und taktilen Reiz, der uns kulturell anerzogen wurde und den wir tatsächlich körperlich verspüren. Der geschichtliche Lernort dieses Gefühls war das Museum als ein Sammlungs- und Ausstellungsraum, in dem uns Geschichte in ihren Sachzeugnissen physisch gegenübertritt.« (Kaschuba 2012: 229)

In Telefonaten mit den beiden aktuellen Schulleiterinnen sowie mit Lehrerinnen der Friesoyther Grundschulen erfuhr ich, dass der Pestschinken noch immer auf ortsgeschichtliche Weise in der 4. Jahrgangsstufe thematisiert wird und immer noch wirkt: »Der Pestschinken ist immer der große Renner. Also das finden die Kinder nach wie vor ganz, ganz spannend«, drückte sich die Leiterin der Ludgeri-Schule Frau kl. Schlarmann aus. Die Ausführlichkeit, mit der der Pestschinken behandelt wird, könne variieren, erzählte mir eine Lehrerin. Sie selbst räume dem Gegenstand keine ganze Unterrichtsstunde ein. Es finden Besuche der Schulklassen im Rathaus statt, allerdings vornehmlich, um den Bürgermeister zu treffen. Der Pestschinken würde dann ebenfalls »bestaunt«.

Ein Eintrag im Schulbuch *Heil dir, o Oldenburg!* (Kühling 1927: 146f) belegt, dass auch zur Zeit der Weimarer Republik der Pestschinken in den Jahrgangsstufen drei und vier thematisiert wurde. In den nationalsozialistischen Lesefibeln *Deutsches Lesebuch für Volksschulen*, die in Oldenburg verlegt wurden, findet sich kein Eintrag zum Pestschinken. Es macht den Anschein, als seien klassische deutsche Heldensagen dort den regional sehr festgelegten Geschichten vorgezogen worden. Aus Familienkreisen erfuhr ich jedoch, dass sowohl die Generation meiner Großeltern (die ihre frühe Schulzeit noch während des Krieges erlebte) als auch später die Generation meiner Eltern die Geschichte vom Pestschinken ebenfalls in der Schule vermittelt bekommen haben.

Zwischen Lehrkörper und Heimatverein hat es personelle Schnittmengen gegeben und Ferdinand Cloppenburg berichtete, dass der Lehrer Heinrich Bögemann, der den Schinken in den 1960er Jahren in die Schule gebracht hatte, Unterricht anhand dieses Objekts abgehalten habe (fc). Die Platzierung des

Pestschinkens als Anschauungsobjekt in der Marienschule mag langfristig dazu beigetragen haben, dass er über mehrere Generationen Unterrichtsgegenstand für Grundschüler*innen geblieben ist. Die Sage gehörte zum »Themenkomplex Friesoythe« (mz) und wurde im Zuge der Heimatkunde-Sitzungen im Sachkunde-Unterricht der dritten und vierten Klassen »gestreift« (mz), wie sich Frau Zumsande ausdrückte. Auf den Lehrplan gesetzt wurde der Pestschinken durch die Schulleitung, welche die Rahmenrichtlinien für den Unterricht festlegte; diese besagten, dass »nicht nur das Thema Gemeinde, sondern auch Geschichten, die mit Friesoythe zu tun hatten« (mz) Gegenstand des Unterrichts sein sollten, woraufhin der Pestschinken darin »eingeflochten« (mz) wurde. Lernziel sei es dabei gewesen »Friesoythe näher kennen zu lernen und auch einmal von der Geschichte in Friesoythe zu hören« (mz). Zu diesem Zwecke verwendete Frau Zumsande ein regionales Schulbuch, aus dem die Klassengemeinschaft dann gemeinschaftlich las (mz). Anders als meine eigene Klassenlehrerin fragte Frau Zumsande kein Wissen über den Schinken in Klassenarbeiten ab (mz).

Das von Frau Zumsande erwähnte Schulbuch trägt den Titel *Heimatland*, ist in drei Auflagen 1950, 1961 und 1963 erschienen und enthält regionale historische Geschichten sowie Sagen aus dem Oldenburger Münsterland in vereinfachter Form.[58] In der Erstauflage findet sich ein recht schlichter Text mit dem Titel *Der Schwarze Tod in Friesoythe*, der von Richard Kühling verfasst wurde und kaum eine Seite lang ist.[59] Der Text gibt Auskunft über die Pest in Norddeutschland um 1350, zitiert daraufhin frei die Sage nach Strackerjan und berichtet außerdem davon, dass der Schinken den großen Brand von 1877 sowie den Zweiten Weltkrieg überstanden habe und anders als das Wreesmann'sche Haus und das historische Stadttor noch da sei (vgl. Kühling 1950: 59). Mit dieser Auflage, von der die Marienschule noch einen

58 Da dieses Buch für das gesamte Oldenburger Münsterland konzipiert war, mag es dazu beigetragen haben, die Geschichte vom Pestschinken auch über Friesoythe hinaus in begrenztem Ausmaß zu verbreiten. Tatsächlich erfuhr ich von einigen Personen, die in Nachbarorten aufgewachsen waren, dass der Schinken in ihren Grundschulen ebenfalls thematisiert wurde (bspw. in den 1980ern in Bösel). Insbesondere jüngere Personen aus anderen Nachbarorten gaben wiederum an, noch nie davon gehört zu haben.

59 Es handelt sich dabei um eine Aktualisierung des Schulbuchtextes, den Kühling bereits für *Heil dir, o Oldenburg!* (1927) verfasst hatte.

gesamten Klassensatz besessen habe, hat Frau Zumsande ihren Unterricht abgehalten (mz).

Die Zweit- und Drittauflagen enthielten stattdessen einen zweiseitigen Text mit dem Titel *Der Pestschinken erzählt*, der von der bereits genannten früheren Konrektorin der Marienschule Elisabeth Osterhoff verfasst wurde. Dieser Text erhebt, wie zuvor schon ihr plattdeutsches Gedicht *Watt dei Pestschinken vertellt*, den Pestschinken zum Subjekt und Zeitzeugen der gesamten Stadtgeschichte seit 1350 und ist in der ersten Person verfasst. Nach der teilweisen Zitation der Sage nach Strackerjan beschreibt sich der Schinken dort in kindgerechter Weise selbst:

> »Weil die Pest in mich hineingebannt wurde, heiße ich Pestschinken.
> Ich bin schwarz von der Pest und vom Rauch; ich bin ganz zusammengeschrumpft und holzig. Darüber braucht ihr euch nicht zu wundern; denn ich bin uralt, fast so alt wie meine Heimatstadt Friesoythe. Ein Stück ist von mir abgeschnitten. Das haben die Holländer mir angetan, die mich gern kaufen wollten. Weil ich aber doch unverkäuflich bin, durften sie nur ein Stück abschneiden. In den vergangenen Jahrhunderten habe ich viel erlebt und manche Erzählungen aus alten Zeiten vernommen. Darum kann ich euch von Freud und Leid der alten Stadt Friesoythe berichten.« (Osterhoff 1961: 83 ff.)

Es folgen Äußerungen über die Stadtgründung und das im Mittelalter blühende Schmiedehandwerk. Der Schinken bekennt sich lokalpatriotisch zu den arbeitsamen Menschen:

> »Die tüchtigen Friesoyther Schmiede und ihre Arbeit wurden weit berühmt. An beiden Seiten der Langenstraße befanden sich besonders viele Schmiedewerkstätten. Ich habe immer gern dem hellen Ping-ping zugehört, hing ich doch in einem Hause an der Langenstraße. War das damals ein Leben in Friesoythe!« (ebd.)

Daraufhin werden Märkte, Handelsbeziehungen und die Hanse umrissen, gefolgt von Ausführungen über Katastrophen wie den 30-jährigen Krieg und den großen Brand von 1877, bis der Schinken auf seinen damals aktuellen Aufenthaltsort und schließlich den Zweiten Weltkrieg zu sprechen kommt:

> »Glücklicherweise bin ich in dem Brand nicht umgekommen. Jahrelang habe ich in Ruhe und Frieden in dem Hause im Wiemen gehangen. Als der Erbe es verkaufte, nahm er mich mit in sein Bauernhaus nach Schwaneburg bei Friesoythe. Dort könnt ihr mich sehen; denn dort bin ich geblieben,

obwohl es der Sage nach nicht möglich gewesen wäre. Auch die Schrecken des letzten Krieges habe ich hier unversehrt überstanden.« (ebd.: 85)

Durch die Erhebung des Schinkens zum Erzähler der Stadtgeschichte verknüpft dieser Schulbuchtext das Sagenhafte und das Historische und wertet verschiedene Aspekte in der lokalpatriotischen Weise der Autorin. Lernziel des Unterrichts war nicht lediglich eine unterhaltsame Wissensvermittlung, sondern auch die Schaffung eines frühen Heimatbewusstseins.[60] Dieser speziell für Schulbücher verfasste Text kommt so nicht mehr zum Einsatz, auch schon zu meiner Schulzeit nicht mehr; die Lehrer*innen erstellen sich stattdessen Arbeitsblätter auf Grundlage der Aufzeichnung Strackerjans oder lesen jene schlicht vor. Die Schule nimmt eine ebenso konservierende Funktion ein wie Strackerjans Text selbst, indem sie die etablierte Ausformulierung der Sage an das kollektive Gedächtnis der jüngsten Generation weitergibt. Dies ist nicht allein Selbstzweck, sondern steht in dem größeren Kontext, die Grundlage einer historischen Ortskundigkeit zu schaffen. Den Grundschulen bzw. früheren Volksschulen ist es zuzuschreiben, dass der Pestschinken allen Friesoyther*innen, mit denen ich während meiner Recherche sprach, ein Begriff war – auch wenn sie diesen zum Teil lange nicht mehr gehört hatten.

5.4 Der Pestschinken als Gegenstand heimatkundlicher Bemühungen

»Alles, was zur Heimatgeschichte meines Geburtsortes gehört, ist für mich interessant. Es interessiert mich, wie die Leute früher gelebt und gedacht haben.« (Der Vorsitzende des Heimatvereins Ferdinand Cloppenburg im Gespräch)

Der Bekanntheitsgrad des Friesoyther Pestschinkens ist bei weitem nicht so hoch, wie einige heimatverbundene Autoren es in wahrscheinlich bewusster Übertreibung beschrieben haben und wie es auch mir als Schulkind vermit-

60 Unter diesem Lernziel wurde der Pestschinken auch über den Schulunterricht hinaus pädagogisch eingesetzt. Der *Heimatkalender für das Oldenburger Münsterland* von 1964 enthielt bspw. ein Preisausschreiben unter dem Motto »Kennst du deine Heimat?«. Die an Kinder gerichtete Aufgabe bestand darin, in der fiktiven Geschichte »Peters aufregende Reise durch das Oldenburger Münsterland« anhand von lokalen Charakteristika verschiedene Ortschaften zu erkennen. Für Friesoythe diente u. a. die Erwähnung des Pestschinkens als Hinweis (Dwertmann 1964: 140).

telt worden ist. Schon im nahegelegenen Museumsdorf Cloppenburg, das sich der historischen Erforschung niedersächsischer Alltagskultur ab dem 16. Jahrhundert widmet, ist die Sage zwar einzelnen Mitarbeiter*innen bekannt, spielt jedoch in der vermittelnden Arbeit des Freilichtmuseums kaum eine Rolle. Dennoch sind seit dem Ende des Zweiten Weltkriegs sporadisch immer wieder Artikel und Texte über dieses einzigartige Objekt erschienen. Das ungefähre Ausmaß lässt sich am Literaturverzeichnis des vorliegenden Buches ablesen, da ich alle mir zugänglichen Dokumente über den Schinken gesammelt und hier ausgewertet habe. Woher stammt aber all das Material? Es ist diesbezüglich interessant zu untersuchen, über welche Medien und Kanäle bislang über den Gegenstand berichtet worden ist. Auch stellt sich die Frage danach, wer die Menschen sind, die sich vor mir mit dem Pestschinken auseinander gesetzt und ihre Ergebnisse zur Veröffentlichung gebracht haben. Welche Motivation steckt hinter der Auseinandersetzung mit einem solchen Gegenstand?

Wie bereits an anderer Stelle dieser Arbeit erwähnt, wird die Sage vom Pestschinken nicht mehr als »wahre Geschichte« erzählt, sondern, wie auch das angeführte Zitat verdeutlicht, als Teil der Stadt-Historie betrachtet. Instanzen wie der Heimatverein behandeln den Gegenstand sowie die Sage *konservierend*, haben aber keine Intention, die Erzählkultur *lebendig* zu halten.[61] Eine Sage lässt sich »nicht künstlich am Leben erhalten, nicht ›pflegen‹, wie es etwa im Schul- oder Vereinssingen eine Volksliedpflege gibt. […] [S]ie ist wildwüchsig, und sie gedeiht nur im Verborgenen; sie ist Erlebnisbericht und Bekenntnis. Der Sagenerzähler geht nicht ins Show-Geschäft, wie es bei Liedersängern oder Märchenerzählern durchaus vorkommt« (Röhrich 1973: 13f.). Wo eine Sage als solche betitelt wird, besteht ein genügend hohes Maß an wissenschaftlicher Denkausrichtung, um die Kausalzusammenhänge innerhalb der Sagen nach bspw. medizinischem Standpunkt als irrational einzustufen.[62] Der Fokus der Heimatforschung bzgl. des Pestschinkens liegt in diesem Sinne darauf, den Verbleib des Gegenstands chronologisch nachzuzeichnen und den Sageninhalt kulturhistorisch zu kontextualisieren, wofür der Sagentext nach Strackerjan als Grundlage dient.

61 Wie es Bemühungen gibt, bspw. die plattdeutsche Sprache lebendig zu halten.

62 Lutz Röhrich betont, dass Sagengeschichte auch Aufklärungsgeschichte sei (Röhrich 1973: 21).

Heimatforschung wird noch immer hauptsächlich von Männern betrieben,[63] was sich auch am Geschlechterverhältnis im Friesoyther Heimatverein ablesen lässt. Zumeist sind es lokal gut vernetzte Akademiker und Unternehmer, die diese Tätigkeit in ihrer Freizeit betreiben. Die Heimatforschung fällt häufig zusammen mit sozialem, politischem oder kirchlichem Engagement und der aktiven Teilnahme am Sozialleben. Das christlich-konservative Spektrum ist dabei besonders stark vertreten. Der Heimatverein, in dem früher Generationen zum Austausch zusammen gekommen seien, hat ein Nachwuchsproblem und das Durchschnittsalter sei über 50 (fc). Die genannten Punkte sind Tendenzen, die ich der Auswertung der Schriftquellen zum Pestschinken sowie der während meiner Forschung gesammelten Aussagen und Eindrücke entnehme. Sie lassen sich nicht generalisieren. Heimatvereine dienen u. a. der Vernetzung der Heimatforscher*innen und ermöglichen ihre Arbeit. So verfügt der Friesoyther Heimatverein über ein Archiv, dem u. a. Quellenmaterial für Publikationen entnommen wird (fc). Die Zwecke des Vereins sind in seiner Satzung wie folgt definiert:

> »§ 2 Zwecke des Vereins
> Zwecke des Vereins sind die Förderung der Heimatkunde, der Heimatpflege, des Brauchtums, der Naturpflege, des Umweltschutzes und der Denkmalspflege.
> Diese Zwecke werden insbesondere verwirklicht: durch die Erforschung, Erhaltung und Weiterentwicklung der natürlichen und geschichtlichen Eigenart des Raumes Friesoythe und Umgebung, durch die Unterhaltung einer Heimatbücherei, durch Veröffentlichungen, durch Veranstaltungen in plattdeutscher Sprache, durch die Gestaltung des Stadtparkes, durch den Wiederaufbau einer historischen Stadtkapelle, durch Kennzeichnung historischer Einrichtungen.« (Aus der Satzung des Heimatvereins Friesoythe e. V., 2015)

Die Erforschung und der Erhalt von Natur und Kultur werden genannt, außerdem Weiterentwicklung als Zukunftsperspektive: die populäre Vorstellung einer Moderne mit positivem Rückbezug auf die Tradition. Die plattdeutsche Sprache wird nicht umsonst explizit erwähnt, gibt es doch im norddeutschen Raum unzählige Initiativen und Vereine zur Rettung derselben. Auch an der Quellenlage zum Pestschinken lässt sich eine Verknüpfung

---

63 Ich bin mir bewusst darüber, dass auch meine eigene Arbeit zu diesem Verhältnis beiträgt.

heimatgeschichtlicher Inhalte mit dem Versuch der Bewahrung der niederdeutschen Sprache aufzeigen: Neben dem bereits genannten Gedicht *Watt dei Pestschinken vertellt* verfasste Elisabeth Osterhoff noch eine ins Plattdeutsche übertragene, allerdings sehr knapp gehaltene Nacherzählung des Sagenstoffs (Osterhoff 2010: 41). Auch die Rede von Fritz Bitter, als detaillierteste und lebhafteste Aufzeichnung der Sage, wurde in Plattdeutsch gehalten. Heimat bedeutet für die Menschen, die sich ihr verbunden fühlen, ein Halt gebendes Konglomerat aus Sprache, gemeinsamer Kulturgeschichte, natürlichen Bedingungen, aktivem und beständigem Sozialleben und ggf. religiöser und weltanschaulicher Verankerung. Die Wahrung einer aus diesen Aspekten zusammengesetzten Identität ist ein Ziel der Heimatforschung, aber dennoch betonen aktuelle Vertreter der Disziplin, dass »Heimat im modernen Verständnis nicht mehr von einer weltfremden Idylle aus[geht]« (Pledl 2014: 4). Im Kleinen mache die Erforschung eines begrenzten Raumes historische Prozesse auch für Laien greif- und nachvollziehbar, ohne Rückwärtsgewandtheit oder Abkehr von der Komplexität der Welt bezwecken zu wollen (vgl. ebd.: 3f.).

Selbstverständlich hat jede Person, die sich der Heimatforschung widmet, auch individuelle Motivationen. Peter Sieve berichtete mir, er sei über seine Großmutter zur Heimatforschung gelangt und führe ihre Arbeit fort, welche Familiengenealogie und Ortsgeschichte verbinde. Er stammt einem Zweig der Familie Wreesmann ab, weshalb der Pestschinken Teil der Familiengeschichte ist. Über eine persönliche Geschichte mit dem Gegenstand verfüge er allerdings nicht. Er habe ein ausgeprägtes »antiquarisches Interesse« (ps), aber keine höheren Ziele in seiner Forschung. Ferdinand Cloppenburg betonte in dem zur Einleitung dieses Abschnitts angeführten Zitat sein historisches Interesse an Lebens- und Denkweisen vorangegangener Generationen in seinem Geburtsort. Die Frage, ob eine persönliche Verbindung zum Schinken bestehe, amüsierte ihn und er erklärte, dass es sich dabei um eine »schöne Geschichte zum Erzählen« (fc) handele und dass der Schinken »ein Bestandteil der Ortsgeschichte wie alle anderen auch« (fc) sei. Ein persönliches Verhältnis zum Pestschinken oder eine persönliche Geschichte damit konnte mir während meiner Forschung keine Person bestätigen. Im Heimatverein gibt es niemanden, der sich noch eingehend damit beschäftigt, denn »er interessiert ja nicht mehr sehr und es gibt wichtigere Themen« (fc). Der Gegenstand wird viel mehr als *Teil von etwas* gesehen, das aus abstrakteren Gründen interessant ist; bspw. die Ortsgeschichte, die der Heimatverein für spätere Generationen aufzeichne und erfahrbar mache (fc). Der damalige Lehrer Bögemann, der dem Pestschinken die Holzunterlage verschafft hatte, mag diesbezüglich eine Ausnahme gebildet haben, da der Pestschinken »sein Projekt« (fc) gewesen sei, wie Herr Cloppenburg berichtete. Dem Pestschinken kommt prinzipiell also keine gesonderte Stellung in der Friesoyther Heimatforschung zu, als gleichberechtigter Teil der Geschichte wird sich allerdings von Zeit zu Zeit um ihn bemüht. Das geschieht auch in finanzieller Hinsicht: So hat der Heimatverein bspw. in die Altersbestimmung durch das Leibniz-Labor in Kiel 464 Euro investiert (fc). Den Fakten, Daten und Zahlen wird durch die Heimatforscher große Bedeutung beigemessen – so mein Eindruck während der Zusammenarbeit mit ihnen. Auf das Glatteis der Spekulation, bspw. bzgl. meiner Frage nach der sozialen Relevanz des Gegenstandes, begaben sie sich dagegen nicht oder nur widerstrebend.

Die Publikationen, welche Abhandlungen über den Pestschinken enthalten, sind hauptsächlich Jubiläumsschriften und Chroniken der Stadt sowie heimatliche Beilagen zu Tageszeitungen. Die Texte sind teils journalistisch, teils wissenschaftlich und einige bewegen sich auf der Schwelle dazwischen. Christine Aka bemerkte bzgl. der Entstehung von Dorfchroniken, dass eine gewisse Unprofessionalität dabei immanent sei, da es sich um rein ehrenamtliche Arbeit handele (Aka 2018: 236). Über viele heimatliche Publikationen, die ich im Zuge meiner Recherche durchsah oder auch verwendete, lässt sich ähnliches sagen. Das liegt auch daran, dass unter dem Begriff *Heimatkunde* Anteile zahlreicher wissenschaftlicher Disziplinen vereinigt werden. Sie führt »die verschiedensten Teile der Landeskunde [...] als große Einheit« (Pledl 2014: 6) zusammen, wie bspw. »die Vor- und Frühgeschichte, die Siedlungsgeschichte, die politische Geschichte, die Rechtsgeschichte, die Wirtschafts-, Sozial- und Bevölkerungsgeschichte, die Kunst-, Kirchen- und Bildungsgeschichte, die Geschichte des Sports, die Alltags- und Zeitgeschichte« (ebd.). Darüber hinaus sollten auch die naturwissenschaftlichen Auseinandersetzungen mit Flora und Fauna sowie das weite nicht akademische Wissen nicht vergessen werden. Heimatkunde ist interdisziplinär und kann daher nicht nur von Expert*innen einzelner Fachrichtungen betrieben werden.

Medien, die die heimatkundlichen Erkenntnisse verbreiten, sind bspw. das seit 1952 vom Heimatbund herausgegebene *Jahrbuch für das Oldenburger Münsterland* und die unregelmäßige Zeitungsbeilage *Volkstum und Landschaft* der als vergleichsweise konservativ geltenden *Münsterländischen*

Tageszeitung. Aus dem Jahrbuch 1958 (damals noch *Heimatkalender*) stammt die Version der Sage, die Fritz Bitter in seiner Rede vor eben jenem Heimatbund kundgetan hat. Die Kurzbeschreibung der Ausgabe von 2019 auf der Website des Bundes fasst die Themenfelder der Heimatforschung prägnant zusammen:

> »Zahlreiche Beiträge aus den Bereichen Aktuelles & Wirtschaft, Kunst & Kultur, Natur & Umwelt, Geschichte & Erinnerung sowie Plattdeutsch und Saterfriesisch bilden das facettenreiche und bunte Leben im Oldenburger Münsterland ab. Sehr informativ sind auch die Chroniken der Städte und Gemeinden, die das örtliche Geschehen eines Jahres in Kurzform festhalten.«[64]

Im Gegensatz zum Jahrbuch profitiert die Heimatbeilage *Volkstum und Landschaft* davon, dass sie nicht bewusst gekauft werden muss, sondern den zahlreichen Leser*innen der Lokalzeitung im Landkreis Cloppenburg unaufgefordert mitgeliefert wird. Aus dieser Beilage stammen zwei für meine Arbeit maßgebliche Artikel über den Pestschinken (Göken 1969 und Sieve 1989). Das Deckblatt-Design dieser Reihe machte aufgrund seines mächtigen Titel-Schriftzugs in Frakturschrift einen martialischen und geradezu reaktionären Eindruck, bis es nach schrittweisen Abschwächungen 2014 grundlegend verändert wurde. Die Inhalte einiger von mir durchgeblätterter Ausgaben waren, aufgrund des brachialen Deckblatt-Designs zu meiner Überraschung, durchaus nicht positivistisch und enthielten zum Teil kritische Auseinandersetzungen mit historischen Begebenheiten.[65]

Seit der Altersbestimmung 2005/06 hat es keinen neuen Erkenntnisgewinn zum Pestschinken gegeben und vielleicht ist die sehr historisch orientierte Heimatforschung diesbezüglich an die Grenzen ihrer Möglichkeiten gelangt. Ich hoffe, dass meine kulturwissenschaftliche und ethnologische Perspektive mit Interesse aufgenommen wird und ggf. den einen oder die andere Forscher*in dazu ermutigt, sich von neuem dem Schinken und seiner Sage zu widmen – vielleicht aus einem weiteren, bislang noch nicht eingenommenen Blickwinkel.

---

64 Website des Heimatbundes Oldenburger Münsterland, Jahrbuch 2019.

65 Artikel, die ich zum Thema Pest las, wiesen bspw. darauf hin, welches Unrecht den Juden angetan wurde, die als Sündenböcke herangezogen wurden.

6 Ausblick und Resümee

Auch nach Abschluss der vorliegenden Arbeit bleiben noch Fragen offen, denen nachzugehen sich lohnen würde. So hat der Fokus dieses Buches darauf gelegen, welche Bedeutung der Pestschinken für die Stadt Friesoythe einnimmt, wie diese sich im Laufe der Zeit gewandelt hat und wie die Sage im Kontext der Sagenforschung zu verorten ist. Während meiner Recherchen zu diesen Themen und des Verfassens dieser Arbeit habe ich außerdem einigen außenstehenden Kommiliton*innen und Freund*innen von dem Schinken und seiner Sage erzählt und die Reaktionen darauf bewegten sich zwischen Amüsement, Befremden, Unglauben und Begeisterung. Das Interesse an dem Thema sowie an den jeweils neuesten Erkenntnissen war und ist unter Außenstehenden ungewöhnlich groß. Das scheint daran zu liegen, dass der Pestschinken als Skurrilität oder als Absurdität wahrgenommen wird: Er hat die Fantasie kreativer Personen aus meinem Umfeld ungemein angeregt und so erreichten mich verschiedene künstlerische Verarbeitungen von absurden Theorien zum Biowaffen-Potential des Schinkens bis hin zu einem fiktiven Trump-Tweet, in welchem jener einen Besuch desselben ankündigt und die Pestbannung als »great job« in »very sad times« würdigt. Jüngst wurde die Reihe ergänzt durch ein fiktives Szenario, in welchem der Pestschinken den Sieg über die aktuell grassierende Corona-Pandemie erringt. In Friesoythe selbst spielt der Aspekt der Skurrilität des Gegenstandes kaum eine Rolle; von den Personen, die damit aufgewachsen sind, wird er ganz anders wahrgenommen als von außen. Eine Untersuchung dieser Diskrepanz könnte weitere Erkenntnisse auch hinsichtlich der eigentlichen Fragestellung dieser Arbeit erbringen, hätte jedoch ihren Rahmen gesprengt.

Auch eine vergleichende Untersuchung verschiedener Pestsagen wäre ein Ansatzpunkt für eine weiterführende Forschung. In einigen Sagensammlungen aus dem 19. Jahrhundert bilden sie eine eigene Kategorie und waren auch im 20. Jahrhundert noch in zahlreichen regionalen Sagenbüchern vertreten. Eine Besonderheit des Friesoyther Pestschinkens besteht darin, dass er als Gegenstand einer solchen Sage noch existiert, während die Banngegenstände der meisten anderen Regionen nicht erhalten geblieben sind. Obgleich es die Pest schon lange nicht mehr gibt, scheint es darüber hinaus zu der Seuche gerade im christlichen Kontext noch eine ausgeprägte Erinnerungskultur zu geben. So berichtet ein Zeitungsartikel von 1997, dass der sogenannte

»Pestsegen« in Friesoythe und einigen anderen Dörfern der Region noch immer erteilt wird und dass im Nachbarort Barßel an der Pfarrkirche ein »Peststein« an die Epidemie erinnert.[66] Es wäre interessant herauszufinden, ob Anknüpfungspunkte zwischen regionalen Pestsagen und christlicher Gedenkkultur bestehen und wenn ja, wie diese beschaffen sind.

Das vorliegende Buch verdeutlicht, auf wie vielfältige Weise dem Pestschinken und seiner Sage Bedeutung beigemessen wurde und noch heute wird. Zumeist außer Acht gelassen wird, dass seine Geschichte bei einem lebenden Tier in einer landwirtschaftlich geprägten Region beginnt, welches zum Zwecke der Fleischproduktion herangezüchtet und letztendlich geschlachtet wurde. Der Schinken, zunächst als Nahrungsmittel gedacht, wurde in einem Wiemen geräuchert und erlangte auf nicht rekonstruierbare Weise (religiöse Gründe sind denkbar ebenso wie bloßer Zufall) den Status eines Bannobjekts, welches das Verschwinden der Pest zu erklären vermochte und derer es zahlreiche verschiedene im deutschsprachigen Raum gegeben hat. Vielleicht hatte er schon zuvor den Ruf eines verwunschenen Gegenstandes, was ihn ebenfalls zum Bannobjekt qualifiziert haben könnte. Durch seine privilegierte Platzierung als Erbstück im Hause einer einflussreichen Familie wurde er prominent, die Sage verbreitete sich in Friesoythe und – über durchreisende Geschäftskontakte jener Familie – zum Teil darüber hinaus. Die Sage lieferte eine glaubhafte Erklärung für das damals medizinisch Unerklärbare. Im Zuge der sozialen Umbrüche im 19. Jahrhundert entstand eine Romantisierung der zuvor belächelten Volkssagen. In einer durch die Angst vor Verlust herbeigeführten Sammelwut schrieben die geistigen Erben der Brüder Grimm alles an Brauchtum, Märchen, Schwank und Sage auf, was sie finden konnten – in der vergeblichen Hoffnung, daraus die Geschichte der Poesie eines vermeintlichen deutschen Volksgeistes nachzeichnen zu können. Auch die Sage vom Pestschinken wurde diesem Zweck dienlich gemacht.

---

66 »Die Sage vom Friesoyther Pestschinken aus dem Jahre 1350 gerät in Vergessenheit«. In: Münster-ländische Tageszeitung vom 08.02.1997: Wochenend-Journal: Bi us to Hus. Autor: Heinz Strickmann.
Der Pestsegen im Wortlaut: »Christus, Sohn des lebendigen Gottes, erbarme Dich unser! Daß Du auf die Fürsprache Deiner Heiligen: Joseph, Sebastian, Antonius und Rochus diese Pfarre und Diözese von jeder Ansteckung und jedem Brandschaden gnädig bewahren und beschützen wollest; darum bitten wir Dich, erhöre uns!«.

In Friesoythe war der Schinken mittlerweile ein inoffizielles Wahrzeichen neben Gebäuden wie der historischen Langenpforte und der Kirche, mit denen er bspw. auf Postkarten abgebildet war. Auch in einem spöttischen Gedicht einer außenstehenden Person wurde er eingesetzt, um Friesoythe zu charakterisieren. Seine Geschichte wurde mehrfach neu formuliert und umgeschrieben, nicht zuletzt für heimatkundliche Schulbücher. Nach dem Tode seines letzten Privatbesitzers wurde er nach dem Zweiten Weltkrieg beinahe als Unrat vernichtet, konnte jedoch vom Heimatverein erworben und in einer Schule ausgestellt werden. Einige heimatliche Autor*innen befassten sich mit ihm und personifizierten ihn in ihren Werken als tugendhaften Ur-Friesoyther, der die Stadt seit jeher begleitet hat. Mittlerweile ist er Teil einer heimatkundlichen Ausstellung im Rathaus und repräsentiert dort einen Teil der Stadtgeschichte. Die Menschen in Friesoythe kennen ihn, da die Sage seit Generationen den Grundschulkindern im Sachkundeunterricht erzählt wird. Dennoch besteht darüber hinaus nur geringes weiteres Interesse an dem Gegenstand und er ist eher im männerdominierten Milieu der Heimatforschung noch präsent. Eine dem Wandel unterworfene Erzählkultur gibt es nicht mehr, da sich bspw. in den Schulen komplett auf die Aufzeichnungen der Sage berufen und sie nicht mehr als »wahre Geschichte« erzählt wird. Im öffentlichen Leben ist der Pestschinken also nur noch marginal vertreten.

Udo Gößwald, Ethnologe und Leiter des Museums Neukölln, beklagt die Loslösung der Objekte von ihren »possessiven Eigenschaften« (Gößwald 2010: 33) im Zuge der Transformation zu Museumsobjekten, da »die subjektiven Dimensionen der Dingbedeutungen einen kulturellen und damit gesellschaftlichen Wert darstellen, der ebenfalls im musealen Raum bewahrt werden sollte« (ebd.). Daher spricht er sich für Formen der Ausstellung aus, die sich den »subjektiven Erfahrungsdimensionen [widmen], die in Dingen gespeichert sind […], damit sich die Vielfalt ihrer Bedeutungen durch Reflexion und Vergegenwärtigung der/des Betrachterin/Betrachters entfalten können« (ebd.: 38). Eine lebendige Darstellung seiner Lebensgeschichte und Prozesshaftigkeit würde auch dem Pestschinken dazu verhelfen, von neuem Aufmerksamkeit und Interesse zu wecken – auch bei Menschen, die die Nutzung ihrer »kindlichen« Fantasie und Vorstellungsgabe mit den Jahren verlernt haben. Die weitreichenden Bedeutungsebenen jedenfalls, die ein alter Schinken einnehmen kann, verleihen der Grundaussage von Lenz' *Heimatmuseum* einiges an Plausibilität, »daß Weltkunde mit Heimatkunde beginnt – oder mit ihr endet« (Lenz 1978: 15).

7 Literatur- und Quellenverzeichnis

Literatur und Tagespresse

Ahlrichs, Bernard (1965): Pestschinken von Friesoythe. Lexikonartikel in: Hellbernd, Franz; Möller, Heinz; Arbeitskreis für Heimatkunde im Katholischen Oldenburgischen Lehrerverein (Hrsg.): Oldenburg. Ein heimatkundliches Nachschlagewerk. Vechta: Vechtaer Druckerei und Verlag GmbH.

Aka, Christine (2018): Von Ortschroniken und dem Spaß an der Grenze zum Unprofessionellen. Ein Beitrag mit autoethnografischen Elementen. In: Rheinisch-Westfälische Zeitschrift für Volkskunde. 62./63. Jahrgang 2017/18. Bonn/Münster: LVR-Institut für Landeskunde und Regionalgeschichte; Volkskundliche Kommission für Westfalen, S. 235–244.

Bitter, Fritz (1958): Wat Fritz Bitter siene Fründe van'n Heimatbund to seggen hadde. In: Ottenjann, Heinrich (Hrsg.): Heimatkalender für das Oldenburger Münsterland 1958. Vechta: Vechtaer Druckerei und Verlag GmbH, S. 102–103.

Brockhaus Enzyklopädie in 30 Bänden (2006, 21. völlig neu bearbeitete Auflage): Band 29. Verti-Wety. Leipzig/Mannheim: F.A. Brockhaus.

Bügener, Heinz (1929): Heidegold. Münsterländische Sagen aus dem Kreise Steinfurt und dessen Randgebieten. Münster: Verlag der Aschendorffschen Verlagsbuchhandlung.

Burde-Schneidewind, Gisela (1979): Das steinerne Weib. Volkssagen aus fünf Jahrhunderten. Rostock: Hinstorff.

Burgard, Matthias (2008): Das Monster von Morbach. Eine moderne Sage des Internetzeitalters. Münster: Waxmann.

Clifford, James (1996): Ausgestellte Kulturen. Artefakte, Gegenstände, Fetische im »System der Objekte«. In: Lettre International. Europas Kulturzeitung. Heft 33, II. VJ. 96. Berlin: Lettre International, S. 28–31.

Cloppenburg, Ferdinand (2003): Die Stadt Friesoythe im zwanzigsten Jahrhundert. Friesoythe: H.B. Schepers.

Cloppenburg, Ferdinand; Eismann, Otger (2015): Ein denkwürdiger Friesoyther Heimatabend mit Oberpostmeister a. D. Fritz Bitter. In: Eismann, Otger; Katholische Seniorengemeinschaft St. Marien Friesoythe (Hrsg.): Aus der Schatztruhe. Friesoyther Senioren erinnern sich. Heitere und nachdenkliche Erzählungen. Band 4. Friesoythe: H.B. Schepers, S. 150–156.

Dégh, Linda (1969): Prozesse der Sagenbildung. In: Petzoldt, Leander (Hrsg.): Vergleichende Sagenforschung. Darmstadt: Wissenschaftliche Buchgesellschaft, S. 374–389.

Dégh, Linda (2001): Legend and Belief. Dialectics of a Folklore Genre. Indianapolis: Indiana University Press.

Deneke, Bernward (1958): Zur Sage vom Friesoyther Pestschinken. In: Ottenjann, Heinrich (Hrsg.): Heimatkalender für das Oldenburger Münsterland 1958. Vechta: Vechtaer Druckerei und Verlag GmbH, S. 103–104.

Dettmer, Helge (1987): Sagen, Märchen und Legenden aus dem Oldenburger Land. Exclusiv-Ausgabe Nordwest Zeitung. Phönix Werbung und Verlag: Leun/Lahn.

Deutscher Museumsbund (2006): Standards für Museen. Kassel/Berlin: Deutscher Museumsbund. URL: https://www.museumsbund.de/wp-content/uploads/2017/03/standards-fuer-museen-2006-1.pdf, zuletzt aufgerufen am 20.12.2019.

Dwertmann, Franz (1964): Preisausschreiben des Heimatkalenders. »Kennst du deine Heimat?«. In: Heimatbund für das Oldenburger Münsterland (Hrsg.): Heimatkalender für das Oldenburger Münsterland 1964. Vechta: Vechtaer Druckerei und Verlag GmbH, S. 133–141.

EB [Autor*innenkürzel] (1[illegible].09.2008): Pestschinken rettet Menschen das Leben. In: Nordwest Zeitung Online. URL: https://www.nwzonline.de/friesoythe/pestschinken-rettet-menschen-das-leben_a_3,0,3570018505.html, zuletzt aufgerufen am 11.09.2019.

Eckhardt, Albrecht (Hrsg.) (2008): Die Geschichte der Stadt Friesoythe. Oldenburg (Oldb.): Isensee Verlag.

Eckstein, F. (1935/36): Schinken. Lexikonartikel in: Bächtold-Stäubli, Hanns; Hoffmann-Krayer, Eduard (Hrsg.): Handwörterbuch des deutschen Aberglaubens. Band 7. Pflügen – Signatur. Berlin: Walter de Gruyter, S. 1077.

Eckstein, F. (1936/37): Speck. Lexikonartikel in: Bächtold-Stäubli, Hanns; Hoffmann-Krayer, Eduard (Hrsg.): Handwörterbuch des deutschen Aberglaubens. Band 8. Silber – Vulkan. Berlin: Walter de Gruyter, S. 142–148.

Elsen, Heiner (07.05.2020): Fenster in St.-Marien-Kirche erinnern: Die drei Katastrophen der Friesoyther Geschichte. In: Nordwest Zeitung Online. URL: https://www.nwzonline.de/plus-cloppenburg-kreis/friesoythe-fenster-in-st-marien-kirche-erinnern-die-drei-katastrophen-der-friesoyther-geschichte_a_50,8,625568623.html, zuletzt aufgerufen am 05.06.2020.

Emmerich, Wolfgang (1971): Zur Kritik der Volkstumsideologie. Frankfurt am Main: Suhrkamp Verlag.

Fischer, Helmut (1987): Alltägliches Erzählen Heute: Zum Problem der Texterhebung und Textverarbeitung. In: Petzoldt, Leander; de Rachewiltz, Siegfried (Hrsg.): Studien zur Volkserzählung. Berichte und Referate des ersten und zweiten Symposions zur Volkserzählung. Brunnenburg, Südtirol 1984/85. Franfurt am Main: Verlag Peter Lang.

fr. [Autor*innenkürzel] (1[illegible].07.1968): Der Pestschinken in der Sage. Vom Heimatverein Friesoythe sorgfältig behütet. In: Münsterländische Tageszeitung: Altes Amt Friesoythe.

Gerndt, Helge (1988): Sagen und Sagenforschung im Spannungsfeld von Mündlichkeit und Schriftlichkeit. Ein erkenntnistheoretischer Diskurs. In: Fabula: Zeitschrift für Erzählforschung. Journal of Folktale Studies. Revue d'Etudes sur le Conte Populaire. Band 29, Heft 1. Berlin: De Gruyter Verlag, S. 1–20.

Göken, Johannes (1969): Der Friesoyther Pestschinken. In: Münsterländische Tageszeitung (März 1969): Beilage »Volkstum und Landschaft« Nr. 74, 31. Jg., S. 3–5.

Gößwald, Udo (2010): Die Erbschaft der Dinge. In: Tietmeyer, Elisabeth; Hirschberger, Claudia; Noack, Karoline; Redlin, Jane (Hrsg.): Die Sprache der Dinge. Kulturwissenschaftliche Perspektiven auf die materielle Kultur. Münster: Waxmann, S. 33–41.

Gotthelf, Jeremias (2007, Erstveröffentlichung 1842): Die schwarze Spinne. Köln: Anaconda.

Greverus, Ina-Maria (1969): Thema, Typus und Motiv. Zur Determination in der Erzählforschung. In: Petzoldt, Leander (Hrsg.): Vergleichende Sagenforschung. Darmstadt: Wissenschaftliche Buchgesellschaft, S. 390–401.

Grimm, Jacob; Grimm, Wilhelm (1812): Kinder- und Haus-Märchen. Berlin: Realschulbuchhandlung.

Groce, Nora Ellen; Trasi, Reshma (2004): Rape of individuals with disability: AIDS and the folk belief of virgin cleansing. In: The Lancet, Vol. 363, Ausgabe 9422. Amsterdam: Elsevier, S. 1663–1664.

H.W. [Autor*innenkürzel] (23.09.1938): Vom Jeverland ins Oldenburger Münsterland. In: Jeversches Wochenblatt.

Hand, Wayland Debs (1969): Stabile Funktion und variable dramatis personae in der Volkssage. In: Petzoldt, Leander (Hrsg.): Vergleichende Sagenforschung. Darmstadt: Wissenschaftliche Buchgesellschaft, S. 319–325.

Heimatbund für das Oldenburger Münsterland (23.06.1930): Pressevorankündigung. In: Tageszeitung für den Amtsbezirk Friesoythe: Friesoyther Zeitung; Nachrichten für Barßel und das Sagterland.

Heimatverein Friesoythe e. V.: Anlage zum Protokoll der Mitgliederversammlung am 16.10.2015. Satzung des Heimatvereins Friesoythe e. V. [unveröffentlicht].

Herold, Ludwig: (1935/36): Schwein. Lexikonartikel in: Bächtold-Stäubli, Hanns; Hoffmann-Krayer, Eduard (Hrsg.): Handwörterbuch des deutschen Aberglaubens. Band 7. Pflügen – Signatur. Berlin: Walter de Gruyter, S. 1470–1509.

Heykes, Soeke (14.06.2019): Sie liegen versteckt hinter Mauern und Glas. In: Nordwest-Zeitung Nr. 137. S. 37.

Hirschfeld, Michael (2008): Friesoythe vom Ende des Ersten Weltkriegs bis zum Ende des Zweiten Weltkriegs (1918–1945). In: Eckhardt, Albrecht (Hrsg.): Die Geschichte der Stadt Friesoythe. Oldenburg (Oldb.): Isensee Verlag, S. 281–339.

Holzheid, Anett (2011): Das Medium Postkarte. Eine sprachwissenschaftliche und mediengeschichtliche Studie. Berlin: Erich Schmidt Verlag.

Hopf, Christel (2009): Qualitative Interviews – ein Überblick. In: Flick, Uwe; von Kardorff, Ernst; Steinke, Ines (Hrsg.): Qualitative Forschung. Ein Handbuch (7. Auflage). Reinbek bei Hamburg: Rowohlt Taschenbuch Verlag, S. 349–360.

Iba, Eberhard Michael; Iba, Walter (1981): Die Grüne Küstenstraße von Emden nach Westerland. Ein Reiseführer mit Märchen, Sagen und Geschichten. Regensburg: Friedrich Pustet.

Jäger, Siegfried (2009, 5. erweiterte Auflage): Kritische Diskursanalyse. Eine Einführung. Münster: Unrast-Verlag.

Kaschuba, Wolfgang (2012, 4. aktualisierte Auflage): Einführung in die Europäische Ethnologie. München: C.H. Beck.

KLARnordisch Redaktion (30.10.2018): Klarschaurig: Gruselgeschichten aus dem Oldenburger Land. In: KLARnordisch. URL: https://www.klarnordisch.de/klarschaurig-gruselgeschichten-aus-dem-oldenburger-land/, zuletzt aufgerufen am 17.04.2020.

Kühling, Richard (1927): Der Schwarze Tod in Friesoythe. In: Katholischer Lehrerverband des Deutschen Reiches; Verein katholischer Deutscher Lehrerinnen (Hrsg.): Heil dir, o Oldenburg! Heimatband. Lesebuch für das dritte und vierte Schuljahr. Dortmund: W. Crüwell, S. 157–158.

Kühling, Richard (1950): Der Schwarze Tod in Friesoythe. In: Katholischer Oldenburgischer Lehrerverein (Hrsg.): Heimatland. Lesebuch für die katholischen Schulen Oldenburgs. Oldenburg (Oldb.): Oldenburger Verlagshaus vorm. Gerhard Stalling Verlag, S. 59.

Kuhn, Adalbert (1843): Märkische Sagen und Märchen nebst einem Anhange von Gebräuchen und Aberglauben. Berlin: G. Reimer.

Kuhn, Adalbert (1859a): Sagen, Gebräuche und Märchen aus Westfalen und einigen andern, besonders den angrenzenden Gegenden Norddeutschlands. Erster Theil. Sagen. Leipzig: F. A. Brockhaus.

Kuhn, Adalbert (1859b): Sagen, Gebräuche und Märchen aus Westfalen und einigen andern, besonders den angrenzenden Gegenden Norddeutschlands. Zweiter Theil. Gebräuche und Märchen. Leipzig: F. A. Brockhaus.

Kuhn, Adalbert; Schwartz, Wilhelm (1848): Norddeutsche Sagen, Märchen und Gebräuche aus Meklenburg, Pommern, der Mark, Sachsen, Thüringen, Braunschweig, Hannover, Oldenburg und Westfalen. Aus dem Munde des Volkes gesammelt und herausgegeben. Leipzig: F. A. Brockhaus.

Kuper, Michael (2013): Dr. Kuper's Erzählapotheke: Sagebuck & Spökenkiekers. Schaurig-Schöne Geschichten aus dem Emsland. Meppen: Edition Extra.

Kuper, Michael (2018): Wenn't späukt … Moorgeister, 4 fuß Spukorte. Unheimliche Vertellsters aus dem Emsland & Umgebung. Meppen: Edition Extra.

Landesverein für Heimatkunde und Heimatschutz (25.03.1926): Unbetitelter Beitrag in der Sparte »Oldenburg und Nachbargebiete«. In: Jeversches Wochenblatt.

Leibniz-Labor für Altersbestimmung und Isotopenforschung an der Christian-Albrechts-Universität zu Kiel (22.12.2005): Datierungsergebnis der Probe KIA 27515. [unveröffentlicht].

Leibniz-Labor für Altersbestimmung und Isotopenforschung an der Christian-Albrechts-Universität zu Kiel (03.08.2006): Datierungsergebnisse der Proben KIA 29643, 29644. [unveröffentlicht]

Lenz, Siegfried (1978): Heimatmuseum. Hamburg: Hoffmann und Campe.

Lorenz, Thomas (2008): »Die Weltgeschichte ist das Weltgericht!«. Der Versailler Vertrag in Diskurs und Zeitgeist der Weimarer Republik. Frankfurt/New York: Campus Verlag.

Lübbing, Hermann (1968): Oldenburgische Sagen. Oldenburg (Oldb.): Heinz Holzberg Verlag.

Meng, Nathalie (30.10.2018): Hier spukt es nicht nur zu Halloween. Schauerlegenden aus Friesoythe und umzu. In: Nordwest Zeitung Online. URL: https://www.nwzonline.de/friesoythe/friesoythe-altenoythe-barssel-schauerlegenden-aus-friesoythe-und-umzu-hier-spukt-es-nicht-nur-zu-halloween_a_50,2,4228111229.html, zuletzt aufgerufen am 11.09.2019.

Moser, Dietz-Rüdiger (1972): Schwänke um Pantoffelhelden oder die Suche nach dem Herrn im Haus. (AT 1366 A*, AT 1375). Volkserzählungen und ihre Beziehungen zu Volksbrauch, Lied und Sage. In: Fabula, Band 13 (Jahresband), S. 205–292.

o. V. (~1935 bis ~1942 in vier Bänden und mehreren Auflagen): Deutsches Lesebuch für Volksschulen. Oldenburg: Gerhard Stalling Verlag.

o. V. (14.09.1929): Der Pestschinken von Friesoythe. Ueber 500 Jahre alt. In: Oldenburgische Volkszeitung. Beilage: »Heimatblätter«, Nr. 5/11. Jahrgang.

Osterhoff, Elisabeth: Watt dei Pestschinken vertellt *[Quelle unbekannt, daher Volltext im Anhang unter 8.2]*.

Osterhoff, Elisabeth (1961): Der Pestschinken erzählt. In: Katholischer Oldenburgischer Lehrerverein; Verein katholischer deutscher Lehrerinnen in Oldenburg (Hrsg.): Heimatland. Münster Westfalen: Aschendorffsche Verlagsbuchhandlung, S. 83–85.

Osterhoff, Elisabeth (1980): Watt dei Pestschinken vertellt. In: Männergesangverein Friesoythe (Hrsg.): Festschrift 100 Jahre MGV Friesoythe von 1880. 1880–1980. Friesoythe: Druckerei Schepers, S. 39–42.

Osterhoff, Elisabeth (2010): Däi Pestschinken. Naovertellt up Platt. In: Faske, Albert: Bäten Schmulachen. Vertellsel up Platt: Pastöre, Saogen un Speuk ute Gemeinde Friesaithe. Friesoythe: H.B. Schepers, S. 41.

Ottomeyer, Hans (2010): Zeugnisse der Geschichte und die Museen Europas. In: Tietmeyer, Elisabeth; Hirschberger, Claudia; Noack, Karoline; Redlin, Jane (Hrsg.): Die Sprache der Dinge. Kulturwissenschaftliche Perspektiven auf die materielle Kultur. Münster: Waxmann, S. 23–30.

Petzoldt, Leander (1978, 2. überarbeitete Auflage): Deutsche Volkssagen. München: C. H. Beck.

Petzoldt, Leander (1999): Einführung in die Sagenforschung. Konstanz: UVK Universitätsverlag.

Peuckert, Will-Erich (1962): Deutsche Sagen. Band II. Mittel- und Oberdeutschland. Berlin: Erich Schmidt Verlag.

Peuckert, Will-Erich (1964): Niedersächsische Sagen. Band 1. Aus der Reihe: Denkmäler deutscher Volksdichtung. Göttingen: Verlag Otto Schwartz & Co.

Pledl, Wolfgang (2014): Was ist Heimatforschung, wer betreibt sie und wozu? Grußwort anlässlich der Vorstellung des Open Access-Projekts »www.heimatforschung-regensburg.de«. URL zur PDF: https://www.heimatforschung-regensburg.de/33/1/E-Forum_Beitrag_PLedl.pdf, zuletzt aufgerufen am 08.11.2019.

Reinke, Elisabeth (1922): Die Truhe. Die schönsten Sagen, Märchen und Schwänke aus dem Oldenburger Lande. Bremen/Wilhelmshaven: Friesen-Verlag.

Röhmel, Joseph; Wolf, Sabina (09.04.2020): Alte Feindbilder zurechtgebogen. Corona und Antisemitismus. In: Tagesschau-Website. URL: https://www.tagesschau.de/investigativ/br-recherche/corona-antisemitismus-101.html, zuletzt aufgerufen am 15.04.2020.

Röhrich, Lutz (1973): Was soll und kann Sagenforschung leisten? Einige aktuelle Probleme unseres Faches. In: Röhrich, Lutz (Hrsg.): Probleme der Sagenforschung. Verhandlungen der Tagung veranstaltet von der Kommission für Erzählforschung der Deutschen Gesellschaft für Volkskunde e.V. vom 27. September bis 1. Oktober 1973 in Freiburg im Breisgau. Freiburg im Breisgau: Forschungsstelle Sage (Deutsche Forschungsgemeinschaft), S. 13–33.

Roth, Martin (1990): Heimatmuseum. Zur Geschichte einer deutschen Institution. Berliner Schriften zur Museumskunde Band 7. Berlin: Gebr. Mann Verlag.

Sartori, Paul (1934/35): Pest. Lexikonartikel in: Bächtold-Stäubli, Hanns; Hoffmann-Krayer, Eduard (Hrsg.): Handwörterbuch des deutschen Aberglaubens. Band 6. Mauer – Pflugbrot. Berlin: Walter de Gruyter, S. 1497–1522.

Schäfer, Elisabeth (2012): Die Lange Straße in Friesoythe vor der Zerstörung – wie sie in meiner Jugend aussah. In: Eismann, Otger; Katholische Seniorengemeinschaft St. Marien Friesoythe (Hrsg.): Aus der Schatztruhe. Friesoyther Senioren erinnern sich. Heitere und nachdenkliche Erzählungen. Band 2. Friesoythe: H.B. Schepers, S. 39–50.

Schambach, Georg; Müller, Wilhelm (1855): Niedersächsische Sagen und Märchen. Göttingen: Baudenhoeck und Ruprecht.

Schewe, Harry (1927): blau. Lexikonartikel in: Bächtold-Stäubli, Hanns; Hoffmann-Krayer, Eduard (Hrsg.): Handwörterbuch des deutschen Aberglaubens. Band 1. Aal – Butzemann. Berlin: Walter de Gruyter, S. 1366–1386.

Schmitt, Günther (1958): Das Menschenopfer in der Spätüberlieferung der deutschen Volksdichtung: ein volkskundlicher Beitrag zur allgemeinen Religions- u. deutschen Geistesgeschichte. Unveröffentlichte Dissertation. Mainz.

Segschneider, Ernst Helmut (1973): Zur mündlichen Überlieferung der Sage in Südoldenburg. In: Heimatbund für das Oldenburger Münsterland (Hrsg.): Jahrbuch für das Oldenburger Münsterland 1973. Vechta: Vechtaer Druckerei und Verlag GmbH, S. 165–178.

Sieve, Peter (1989): Schraowen Hus, die Wreesmanns und der Pestschinken von Friesoythe. In: Münsterländische Tageszeitung Nr. 39 (15.02.1989): Beilage »Volkstum und Landschaft« Nr. 125, 56. Jg., S. 2–4.

Sieve, Peter (2004): Von alten Friesoyther Familien. Nachträge zum familienkundlichen Teil des Buches – Friesoythe im 18. Jahrhundert. In: Münsterländische Tageszeitung Nr. 281 (30.11.2004): Beilage »Volkstum und Landschaft« Nr. 157, 71. Jg., S. 11–14.

Sirovátka, Oldřich (1969): Zur Morphologie der Sage und Sagenkatalogisierung. In: Petzoldt, Leander (Hrsg.): Vergleichende Sagenforschung. Darmstadt: Wissenschaftliche Buchgesellschaft, S. 326–336.

Strackerjan, Ludwig; Willoh, Karl (1909, zweite erweiterte Auflage; Original von 1867): Aberglaube und Sagen aus dem Herzogtum Oldenburg (Zwei Bände). Oldenburg: Verlag Gerhard Stalling.

Strickmann, Heinz (08.02.1997): Die Sage vom Friesoyther Pestschinken aus dem Jahre 1350 gerät in Vergessenheit. In: Münsterländische Tageszeitung: Wochenend-Journal: Bi us to Hus.

Taßler, Jochen; Heck, Jana (02.04.2020): Böse Mächte und trojanische Pferde. Verschwörungstheorien. In: Tagesschau-Website. URL: https://www.tagesschau.de/investigativ/monitor/corona-verschwoerungstheorien-101.html, zuletzt aufgerufen am 16.04.2020.

von Heimburg, Johann Ernst (Nachdruck 1984 mit Illustrationen von Schulten, Holger; verfasst um 1884): Der Geldschrankdiebstahl zu Friesoythe. Ein Ritter- und Räuber-Epos aus dem Nachtleben einer Kleinstadt, gewürzt mit Bürgertugend, Menschenschläue und etwas Fuseldunst jedoch gänzlich ohne Blutvergießen, in zierlichen Versen aufgerollt von einem lebendig Begrabenen. Friesoythe: H.B. Schepers.

Vosskuhl, Thomas C. (1985): Ein Schinken, der Furore machte. In: Friesoythe Einst + Jetzt. 675 Jahre Stadt Friesoythe. Friesoythe: Rathaus Stadt Friesoythe, S. 28–30.

Wolff, Stephan (2009): Wege ins Feld und ihre Varianten. In: Flick, Uwe; von Kardorff, Ernst; Steinke, Ines (Hrsg.): Qualitative Forschung. Ein Handbuch (7. Auflage). Reinbek bei Hamburg: Rowohlt Taschenbuch Verlag, S. 334–349.

Wreesmann, Anton (2006): Die Pest. In: Faske, Albert (Hrsg.): Spuren. Ein Friesoyther Lesebuch. Friesoythe: H.B. Schepers, S. 19.

Ziemann, Frank (2000, aktualisiert am 08.09.2019): Urban Legend: HIV-Infektion in der Disco ... wahlweise auch im Kino, Theater, etc. In: Website des Hoax-Info- Service an der Technischen Universität Berlin. URL: https://hoax-info.tubit.tu-berlin.de/hoax/hivdisco.shtml, zuletzt aufgerufen am 16.04.2020.

Zobel, Klaus (1994): Studien zur Analyse erzählerischer Prosa Band 1. Unerhörte Begebenheiten. Interpretationen und Analysen zu drei Novellen des 19. Jahrhunderts. Northeim: Drei-A-Verlag.

Sonstige Internetquellen

Website der Stadt Friesoythe, Info-Text zum Pestschinken: http://navigator.friesoythe.de/inhaltsverzeichnis/details/poi-907000106-23250-Pestschinken.html, zuletzt aufgerufen am 11.09.2019.

Wikipedia, Friesoythe: https://de.wikipedia.org/wiki/Friesoythe, zuletzt aufgerufen am 29.05.2019.

Website des Heimatbundes Oldenburger Münsterland, Bewerbung des Jahrbuch 2019: http://www.heimatbund-om.de/heimatbund-om/buecherliste.php?show=166, zuletzt aufgerufen am 17.04.2020.

Kulturtourismus im Oldenburger Land. Tour: »Mit Sagen und Geschichten durch Friesoythe«. https://www.kulturtourismus-ol.de/mit-sagen-und-geschichten-durch-friesoythe/, zuletzt aufgerufen am 11.09.2019.

Tourbee-Eintrag zu Friesoythe: http://www.tourbee.de/niedersachsen/cloppenburg/friesoythe.html, zuletzt aufgerufen am 11.09.2019.

Abbildungsverzeichnis

Abb. 3: Heinrich Bögemann mit dem Pestschinken auf neuer Holzunterlage. Aus: Cloppenburg, Ferdinand (2003): Die Stadt Friesoythe im zwanzigsten Jahrhundert. Friesoythe: H.B. Schepers, S. 25.

Abb. 4: Ferdinand Cloppenburg, Vorsitzender des Friesoyther Heimatvereins (links), und Bürgermeister Johann Wimberg mit dem Pestschinken. Foto: Heinz-Josef Laing. Aus: Nordwest Zeitung vom 09.03.2007: Pestschinken gilt als Stadtretter. Online-Artikel: https://www.nwzonline.de/wirtschaft/weser-ems/pestschinken-gilt-als-stadtretter_a_5,1,1071111731.html, zuletzt aufgerufen am 11.09.2019.

Abb. 5: Postkarte mit den Aufschriften: »Kirche – Festungstor – Pestschinken – Gruss aus Friesoythe«. Aus dem Verlag Clem. Stuke. Unbekanntes Jahr (1908 oder älter). Aus: Archiv Postgeschichtliches Museum Friesoythe.

Abb. 6: Postkarte mit der Aufschrift: »Friesoythe – Pestschinken aus dem 16. Jahrhundert«. Aus dem Verlag B. Schepers. Unbekanntes Jahr (1914 oder älter). Aus: Archiv Postgeschichtliches Museum Friesoythe.

Abb. 7: Fensterbild in den ehemaligen »Amtsstuben«, heute Restaurant Pfeffermühle. Foto: Alexander Reuter.

Abb. 8: Die Pest als symbolische Figur. Zeichnung: Winter. In: Stadt Friesoythe (Hrsg.) (1958): 650 Jahre Stadt Friesoythe. 1308–1958. Friesoythe: Schepers, S. 66.

Qualitativ erhobene Forschungsdaten

Gespräch mit Ferdinand Cloppenburg, 18. Juni 2019, 15 Uhr – Gedächtnisprotokoll.

Gespräch mit Maria Zumsande, 05. Juli 2019, 11 Uhr – Transkript.

Gespräch mit Peter Sieve, 22. Juli 2019, 14 Uhr – Gedächtnisprotokoll.

Forschungstagebuch mit Notizen zu informellen Gesprächen, Telefonaten mit den Leitungen der Friesoyther Grundschulen, E-Mail-Korrespondenz mit dem Museumsdorf Cloppenburg und Beschreibung des aktuellen Ausstellungsortes im Rathaus.

8 Anhang

8.1 Übersetzungen plattdeutscher Zitate ins Hochdeutsche

In der vorliegenden Arbeit habe ich einige plattdeutsche Schriftquellen zitiert. Diese sollen hier, mit Verweis auf die Seite, auf der ich das Zitat eingebracht habe, ins Hochdeutsche übertragen werden. Die Übersetzungen sind kursiv gedruckt und stammen von mir.

Der Titel der vorliegenden Arbeit:

»Dei Pestschinken is bolle so olt as use Stadt«

»Der Pestschinken ist beinahe so alt wie unsere Stadt.«

S. 7:

»Ick will jau nu wat van den ollen Pestschinken vertellen. Dat sick en jederein anseihn kann, heb ick üm fort mitbrocht. Hei lett wat tusterig, hei lett so as dei Ridder van dei trurige Gestalt; aober dei is hei nich, hei is en Ridder aohne Furcht un Taodel. Hei kämpfet nich gägen Winnemöhlen; hei hew gägen dei Pest kämpfet. Hei sit sülwes so vull van Pest, dat üm kien Brummer ankump.« (Aus einer Rede von 1956, in: Bitter 1958: 102)

»Ich will euch nun etwas von dem alten Pestschinken erzählen. Damit ihn sich ein jeder ansehen kann, habe ich ihn direkt mitgebracht. Er sieht etwas zerzaust aus, er sieht aus wie der Ritter von der traurigen Gestalt; aber der ist er nicht, er ist ein Ritter ohne Furcht und Tadel. Er kämpft nicht gegen Windmühlen; er hat gegen die Pest gekämpft. Er sitzt selber so voll von Pest, dass ihm kein Brummer ankommt.«

S. 31f.:

»Dei Pestschinken hef allied in Schraowen Hus an den Wiemen hungen. Hei is bolle so olt as use Stadt. Et geiht dei Saoge, dat hei van Schraowen Hus nich weg kann. Wenn hei weghaolt wed, kump hei in dei negeste Nacht wer nao Schraowen trügge. Einmaol sünd rieke Koplüe ut Holland wäsen, dei wullen üm kopen; as sei aober van dei olle Saoge hörden, hebt sei et nich mehr waoget, un blot baowen Stücksken utschreeen, wat gi nu noch seihen könt. Freuher is ok noch en Urkunne bi üm wäsen, man dei schal verloren wäsen. Hei stammt ut dei Pesttied. Disse was van 1349 bit 1351. Daomaols gunk dei schwatte Dod, dei Pest, dör ganz Europa un rappkede ein Viddel van dei Menschheit henweg. So köm hei eines Daoges uk nao Eythe hen. Man stellede sik dei Pest daomaols at eine Persönlichkeit vör. At so'n swaten Knaokenkerl mit eine lange Zeißen, dei allet wegmeiede,

wat üm inne Quere köm. Man künn üm woll nich seihn; man künn aober sien Spaur verfolgen an dei Lieken, dei öwerall legen. Daomaols waß in Eythe grote Not un Bedrängnis. Dei Mensken stürven as dei Fleigen, faoken wassen in eine Familge mehrere Dode tau glieke Tied. In ehre grote Not röppeden use Vörfaohren dei Pesthilgen an, den hilgen Sebastian un den hilgen Rochus, dat sei ehre Vörbidde bi usen Heergott vör sei inleggen müggen. Daomaols wohnde in Schraowen Hus son klüftiggen Kerl, dei seg sick: ›Viellicht möt wi dei Pest maol wat Besünneret beien, dann bitt sei an.‹ Un so hünk hei dissen Schinken vör dat Schlöttellock van sine Husdören. Dor, o Wunner, o Wunner, truck dei Pest dör dat Schlöttellock in den Schinken. Dei Schinken wudde van dei Stunne af swat, un Eythe van dei Pest befreiet.
Nu köm nao all dei Truer in Eythe bolle wer Freide up; dei Mensken wüppkeden un danzenden vör Plaseierlichkeit, un dei Kerl in Schraowen Hus schlög den Schinken unnern Arm un truck mit en grotet Gefolge nao dat Raothus, üm dao van den Magisraot beurkunnen tau laoten, wat sik Wunnerbaoret in sien Hus taudraogen harre.« (Aus einer Rede von 1956, in: Bitter 1958: 102f.)

»Der Pestschinken hat allzeit im Schraowen Haus an den Wiemen gehangen. Er ist beinahe so alt wie unsere Stadt. Es geht die Sage, dass er vom Schraowen Haus nicht weg kann. Wenn er weggeholt wird, kommt er in der nächsten Nacht wieder nach Schraowen Haus zurück. Einmal sind reiche Kaufleute aus Holland da gewesen, die wollten ihn kaufen; als sie aber von der alten Sage hörten, haben sie es nicht mehr gewagt, und bloß oben ein Stückchen rausgeschnitten, was ihr nun noch sehen könnt. Früher ist auch noch eine Urkunde bei ihm gewesen, aber die soll verloren gegangen sein. Er stammt aus der Pestzeit. Diese war von 1349 bis 1351. Damals ging der schwarze Tod, die Pest, durch ganz Europa und raffte ein Viertel der Menschheit hinweg. So kam er eines Tages auch nach Eythe. Man stellte sich die Pest damals als eine Persönlichkeit vor. Als so einen schwarzen Knochenkerl mit einer langen Sense, die alles wegmähte, was ihm in die Quere kam. Man konnte ihn wohl nicht sehen; man konnte aber seine Spur verfolgen an den Leichen, die überall lagen. Damals war in Eythe große Not und Bedrängnis. Die Menschen starben wie die Fliegen, oftmals waren in einer Familie mehrere Tote zur gleichen Zeit. In ihrer großen Not riefen unsere Vorfahren die Pestheiligen an, den heiligen Sebastian und den heiligen Rochus, dass sie ihre Fürbitte bei unserem Herrgott für sie einlegen mögen. Damals wohnte in Schraowen Haus so'n cleverer Kerl, der sagte sich: »Vielleicht müssen wir der Pest mal was besonderes bieten, dann beißt sie an.« Und so hing er diesen Schinken vor das Schlüsselloch seiner Haustür. Da, o Wunder, o Wunder, zog die Pest durch das Schlüsselloch in den Schinken. Der Schinken wurde von der Stunde an schwarz, und Eythe von der Pest befreit.

Nun kam nach all der Trauer in Eythe bald wieder Freude auf; die Menschen wippten und tanzten vor Freude und der Kerl in Schraowen Haus schlug den Schinken unter den Arm und zog mit einem großen Gefolge zum Rathaus, um da vom Magistraten beurkunden zu lassen, was sich Wunderbares in seinem Haus zugetragen hatte.«

S. 52:

»Je faokener wi Kinner den Pestschinken segen, um so neischieriger wudden wi, un so frögen wi usen Pape: ›Pape, wat is eigentlick mit den Pestschinken los? Wo olt is dei, un woher kump dei?‹« (Aus einer Rede von 1956, in: Bitter 1958: 102)

»Je häufiger wir Kinder den Pestschinken sahen, umso neugieriger wurden wir, und so fragten wir unseren Papa: ›Papa, was ist eigentlich mit dem Pestschinken los? Wie alt ist der, und woher kommt der?‹«

S. 54:

»Hei heff zeiläwe in Schraowen Hus an dei Langestraoten in en Wiemen hungen. Min öllerlick Hus leg freuher Schraowen Hus so dwask gägenäöwer. Wi sünd Frönde van mine Kindheit her. Immer wenn wi Kinner nao Schraowen Hus kömen, schielden wi forts taun Wiemen hoch. Do sähen wi dann den gauden Blaud midden tüsken frisken Schinken, Specksieden, Mett- un Ziesewüste hangen. Hei müß sick dor so verlaoten vörkaomen, denn hei was jo ut eine ganz annere Tied, un ut ganz annere Verhältnisse.« (Aus einer Rede von 1956, in: Bitter 1958: 102)

»Er hat zeitlebens in Schraowen Haus an der Langenstraße in einem Wiemen gehangen. Mein Elternhaus lag früher Schraowen Haus so schräg gegenüber. Wir sind Freunde von meiner Kindheit an. Immer wenn wir Kinder nach Schraowen Haus kamen, schielten wir sofort zum Wiemen hoch. Da sahen wir dann den guten Hund mitten zwischen frischen Schinken, Specksieden, Mett- und Ziesewürsten hängen. Er muss sich da so verlassen vorkommen, denn er war ja aus einer ganz anderen Zeit, und aus ganz anderen Verhältnissen.«

S. 60:

»Siet den wunnerbaoren Vörfall is use olle Pestschinken weltberühmt; väle Dichter hebt üm all besungen. Vör us Eyther is hei dei edele Riddersmann, dei use Vaoderstadt freuher van den swatten Dod befreiet heff.« (Aus einer Rede von 1956, in: Bitter 1958: 103)

»Seit dem wunderbaren Vorfall ist unser alter Pestschinken weltberühmt; viele Dichter haben ihn schon besungen. Für uns Friesoyther ist er der edele Rittersmann, der unsere Vaterstadt früher vom schwarzen Tod befreit hat.«

S. 66:

»Ick lot mie nich kopen förn Hopen Geld,
Un böt man mie dei halbe Welt,
Man mott tau siene Heimat stohn
Un nich liggfertig int Utland gaon.
Köm ick no Paris oder Brügge,
Ick neihde dei eierste Nacht wehr trügge.«
(Aus: *Watt dei Pestschinken vertellt* von Elisabeth Osterhoff. Siehe Anhang 8.2)

»Ich lass mich nicht kaufen für einen Haufen Geld,
Und böte man mir die halbe Welt,
Man muss zu seiner Heimat stehen
Und nicht leichtfertig ins Ausland gehen.
Käm ich nach Paris oder Brügge,
Ich wollte die erste Nacht wieder zurück.«

8.2 Gedicht: »Watt dei Pestschinken vertellt« von Elisabeth Osterhoff

Quelle unbekannt. Verfasst in den 1950er oder 1960er Jahren

In Frieseithe wass mol grote Not
Väl Mensken fret dei swatte Dod
Up einmol was dei Pest vörbie
Se seet blot noch allein in mie
So ist bitt taun hütigen Daoge
Gie keent je gewiß dei olle Saoge.

Van Pest un Rook bin ick ganz swatt
Wörd mitt de Tied at Holt so hatt
An mie günk niemals Katt of Mus
So hünk ick hoch in Schrowen Hus
Dor bin ick alltied gerne wäsen
Bet mie uck dei Rook inne Näsen.

Ick kann maläwe nich vergohn,
Doch einer heff mie Leed andohn,
He schnet'n Stück ut mie arme Blaut,
Holländer döht, ick weit noch gaut,
Hei wull mie partu geerne koopen
Ick löt um mit siene Gulden lopen.

Ick lot mie nich kopen förn Hopen Geld,
Un böt man mie dei halbe Welt,
Man mott tau siene Heimat stohn
Un nich liggfertig int Utland gaon.
Köm ick no Paris oder Brügge,
Ick neihde dei eierste Nacht wehr trügge.

Ick bin steenold, datt is wohr
Heff upp'n Puckel välhundert Johr
Heff väl beläwt, väl lustert un hört
Watt man van ollen Tien hört
Sonst wärret mie uck langwielig wäsen
In Schrowen Wiemen uppe Schnäsen.

Att öllste Frieseither heff ick kant
Tiedeken, Tamelink un Brand

Noest un Hayen un Meeschemann
Witting, von Gardel un Wreesmann
Disse **Pohlbörgers** un annere kömen
No Schrowen, um biet Für tau klönen.

Watt wast'n Läwen in use Stadt!
Sei heff jöhrlicks 15 Markdaoge hat.
Un upp'n Markt günk dei Handel rund
Frieseithe hörde uck taun Hansabund
Ick mott säggen, in mien ganze Läben
Hefft nich sunne stolze Tied wehr gäben.

Wiet un siet was in Stadt und Land
Frieseithe dör dei Smalüe bekannt,
Sei möken Zeisen un Isen förn Plaug,
Affsatz harn sei alltied genaug
Anne Langenstroten, so könn gie läsen,
Sind domols twölf grote Schmäe wäsen.

Ick hörde immer ehr Pink – pank – pink
Weil'ick uck an disse Stroten hünk.
Eenige Smälüe wassen richtig riek,
Wörn sei nich öwerrant von dei Tied
Dann geft vandoge uck Frieseither Klingen
Un nich blot van Essen un van Solingen.

Vor dreihundert Johr wast'n gräsige Tied,
Dätig Johr harn dei Völker Stried,
Dei Söldners morden in Stadt un Land
Un hörden nich up mit Plünnern un Brand
Un nöhmen, wat sei äben kunnen langen
Ower **mie**, mie löten sei hangen.

Lensdogs köm Oberst van Nist no mien Heer
Verlangte Howern un uck use Peer
Ick dachde: Holt du blot diene Snut
Sonst smiet ick die dreikantig herut!
Wat scheert die use Peer un dat Fräten,
Wie hepp je sülwest nix mehr tau äten.

Vandoge sütt mant gornich mehr
Dat Frieseithe fräuher ne Fästung weer
Bei Wall wörd slichtet, un wäktieds dann
Bauden sick dorup Lüe an
Vansülvest ist et dann so komen
Dat man **Wallsitters** gif ehr at Nomen.

Vör 80 Jöhr, wat wast'n Not!
Dei Himmel wass van Für so rot
Dei ganze Langestroten brennt
Dei Lüe rappt un schreit un rennt.
Mögt sei noch so geiten un reilen,
Sei könnt dat Für ower nich meuten.

Uck mien Hus kunn dat Für nich weern
Dei Pannen klöttern uppe Eern
Mie wörd in Brand ganz gräsig heit
Van ganzen Liewe rullt miet Sweit
Ick denk mie, du bis der wäsen
Moß verkohlen hier uppe Schnäsen.

Watt sag dat ut in use Stadt!
50 Hüser legen platt.
Ick fünn mie obends weer in Gorn
Tüsken Speck und Wöste uppe Korn,
So harr ick den Brand owerstohnen
Jo Unkrut, dat kann nich vergohnen.

Dei Upbau günk recht flink vöran.
Jeder quält sick, att hei kann.
Väl »taulopen Volk« hülp uck dorbie,
Man baud'n Hus uck wehr för mie
Dör hünk ick komodig in Frieden
Tüsken dicke Wöst un Specksieden.

Väl neischierige Lüe kömen her,
Beprohlden mie, att wenk'n König wer
Dog eines Daoges wördd mie segg:
»Dien Hus is verköfft, un du moß wegg!«
Ick schull wegg vanne Langenstroten
Miene leiwe Heimatstadt verloten?

Dei Ümtogg wört mie bannig stur
Dei Wäg noh Schwoneborg gräsig sur
Man schall nich verplanten ollet Stück
Doch wört for mien nen grotet Glück.
Ha man mie hier nich wegnohmen
Ick wass inne Kampftied ümmekohmen.

Denn upp Frieseithe günk datt rumm un bumm!
Un immer wedder bumm un rumm!
In allen Straoten Kampf un Dod
Un Angst un Not un Für so grot
Väl junget Blaut moß sterben
Un alles leg in Scherben.

Nu staht modern dei neie Stadt!
Mie dügg ower, dor fählt noch watt:
Us beste Stück, dat Fästungstor!
Dei Kerktorn lett uck noch so ror!
Ick löwe, mit'n Johr off halv Stiege
Is alles wehr inne Riege.

Dei Langestroten is ne Pracht!
Doch an mie heff man nich dacht
Dor gifft kien Wiemen swatt van Rook
Un ohne Rook datt is mien Dod.
Un doch, kann ick, gie schöllt't wäten,
Miene Langestroten nich vergäten.

Monty Gräßler
Wahnsinn Wasalauf

Wahnsinn Wasalauf

Über die Faszination des größten und legendärsten Skilanglauf-Rennens der Welt

Monty Gräßler

Impressum:

Monty Gräßler
Wahnsinn Wasalauf
Über die Faszination des größten und legendärsten
Skilanglauf-Rennens der Welt

Fotos: Nisse Schmidt, Gerd Nestler, u.a. siehe Fotonachweis

1. Auflage 2016

in der Mediengruppe Westarp
Kirchstr. 5 - 39326 Hohenwarsleben
www.westarp.de, www.westarp-bs.de, www.book-on-demand.de

ISBN: 978-3-86460-551-2

Druck und Bindung: Kühne & Partner Druck GmbH, Helmstedt
www.druckerei-kuehne.de, www.unidruck7-24.de

Printed in Germany.

Inhalt

1. Kapitel

Der lange Weg zum Start

Die Nacht ist früh vorbei. Sehr früh, um genau zu sein 1:49 Uhr zeigt das Display des Handys an. Ich habe es extra unter die Bettdecke gezogen, um mit dem Lichtschein Florian nicht zu wecken, der im rustikalen Doppelstockbett über mir liegt. Theoretisch kann ich noch eine gute halbe Stunde schlafen. Doch schon in dem Moment, als ich mich vorsichtig auf die andere Seite drehe, ist mir eigentlich klar, dass ich nicht mehr zur Ruhe kommen werde. Eigentlich bin ich sogar positiv überrascht, dass ich überhaupt drei Stunden fest geschlafen habe. Schließlich wartet heute die bislang größte Herausforderung als Freizeit-Skilangläufer auf mich. Der 90. Wasalauf (schwedisch: Vasaloppet) von Sälen nach Mora in Schweden. 90 legendäre Kilometer zum 90. Jubiläum – ich hoffe, das ist ein gutes Omen.

Was habe ich die letzten Nächte nicht alles geträumt? Start verpasst, Skibruch, Transponder verloren, Startnummer vergessen – das volle Programm eben. Auch jetzt schießen mir im Halbschlaf Bilder durch den Kopf, die mich ins Schwitzen bringen. Hätte ich mir doch nur nicht auf Youtube die Videos jener Scherzbolde angesehen, die sich an den Abfahrten und tückischen Stellen des Wasalauf-Kurses mit ihren Kameras auf die Lauer legen, um Massenstürze für die Internet-Gemeinde festzuhalten. Die Sequenzen haben zwar wirklich Potenzial für jede Pleiten-, Pech- und Pannen-Show, doch mir rauben sie gerade endgültig den Schlaf. Das kommt eben dabei raus, wenn man im Internet neben Erlebnisberichten wirklich alles aufsaugt, um den Wissensdurst über das legendärste Skilanglaufrennen der Welt zu stillen. Ganz vorsichtig ziehe ich das Handy noch einmal unter die Decke: 1:59 Uhr. Na toll! Noch sechs Stunden bis zum Start. Meine Gedanken schweifen zu den Hunderten von Läufern, die diese letzte Nacht vor dem großen Rennen in Massenquartieren in umliegenden Turnhallen oder Schulen verbracht haben. Ich glaube nicht, dass ich dort auch nur ein Auge zugemacht hätte und genieße meinen kuscheligen Schlafplatz noch ein paar Augenblicke. Schließlich taste ich mich im Dunkeln trotzdem zur Tür. Die Holzdiele der gemütlichen kleinen Vier-Mann-Hütte in Sollerön, gut 10 Kilometer vom Zielort Mora entfernt, knarrt leise.

Auf dem Weg ins Bad erinnert der Geruch von Tomatensauce an die Pasta-Party des Vorabends. Die Riesenschüssel Spaghetti, die Stefan für Florian, Wolfgang und mich gekocht und mit einer leckeren Sauce garniert hatte, war fast alle geworden. Wir hatten mächtig reingehauen, um die Kohlenhydratspeicher für den nächsten Tag aufzufüllen. Im Flur werfe ich einen flüchtigen Blick nach draußen. Im matten Licht der Straßenlaterne tanzen vereinzelte Schneeflocken zu Boden. Es ist Idylle pur auf der einen und eine echte Herausforderung für die Wachsexperten auf der anderen Seite. Zumindest in der Beziehung muss ich mir keine großen Gedanken machen, denn mit meinem Schuppen-Ski bin ich einigermaßen auf der sicheren Seite. Und eine Idee, wie ich den Großteil der Zeit bis zum Frühstück um 3 Uhr überbrücke, habe ich auch schon. Ich lese auf dem Klo. Mehr als eine halbe Buch-Seite wird es dann aber nicht. Ich reihe zwar die Buchstaben aneinander, aber einen Sinn ergibt das an diesem Morgen für mich irgendwie nicht. Die Gedanken sind schon auf der Strecke. Die zweite Idee, um die Zeit herumzubringen, ist da um Längen besser: Ich erweitere meine Morgen-Toilette um eine Rasur. Das bringt locker zehn Minuten und lenkt zumindest ein bisschen ab.

„God Morgon" schmettern mir Stefan und Wolfgang in holprigem Schwedisch aus ihren verschlafenen Gesichtern entgegen, als ich aus dem Bad komme. Die beiden hält ganz offensichtlich auch nichts mehr in ihren Betten. Sie knüpfen sofort an die Witzeleien vom Abend zuvor an. „Ohne Drei-Tage-Bart bist du auf 90 Kilometer glatt eine Sekunde schneller", sagt Stefan, der uns am Tag zuvor schon mit Sprüchen wie „Wer später bremst, ist länger schnell" beglückt hat. Wir behalten diese guten Ratschläge natürlich strikt für uns. Doch während sich kurz darauf auch Florian aus dem Bett schält („Wer nicht aufsteht, kann auch nicht ankommen."), legt sich das Gefrotzel ganz schnell wieder. Jetzt ist jeder mit sich selbst beschäftigt. Mein kleiner Schrank gleicht einem Spind bei der Armee. Ich habe mir meine Laufklamotten fein säuberlich zurecht gelegt. Kurze Unterhose und Socken ganz oben, Hose, Shirt und Jacke untendrunter. Vermutlich bin ich deshalb an diesem Tag mal der Erste an der Tür. Ich schnappe mir meinen Rucksack, meine Skischuhe und den Skisack und mache mich auf den Weg zum Bus. Der steht schon am gut 300 Meter entfernten Restaurant der Solleröner Golfanlage, um gleich nach dem Frühstück losfahren zu können. Die Spuren im Schnee verraten: Ich bin zwar ziemlich früh dran, aber bei weitem nicht der erste. Beim Frühstück selbst kann man die Anspannung dann fast mit den Händen greifen. Die meisten quälen sich ein Müsli oder auch Weißbrot mit Honig rein. Der Kaffee dagegen fließt literweise. Und gesprochen wird nur das Nötigste. 3.45 Uhr sind wie vereinbart alle im Bus. Ich checke noch einmal, ob ich von der Mütze über die Startnummer bis zum Energy-Gel alles dabei habe, da geht die Fahrt auch schon los.

Tipp: Mit einer organisierten Gruppenreise kann man bei der ersten Teilnahme am Wasalauf nicht viel falsch machen. Die meisten Anbieter, zu denen neben Reisebüros auch Sportgeschäfte oder Vereine gehören, verfügen über langjährige Erfahrungen und nicht selten auch über gute Kontakte zum Veranstalter. Vorteile gibt es gleich mehrere: Man muss sich vor Ort um nichts kümmern, weil in der Regel von der Abholung der Startnummer am Freitag oder Samstag bis zum Bus-Transfer am Wettkampftag alles durchorganisiert ist. Überdies kommt oft schon bei der Anreise Kontakt zu erfahrenen Läufern zu Stande, die sich gern den einen oder anderen Tipp entlocken lassen. Das gängigste Programm der Touren mit Bus und Fähre sowie Übernachtung in einfachen Hütten sieht einwöchige Reisen vor, bei denen der Start meist am Mittwoch und die Rückkehr am Dienstag oder Mittwoch liegen. Inklusive Startgebühr muss man zwischen 600 und 800 Euro einplanen. Bei Übernachtung im Hotel, Vollverpflegung, eigener Anreise per Flugzeug oder längeren Varianten wird es entsprechend teurer. Zum größten deutschen Anbieter von Reisen zum Wasalauf hat sich in der jüngsten Vergangenheit Schulz Sportreisen aus Dresden entwickelt. Wer es einen Tick familiärer mag, der sollte sich bei seinem Sportverein vor Ort nach Anbietern aus der Region erkundigen. Bei kleineren Gruppen kommt eine Reise aber oft nur zustande, wenn sich eine Mindestzahl an Mitfahrern findet.

Mir ist die Entscheidung, mit wem ich zum Wasalauf fahre, ehrlich gesagt leicht gefallen. Reiseleiter Sven Albert aus Tannenbergsthal ist Inhaber eines auf nordischen Skisport spezialisierten Geschäftes, das im Vogtland quasi vor meiner Haustür liegt. Außerdem hat er selbst schon mehr als 15-mal das Rennen bestritten, kam dabei 2003 sogar als 73. unter die Top 100 und hat mit Herolds Reisen aus Klingenthal einen langjährigen Partner an seiner Seite. An Bord unseres Busses sind knapp 30 Freizeitläufer vorrangig aus ganz Sachsen, von denen gerade jeder so seine eigene Strategie hat, um zu dieser frühen Stunde die eineinhalbstündige Anreise zum Start sinnvoll zu überbrücken. Für mich steht fest: An Schlafen ist jetzt nicht mehr zu denken. Nach knapp zehn Minuten gabelt sich vor uns die Straße. Rechts geht es nach Mora und links nach Malung, der Kommune, zu der auch der Startort Sälen gehört. Die Kilometerangaben sorgen für ein leichtes Kribbeln im Bauch. Hoffentlich habe ich mir nicht zu viel vorgenommen. Ich kippe meine Lehne etwas nach hinten und versuche, es mir im Bus bequem zu machen. An vielen Häusern kommen wir zunächst nicht vorbei, aber wenn, brennt in so ziemlich jedem zweiten schon kurz nach 4 Uhr Licht. Kein Wunder: Der Wasalauf mobilisiert an diesem Tag nicht nur 15.000 Aktive, sondern auch gut 3000 freiwillige Helfer entlang der Strecke. Denn mag der Wettkampf auch längst ein professionell aufgezogenes Event sein, am Leben halten ihn und seinen Mythos nicht zuletzt die Skilanglauf verrückten Menschen vor allem in den kleinen Orten entlang der Strecke. Je näher wir dem Startort kommen, desto häufiger entdecke ich Skiläufer mit Stirnlampen durch die Loipen im Wald huschen. Die Profi-Teams haben offenbar ihre Techniker nochmal losgeschickt, um die richtige Wachs-Mischung für den heutigen Tag zu finden. Wahnsinn Wasalauf!

Der Verkehr nimmt zu und es dauert nicht lange, da fühle ich mich an unsere erste Fahrt nach Bayern nach dem Mauerfall erinnert, als sich ein Trabi nach dem anderen über die Landstraße in Richtung Hof quälte. Denn auch die Busfahrt wird so langsam zur Qual. Gerade waren noch 15 Kilometer bis Sälen ausgeschildert, da geht es nur noch im Schritttempo vorwärts. Während mir klar wird, warum unser Reiseveranstalter die Abfahrt so früh angesetzt hat, sorgt das Display im Bus, das jetzt immer höhere Außentemperaturen anzeigt, für Diskussionsstoff. Für fünf Grad plus hat keiner im Bus seine Skier präpariert. Ich vermute allerdings, dass das Ganze auch etwas mit den Abgasen der Blechlawine zu tun hat, die sich hier durch den Wald schlängelt. Selbst als wir uns 45 Minuten später endlich auf der Fernverkehrsstraße 66 gen Sälen einreihen können, ist weiter Stopp and Go angesagt. Wenn wir in dem Tempo weiterfahren, könnte es wirklich eng werden. Doch dann geht es mit einem Mal ganz schnell. Das hat zwei Gründe: Zum einen ist es nicht ganz richtig, wenn von Sälen als Startort die Rede ist. Denn tatsächlich liegt die gigantische Startwiese das Vasaloppet im kleinen Sälener Ortsteil Berga by. Zum anderen lotsen die Organisatoren schon weit vor dem Start alle Pkw auf einen großen Parkplatz, sodass die Busse von da an freie Fahrt bis zu den extra reservierten Flächen nahe des Startplatzes haben. Die erste kleine Etappe ist damit geschafft.

Jetzt wird es im Bus hektisch. Jeder packt seine Siebensachen zusammen, um erstmal auf die Schnelle seine Skier in einem der elf Startblocks ablegen zu können. Es ist kurz vor 7 Uhr, als wir als vielleicht 100. Bus unseren Platz zugewiesen bekommen. Noch 70 Minuten bis zum Start. Ich lasse die ganz Aufgeregten vorneweg, ziehe mir nach dem Aussteigen die dicke Wollmütze tief ins Gesicht und glaube kurz darauf, meinen Augen nicht zu trauen. Unter den letzten fünf Skisäcken, die noch im Gepäckraum des Busses liegen, ist zwar ein grauer. Aber das ist nicht meiner! Bitte nicht. Ich versuche, meine Gedanken zu sortieren und gehe eine Runde um den Bus. Doch vom Skisack ist keine Spur. Was nun? Alles vorbei, bevor es angefangen hat? Mir ist klar, dass es sich nur um eine Verwechslung handeln kann. Aber wie will man die in dem Gewimmel Tausender Skiläufer aufklären? Zum Glück muss ich mir den Kopf nicht lange zermartern. Einem jungen Leipziger ist das Versehen noch rechtzeitig aufgefallen. Er lächelt, als wir die Skier austauschen. In dem Moment kann auch ich schon wieder schmunzeln. Das ist eine der Episoden, die man vermutlich auch in 20 Jahren gerne mal wieder herauskramt.

Großes Getümmel: In 52 nebeneinander angelegten Spuren warten die 15.000 Teilnehmer auf den Startschuss zum Wasalauf.

Mit den richtigen Skiern unterm Arm mache ich mich auf den Weg zum Start, wo der Stadionsprecher gerade einige organisatorische Hinweise in deutsch erteilt. Ich schnappe allerdings nur noch auf, dass sich alle Läufer bis 7.45 Uhr in ihrem jeweiligen Startblock einzufinden haben. Dann geht es in russisch weiter. Obwohl also noch genügend Zeit ist, lasse ich mich von der Hektik derer anstecken, die hinunter zur riesigen Wiese hetzen, von der die Hubschrauberkameras Jahr für Jahr am ersten Sonntag im März spektakuläre Aufnahmen für Fernsehstationen aus aller Welt liefern. Denn der Start zum Wasalauf ist ein Kapitel für sich. Nein, das ist noch untertrieben. Der Start zum Wasalauf macht zu einem Großteil auch seinen Mythos aus. So bin auch ich, obwohl ich schon viele Bilder und Filme vom Start der 15.000 Skilangläufer in Sälen in den Vorjahren gesehen habe, erstmal überwältigt, als ich die Dimensionen mit eigenen Augen sehe. Auf reichlich einem Kilometer Länge sind 52 Spuren nebeneinander angelegt. Das lässt wohl keinen Debütanten kalt. Die erste Startreihe, die der Elite vorbehalten ist, kann ich im leichten Morgengrauen nur erahnen. Am letzten Startblock mit der Nummer 10, den ich als ersten passiere, ist Schlangestehen angesagt. Ein Blick über den mit riesigen Werbebanden zugehängten kleinen Metallzaun versetzt mich in Staunen. Schon jetzt ist gut drei Viertel der Fläche gefüllt. Ich ärgere mich, dass ich das Handy im Bus vergessen habe. Denn das Bild Tausender in Reih und Glied aufgefädelter Skier, die meist mit den Spitzen in den Schlaufen der in den Schnee gerammten Stöcke stecken, ist gigantisch. Als es sich in Startblock 9 und 8 wiederholt, bin ich froh, dass meine sportliche Vorleistung beim König-Ludwig-Lauf in Oberammergau, wo ich nach 46 Kilometer klassisch und 3:18 Stunden ziemlich genau in der Mitte des Feldes angekommen war, zumindest für Gruppe 7 gereicht hat. So habe ich statt 14.000 vielleicht nur noch um die 9000 Läufer vor mir.

Tipp: Eine wichtige Rolle bei der Planung des Wasalauf-Starts sollte die vorherige Teilnahme an anderen großen Volksskiläufen spielen. Mit guten Zeiten bei Rennen der so genannten Worldloppet-Serie, zu denen neben dem angesprochenen König-Ludwig-Lauf in Mitteleuropa unter anderem der Isergebirgslauf in Tschechien, der Dolomitenlauf in Österreich oder der Marcialonga in Italien gehören, kann man sich einen besseren Startplatz erlaufen. Wer ohne ein solches Ergebnis aus den zurückliegenden drei Jahren meldet, muss sich dagegen mit Startblock 10 zufrieden geben. Das ist ein doppeltes Handicap, weil 8 Uhr für alle Läufer die Zeitnahme beginnt, egal wann sie die Startlinie überqueren. Außerdem kommt es am ersten Berg Jahr für Jahr zu einem großen Staus, der sich im hinteren Teil des Feldes bis zu etwa einer Stunde hinziehen kann. Kleiner Anhaltspunkt: Wer sich 2014 für die Startgruppe 5 in Schweden qualifizieren wollte, musste die 46 Kilometer in Oberammergau in unter drei Stunden laufen. Um mindestens in Startgruppe 9 zu landen, waren 3:52 Stunden gefordert. Die Rennleitung des Wasalaufes errechnet die Qualifikationszeiten jeweils anhand des Rückstandes zum Sieger und stellt sie spätestens eine Woche nach dem Wettkampf auf die Homepage. Danach genügt eine kurze Mail, um weiter vorn eingestuft zu werden. In den meisten Fällen wird man wohl aber auch bei der Abholung der Startnummer in Sälen oder Mora bei einem Nachweis entsprechender Ergebnisse in der Setzliste noch kurzfristig weiter vorn eingeordnet. Wichtig: Man sollte sich nicht auf einen einzigen Quali-Lauf verlassen. Das wäre bei einer witterungsbedingten Absage genauso schade wie bei einem Skibruch.

Ablaufplan	
Mittwoch 26.2.14:	Abfahrt 5.00 Uhr in Tannenbergsthal ca. 16.00 Uhr Ankunft in Kiel - Ausgabe der Boardingkarten, danach ca. 1 Std. zur freien Verfügung – ab 17.00 Uhr Fährzugang (Waschbeutel im Handgepäck!!!)
Donnerstag 27.2.14:	9.00 Uhr Abfahrt von Fähre in Göteborg ca. 16. 00 Uhr Ankunft in Sollerön Schlüsselausgabe und Hütteneinweisung
Freitag 28.2.14:	8.00 Uhr Frühstück im Restaurant „Jugen Jon" 9.00 Uhr Abfahrt nach Mora/Oxberg: Treff am Busparkplatz (mit Ski) Zeit zur freien Verfügung – Skifahren 16.00 Uhr Abfahrt in Mora nach Sollerön
Samstag 1.3.14:	8.00 Uhr Frühstück im Restaurant „Jugen Jon" 9.00 Uhr Abfahrt nach Mora: Zeit zur freien Verfügung 13.00 Uhr Rückfahrt nach Sollerön
Sonntag 2.3.14:	Bus beladen: ab 3.00 Uhr ist der Bus offen!!! 3.00 Uhr Frühstück im Restaurant „Jugen Jon" 3.45 Uhr Abfahrt zum Start am Restaurant Ankunft Start: Ski sofort in den Startbereich legen!!! Have a good race! 17.00 Uhr Bus nach Sollerön: Abfahrt vom Busplatz
Montag 3.3.14:	Tag zur freien Verfügung! Fahrt mit dem Bus nach Mora – individuell mit Busfahrer abstimmen! Bitte HÜTTEN reinigen!
Dienstag 4.3.14:	Frühstück, Bus beladen, Abfahrt nach Trelleborg (Zeiten werden vor Ort vom Busfahrer festgelegt) 22.45 Uhr Abfahrt Fähre von Trelleborg nach Rostock
Mittwoch 5.3.14:	6.00 Uhr Ankunft in Rostock – Abfahrt von Fähre ca. 16.00 Uhr Ankunft im Vogtland!

Straffes Programm: So oder so ähnlich sieht der Ablauf bei den organisierten Reisen zum Vasaloppet aus.

Ich kämpfe mich also zum blauen Schild mit der großen weißen 7 durch. Zur Sicherheit trage ich schon meine Startnummer unter der dicken Jacke, doch die Registrierung und Kontrolle der Sportler erfolgt allein mittels des Transponders. Vor mir stehen vielleicht zehn Leute. Ich beobachte das Prozedere: Ein Kampfrichter winkt die Läufer durch, der nächste wartet auf den Piepton und checkt die Daten ab. Das war's. Auch mein Startblock ist schon ziemlich voll. Ich schaue mich schnell um. Auf der rechten Seite gibt es noch die besten Plätze. Ich überlege kurz, wo der Haken an der Konstellation sein könnte. Doch wenn ich hier noch länger grübele, kann ich mich auch gleich kurz vorm Startblock 8 hinstellen. Also bleib ich gleich rechts und platziere meine Skier in der achten Reihe neben dem Zaun. Wird schon schief gehen! Ich schaue auf die Uhr: Es ist kurz nach sieben. Noch eine knappe Stunde bis zum Start. Die meisten der mit dem Auto angereisten Sportler verbringen die nächsten 15, 20 Minuten in einer der Menschenschlangen, die sich vor den mobilen Toilettenhäuschen gebildet haben. Es braucht kein feines Näschen für die Erkenntnis, dass darin vor allem die größeren Geschäfte erledigt werden. Auf dem Weg zurück zum Bus ist kaum noch auseinander zu halten, wo die eine Schlange endet und die nächste beginnt. „So ein WC im Bus kann schon ein richtiger Luxus sein" schreibe ich in einer SMS nach Hause, ehe ich mir selbst noch einmal Erleichterung verschaffe. Jetzt weiß ich auch, warum Busfahrer Daniel bei der Anreise nach Schweden darauf bestand, die Toilette für den Tag des Wettkampfes gewissermaßen aufzusparen.

Ansonsten hat die Atmosphäre im Bus jetzt etwas von Ruhe vor dem Sturm. Es ist angenehm, nicht hetzen zu müssen. Ich beiße drei-, viermal in eine Banane, obwohl ich weder Hunger noch Appetit verspüre und telefoniere nochmal mit den Lieben daheim, die ich zum Glück überzeugen konnte, das Handy während des Wettkampfes nicht am Mann tragen zu müssen. Dann wechsle ich die Schuhe, ziehe zum vielleicht zehnten Mal den Klettverschluss des Transponders fest und entscheide mich endgültig, statt des Lang-Arm-Shirts doch die wind- und wasserdichte Jacke anzuziehen. Da Niederschläge angekündigt sind, ist das wohl die bessere Wahl. Zwei Schleifen an der Startnummer, Mütze und Handschuhe zurechtlegen, dann bin ich fertig.

Es ist noch eine gute halbe Stunde bis zum Start, als sich die ersten aus unserer Gruppe auf den Weg machen. Obwohl sich ein Großteil der Leute vor drei Tagen zum ersten Mal über den Weg gelaufen ist, wird abgeklatscht, sich auf die Schulter geklopft und ein gutes Rennen gewünscht. Ich spüre: Es ist nicht nur der Energy-Drink, an dem ich gerade nippe, der mich beflügelt, sondern auch der Spirit, wie es neudeutsch so schön heißt.

Ich versuche dennoch, mich ganz bewusst noch einmal herunterzufahren und mache es mir auf meinem Sitz so bequem wie möglich. Wie ein Rodler, der oben im Starthäuschen im Kopf schon mal die Bahn abfährt, rufe ich mir vor dem geistigen Auge den Streckenplan und das Höhenprofil des Wasalaufes nochmal kurz auf. Der Vergleich hat aber natürlich einen Haken: Denn der Rodler weiß vorher, auf was er sich einlässt und hat nach spätestens einer Minute seinen Job gemacht. Die Zeit scheint jetzt beinahe stillzustehen. Ich gebe mir bis 7:40 Uhr, frage Florian dann aber doch schon ein paar Momente früher, ob wir zusammen aufbrechen wollen. Er scheint nur darauf gewartet zu haben. Auf dem Weg zum Start machen wir uns darüber lustig, dass ausgerechnet diejenigen im Bus die größte Nervosität verbreiten, die das Abenteuer Wasalauf schon gefühlte 20-mal absolviert haben. Ich glaube, uns ist in dem Moment beiden klar, dass wir mit den coolen Sprüchen nur die eigene Aufregung überspielen. Aber das ist eigentlich auch egal, Hauptsache es funktioniert. In den hinteren Startblöcken herrscht geschäftiges Treiben. Hier wird die letzte Wachsschicht aufgetragen, da wird sich umgezogen und dort gibt es noch mal eine letzte Stärkung. In der Mitte der 52 Spuren stapeln sich bereits die Kleidersäcke, die später in zehn riesigen Containern zum Ziel transportiert werden. In der mittleren Spur stehen etwa alle 50 Meter kleine Gerüste für die Vorturner, die Jahr für Jahr die Massen zur gemeinsamen Skigymnastik mit Musik animieren. Am Startblock 8 trennen sich unsere Wege. Wir nehmen uns kurz in den Arm und verzichten auf große Worte. „Hau rein“, sag ich zu Florian, „Du auch“, antwortet er. Von jetzt an ist jeder auf sich gestellt.

Achte Reihe von rechts in Höhe des dritten Zaunspfahls neben dem Eingang zum Block 7 – das passt. Als ich trotz des Massenauflaufs auf Anhieb meine Skier finde, fühlt sich das ein bisschen wie das erste Erfolgserlebnis des Tages an. Jetzt ist es noch eine Viertelstunde bis zum Start. Ich hüpfe auf der Stelle, beobachte die Szenerie und spüre jetzt richtig, wie die Vorfreude in mir hochsteigt. Ich bin aufgeregt und ganz ruhig zugleich, als ob ich hier allein auf der Wiese stehen würde. Ich schwöre mir, den Wasalauf in erster Linie zu genießen – so gut es eben geht. Der Small Talk mit den umstehenden Teilnehmern beschränkt sich auf einige wenige Sätze. Immerhin bekomme ich mit, dass das junge Pärchen vor mir aus Frankreich kommt und der ältere Mann hinter mir Finne ist. Ansonsten bin ich – wen wundert's – wohl vor allem von Einheimischen umgeben. In einer Faktensammlung auf der Vasaloppet-Homepage ist es nachzulesen: Gut 11.500 der 15.800 eingeschriebenen Teilnehmer kommen aus Schweden. Die Liste der 33 weiteren Nationen wird von den Norwegern angeführt, die 1235 Teilnehmer stellen. Deutschland folgt mit 560 gemeldeten Läufern hinter Dänemark (771) und Finnland (607) sowie mit deutlichem Vorsprung vor Tschechien (314) an Nummer 5. Ich lege meine Skier in die Spur, fahre mit den Händen in die Schlaufen der Stöcke und probiere mich noch an ein paar Dehnübungen. Der Finne bittet mich, noch schnell ein Foto zu machen. Der hat Nerven! Ich drücke dreimal drauf, dann wird es aber wirklich höchste Zeit, die Skier anzuschnallen. So. Jetzt bin ich bereit.

Wasalauf-Geschichten

Der „kleine Gott“ aus dem Vogtland

Wie Gert-Dietmar Klause zu seinem historischen Erfolg lief

Wer Gert-Dietmar Klause besucht und ihn nach den größten Unterschieden zwischen dem Wasalauf zu seiner aktiven Zeit und heute befragt, der wird unter Umständen eine Überraschung erleben. Gerade wenn sich Journalisten in Auerbach im Vogtland angekündigt haben, um die Geschichte des bislang einzigen deutschen Wasalauf-Siegers aufzuschreiben, dann bringt dieser ganz gerne mal eine große Küchenmaschine angeschleppt. Das ist die Prämie, die er 1975 in Mora für seinen Sieg in neuer Bestzeit (4:20:29 Stunden) bekam. Heutzutage wird ein Streckenrekord mit einem Mittelklasseauto belohnt. Gert-Dietmar Klause ist aber keiner, der damit hadert. Es braucht vielmehr nur wenige Sätze, um zu spüren, wie eng der Mann, der einst für den SC Dynamo Klingenthal startete, auch Jahrzehnte nach seinem denkwürdigen Erfolg mit dem großen Rennen in Skandinavien verbunden ist. Er erzählt bereitwillig und beinahe so, als wäre es erst vorige Woche passiert, dass nicht zuletzt auch der Zufall bei seinem Triumph eine Rolle spielte. Denn dass Gert-Dietmar Klause beim 52. Wasalauf als erster Nicht-Skandinavier überhaupt gewann und mit Ake Wingskog ausgerechnet einem Lokalmatador den Sieg wegschnappte, hatten sich die Schweden ein Stück weit selbst eingebrockt. Ursprünglich stand der 90-Kilometer-Kanten nämlich nicht auf dem Wettkampfplan der ostdeutschen Langläufer für die Saison 1974/75. Doch dann kam die Sportpolitik ins Spiel. „Wenn ich mich richtig erinnere, ging es darum, die schwedische Handball-Nationalmannschaft der Männer für ein Turnier in der DDR zu gewinnen. Die Zusage der Schweden gab es jedenfalls nur unter der Bedingung, dass dafür die besten Läufer zum Wasalauf geschickt werden“, erzählt Gert-Dietmar Klause.

Der hatte im Winter zuvor im etwa 90 Kilometer von Mora entfernten Falun mit seinen Vereinskameraden Gerd Heßler und Dieter Meinel sowie Gerhard Grimmer (ASK Oberhof) das bis heute einzige deutsche WM-Staffel-Gold im Männer-Langlauf geholt. Darüber hinaus war es Grimmer und Klause mit den Plätzen 2 und 13 bei ihrer Wasalauf-Premiere 1970 schon gelungen, Eindruck beim fachkundigen schwedischen Publikum zu hinterlassen. Das war im 8000 Teilnehmer starken Feld vor allem daher eine Überraschung, weil die beiden angesichts des kurzfristig vereinbarten Starts in Sälen auch nicht ansatzweise ahnen konnten, auf was sie sich da eingelassen hatten. Fünf Jahre später sah das dann schon anders aus. Zumindest Gert-Dietmar Klause und Gerd Heßler hatten Gelegenheit, sich eine Woche vor Ort auf das Rennen vorzubereiten. Die Oberhofer Läufer stießen dagegen erst einen Tag vor dem Wettkampf von der Armeespartakiade zum Team, was für die Entscheidung an jenem 2. März 1975 eine nicht ganz unwichtige Rolle spielen sollte. Es spricht für den Sportsgeist der Schweden, dass sie den Ostdeutschen für den erfolgreichen Handball-Ski-Deal einen ihrer ehemaligen Nationaltrainer als Ratgeber zur Seite stellten. Dieser gab Klause und Co. einen wichtigen Tipp mit auf den Weg. „Wir sollten von Beginn an das Tempo hochhalten, um die auf die langen Strecken spezialisierten Läufer vom ersten Kilometer an zu fordern“, erzählt Gert-Dietmar Klause. Obwohl diese Taktik das Risiko barg, dass auch den DDR-Läufern zum Ende hin die Kräfte ausgehen könnten, hielten sich die Schützlinge von Nationaltrainer Hannes Braun an diese Marschroute. Mit Erfolg: Aus der gut 30-köpfigen Spitzengruppe, die sich etwa nach der Hälfte des Rennens gebildet hatte, ließ einer nach dem anderen abreißen. Etwa bei Kilometer 70 waren sie dann vorne nur noch zu dritt: Gerhard Grimmer und Gert-Dietmar Klause vorneweg und Ake Wingskog in aller Regel im Windschatten der beiden.

Was für den Außenstehenden wie eine glänzende Ausgangsposition für das sächsisch-thüringische Duo aussah, stellte sich für Klause und Grimmer jedoch als ganz heiße Kiste dar. Denn von den zwölf Grad minus, die früh am Start gemessen wurden und als Anhaltspunkt für den Griff in die Wachskiste dienten, blieben immer weniger übrig, je mehr es auf Mittag und das Ziel zuging.

Knappe Entscheidung: 1975 rettete Gert-Dietmar Klause seinen Vorsprung vor Lokalmatador Ake Wingskog ins Ziel.

„Irgendwann war es nicht mehr zu übersehen, dass Wingskog den besseren Ski für die Schneeverhältnisse hatte. Während wir uns selbst kleine Hügel mit rutschigen Skiern hinaufkämpfen mussten, ist er die lässig hochgedackelt", berichtet Gert-Dietmar Klause. Die DDR-Läufer schauten sich das eine Weile an und tüftelten schließlich an einer Team-Taktik, da der Schwede keinerlei Anstalten machte, sich ernsthaft an der Führungsarbeit zu beteiligen. Da Gerhard Grimmer noch die Armee-Wettkämpfe von Polen in den Beinen hatte, war er es schließlich, der etwa sieben Kilometer vor dem Ziel das Kommando gab. „Hau ab", schrie er seinem Teamkameraden am Ende eines Anstieges zu, als er dem Klingenthaler einige Meter Vorsprung gewährte. Gert-Dietmar Klause nahm die Beine in die Hände und überzeugte sich kurz darauf mit einem Blick über die Schulter von der gelungenen Aktion. „Ich konnte eine schöne Lücke reißen, sah aber auch, dass Wingskog schon mit Gerhard auf gleicher

Höhe war und gar nicht daran dachte, sich so früh geschlagen zu geben", erzählt Gert-Dietmar Klause. Bis zu 30 Sekunden lief er zwischenzeitlich auf den Lokalmatador heraus.

Erst auf den letzten zwei Kilometern schmolz sein Vorsprung zusammen. Aber dafür richtig! Das lag einerseits daran, dass das letzte Teilstück der Strecke im Stadtgebiet von Mora erst wenige Stunden zuvor mit Schnee belegt worden war, auf dem Klauses Skier überhaupt nicht liefen. Dazu kam, dass die Tausenden Zuschauer dem Deutschen zwar auch applaudierten, aber natürlich in erster Linie ihren Mann nach vorn peitschten. Vor allem aber verließen den Führenden jetzt merklich die Kräfte. Kein Wunder: Die DDR-Läufer kamen zwar zu jener Zeit auf etwa 11.500 Trainingskilometer im Jahr (Skilanglauf, Skirollern, Crosslauf), doch 90 Kilometer am Stück wurden nie gelaufen, erst recht nicht im Wettkampftempo. „Ich spürte, dass Wingskog von hinten regelrecht herangeflogen kam und wollte selbst noch mal das Tempo anziehen. Aber es war wie angestemmt. Ich habe einfach keinen langen Schritt mehr zusammenbekommen, bin immer wieder weggerutscht und kam mir vor, als würde ich das erste Mal auf Skiern stehen. Es war ein einziges Gestocher", erzählt Gert-Dietmar Klause. Doch die Quälerei lohnte sich: Der Vogtländer rettete sechs Sekunden Vorsprung ins Ziel, trug sich als erster Mitteleuropäer in die Siegerliste ein und krönte das Wahnsinnsrennen mit einem Streckenrekord, mit dem er fast eine Viertelstunde unter der zehn Jahre alten Bestzeit des siebenfachen Vasaloppet-Siegers Janne Stefansson aus Sälen (4:35:03 Stunden) blieb. Trotz des knappen Ausgangs erwies sich Ake Wingskog als fairer Sportsmann. Auf einem Zeitungsfoto war am Tag darauf zu sehen, wie er im Ziel anerkennend den Arm von Gert-Dietmar Klause in die Höhe reckt. Gerhard Grimmer als Dritter, Gerd Heßler als Fünfter und Axel Lesser als Zwölfter komplettierten das hervorragende Abschneiden der Ostdeutschen.

Die Siegerehrung und die Sportler-Party an jenem Abend litten aus der Sicht des DDR-Teams etwas unter den Sprachbarrieren. In mancher schwedischen Chronik ist sogar vermerkt, dass sich Gert-Dietmar Klause kaum gefreut und streng nach Protokoll benommen habe. Dabei kam an jenem Abend neben den Verständigungsproblemen vieles andere zusammen. Zum einen war Klause, der erst als Zehntklässler den leistungssportlichen Weg einschlug, eher als bodenständiger Typ denn als Party-Löwe bekannt. Dazu kam, dass die Strapazen eines langen Wettkampftages ihren Tribut zollten. Vor allem aber dürfte Gert-Dietmar Klause in jenen Stunden auch nicht ansatzweise bewusst gewesen sein, welch bedeutendes Kapitel Skisportgeschichte er geschrieben hatte. Genau genommen öffnete ihm in der Beziehung erst ein Skikurs nach der Wende in Reit im Winkl die Augen. „Als ich dort als Wasalauf-Sieger angekündigt wurde, bildete sich sofort eine Menschentraube. Ich wurde angesehen wie ein kleiner Gott", erinnert er sich. Klar, die bayerischen Freizeitläufer, die seit Jahr und Tag Gelegenheit hatten, den Wahnsinn Wasalauf selbst kennen zu lernen, wussten: Wer sich im Riesen-Starterfeld von Sälen nach Mora behauptet hat, der muss ein ganz Großer sein. Im Osten dagegen war Klause in der öffentlichen Wahrnehmung über viele Jahre zuerst der Olympiazweite von 1976 über 50 Kilometer, dann der Staffel-Weltmeister von 1974 und Vizeweltmeister von 1970, dann der zigfache DDR-Meister und erst dann, wenn die Zeitungen noch Platz hatten und im Radio oder im Fernsehen noch Sendezeit zu füllen war, der Wasalauf-Sieger von 1975. Sein Erfolg von Schweden wurde bewusst klein gehalten, da es auch so schon genug Begehrlichkeiten von Freizeitsportlern gab, die nur zu gerne auch einmal das legendäre Rennen bestritten hätten. Doch die Skilanglauf-Enthusiasten aus Sachsen und Thüringen mussten bis 1991 warten, ehe sie sich ihren großen Wunsch erfüllen konnten. Denn ausgerechnet 1990 bei der ersten Auflage nach dem Mauerfall fiel der Wasalauf aufgrund von Schneemangel aus.

Dass 1994 dann auch Gert-Dietmar Klause den Vasaloppet als Volksskiläufer in Angriff nahm, hat mehrere Gründe. Zum einen schulte der bis zur Wende als Trainer tätige Vogtländer im wieder vereinigten Deutschland auf Forstwirt um und konnte von seinen Kollegen schnell überzeugt werden, an den Europameisterschaften der Forstleute teilzunehmen. Zum anderen trudelte einige Monate vor dem Rennen eine Einladung aus Schweden zur Jubiläumsfeier anlässlich des 70. Wasalaufes ein. „Da ich mich für die Forstmeisterschaften gut vorbereitet hatte und fit fühlte, sagte ich mir, wenn ich schon hochfahre, will ich auch noch einmal starten", erinnert

Seltenes Erinnerungsstück: Gert-Dietmar Klause hält in seinem Skikeller die Startnummer vom Sieg in Mora in die Kamera.

sich Klause. Das einzige, was ihm nicht ganz schmeckte, war die Aussicht, die 90 Kilometer aus dem zehnten Startblock in Angriff nehmen zu müssen. So stellte er sich zwei Tage vor dem Lauf im Organisationsbüro vor und kam dort gar nicht zum Ausreden, da war dank des Ex-Sieger-Bonus alles schon umgeplant. Der damals 49-Jährige durfte aus dem ersten Block hinter der Elite ins Rennen gehen. Seine dritte Teilnahme hat er in ähnlich guter Erinnerung wie seinen Sieg. Zum einen lief er in 5:27 Stunden eine tolle Zeit, die ihm Platz 684 von insgesamt 14.000 Teilnehmern einbrachte. Zum anderen stellte man ihm bei der Jubiläumsfeier einen Dolmetscher zur Seite, sodass er sich endlich mit seiner Kranzdame Lena Blank anfreunden konnte, die ihm 1975 unter ihrem Mädchennamen Solin als Erste die Ehre im Ziel erwiesen hatte. „Wann immer ich in Schweden bin, plane ich einen Besuch bei ihr mit ein" sagt Gert-Dietmar Klause.

An die Feier zum 70. Geburtstag des Wasalaufes erinnert er sich indes auch mit einer Portion Wehmut, denn die folgenden Jubiläumstreffen konnten weder in Sachen Programmgestaltung mithalten, noch was die Zahl der anwesenden ehemaligen Sieger betrifft. Gert-Dietmar Klause jedenfalls kehrt immer wieder gern an den Ort seines großen Erfolges zurück. 2008, 2009 und 2012 zum Beispiel begleitete er seinen jüngeren Sohn Haiko und dessen Vereinskameraden vom FSV Rempesgrün als Betreuer nach Schweden. Und bevor Klause junior bei seinem dritten Start mit 5:04:51 Stunden eine Klasse-Zeit für einen Freizeitsportler hinlegte, wurde Klause senior im Ziel in Mora Augenzeuge, wie der Schwede Jörgen Brink den Streckenrekord auf 3:38:41 Stunden verbesserte. Im Vergleich zu seiner Zeit macht Gert-Dietmar Klause vor allem drei große Unterschiede aus. Der erste betrifft die Ausrüstung. Während der Vogtländer zu Beginn seiner großen Karriere noch mit Holz-Skiern unterwegs war und später seine Kunststoff-Latten auch selber wachste, reisen die Top-Leute heute mit unzähligen Modellen für jeden Temperaturbereich und einem Service-Team an. Dazu kommt die rasante Entwicklung im Skimarathon-Bereich, wo immer mehr Profi-Teams die zunehmend live übertragenen Rennen dominieren. Eher mit einem weinenden Auge sieht Gert-Dietmar Klause den Trend, die klassischen Rennen ohne Steigwachs ausschließlich mit Doppelstockschüben zu laufen. „Auch wenn das sicher schneller ist, bin ich in der Beziehung eindeutig konservativ und sage, dass die Rennen bei uns ästhetischer aussahen. Das war einfach noch der Skilanglauf im klassischen Sinne."

Dass Gert-Dietmar Klause auf seinen Autogrammfotos den althergebrachten Diagonalschritt praktiziert, ist allerdings Zufall. „Ich habe eine ganze Weile lang meine alten Schwarz-Weiß-Autogrammkarten aus DDR-Zeiten verschickt und gedacht, dass irgendwann die Nachfrage nachlässt", erzählt er. Doch wenn jedes Jahr Anfang März sein Name in fast allen deutschen Zeitungen steht und auch hin und wieder im Fernsehen seine Geschichte erzählt wird, füllt sich der Briefkasten immer wieder aufs Neue. Daher hat der Vogtländer sein altes Bild von einer Werbeagentur in bunt aufarbeiten lassen. „Sogar der Farbton meiner damaligen Kneissl-Skier ist perfekt getroffen", sagt Gert-Dietmar Klause, der die Anerkennung bis heute genießt. „Ich drücke aber auch jedes Mal die Daumen, dass es mit einem zweiten deutschen Sieg gelingt", sagt er. Als Mann für schlaue Ratschläge sieht sich der stille Star eher nicht. Eins steht für ihn aber fest: „Es muss vieles zusammenpassen, um als Erster in Mora über die Ziellinie zu laufen. Das gilt heute noch mehr als zu unserer aktiven Zeit."

2. Kapitel

Mitten im berühmten Stau

Die ersten Hoffnungen auf einen erfolgreichen Wettkampf zerplatzen an diesem Morgen bei dem ein oder anderen schon kurz vor dem Start wie Seifenblasen. Gerade eben ist ein Mittfünfziger auf der verzweifelten Suche nach seinen Skiern zum zweiten Mal an mir vorbeigekommen, da geht ein erster Ruck durchs Feld. Obwohl ich nach drei kräftigen Doppelstockschüben genauso kräftig wieder bremsen muss, weil vor mir alles schon wieder steht, kann ich mir nicht vorstellen, dass der gute Mann jetzt noch fündig wird. Er kann wohl eher von Glück reden, wenn ihm die Massen seine Skier nicht allzu sehr malträtieren. Einigermaßen verdattert dürfte jetzt allerdings auch ich aus der Wäsche schauen. War das jetzt schon der Start, obwohl kein Schuss zu hören war? Oder sind nur die hinteren Startblöcke nach vorn aufgerutscht? Die Antwort muss ich bis heute schuldig bleiben. Fakt ist: Als sich das Feld dann wenig später zum zweiten Mal langsam in Bewegung setzt, ist vornweg auch kein Startsignal zu hören.

Die ersten Meter haben etwas von einem Balanceakt. Erst steht mir der rechte Nebenmann auf dem Ski, dann spüre ich einen Skistock von hinten am Oberschenkel und schließlich kann auch ich das Auffahren auf meinen Vordermann nur vermeiden, indem ich meinen Stock dem Nachbarn zwischen die Skier ramme. Aber soweit ich das beurteilen kann, renkt sich das bis zum Überfahren der mit roter Farbe im Schnee markierten Startlinie ganz gut ein. Das liegt natürlich auch daran, dass der lockere Aufgalopp mit richtigem Wettkampfcharakter noch nichts zu tun hat. Klar: Wer hier startet, der weiß, dass das Rennen zumindest für die Freizeitläufer erst nach dem ersten Anstieg so richtig beginnt. Und das liegt weniger daran, dass auf zwei Kilometern Länge gut 150 Höhenmeter zu meistern sind. Es ist vielmehr darauf zurückzuführen, dass der nach etwa einem Kilometer rechts in den Wald hoch führende Kurs das Starterfeld ganz einfach nicht fassen kann. Von den anfänglich 52 Spuren sind dort noch zwölf übrig. Dass die Engstelle und der Stau diesmal schon ein ganzes Stück früher lauern, hat Petrus zu verantworten. Denn die milde Witterung, der zuvor in jener Saison unter anderem der Isergebirgslauf in Tschechien, der Tiroler Koasalauf in Österreich oder auch der Kammlauf im sächsischen Vogtland zum Opfer gefallen waren, bescherte auch den Organisatoren des Wasalaufes schlaflose Nächte. Nur gut, dass wir erst vor Ort erfahren, wie knapp das Rennen vor der erst zweiten Absage nach 1990 stand. Denn die endgültige Entscheidung fiel erst am späten Mittwochabend. Da waren wir schon auf der Fähre von Kiel nach Göteborg …

Problematisch war die Situation für den Veranstalter vor allem, weil Temperaturen bis zu sieben Grad über Null die vorhandene Schneedecke so schnell in sich zusammensinken ließ, dass eine Präparation mit den schweren Pistenmaschinen nicht in Frage kam. Der Boden war einfach zu weich. Am Ende halfen drei Dinge: Da waren zum einen Tausende Kubikmeter Kunstschnee, die teilweise mit Helikoptern an die kritischen Stellen gebracht wurden. Dazu kamen minimale Verlegungen des Kurses in Moorgebieten und in der Nähe von Seen, um die Sicherheit der Läufer zu gewährleisten. Schließlich fiel das Thermometer zumindest in der Nacht zu Freitag und Samstag doch noch knapp unter null Grad. „Wir müssen in diesem Jahr möglicherweise Abstriche bei der Qualität der Loipen machen. Aber der Vasaloppet findet statt", sagte Anders Selling, Geschäftsführer der Wasalauf-Veranstalter drei Tage vor dem Lauf bei einer Pressekonferenz. Im Interview, das ich für dieses Buch mit ihm führte, gestand er ein, dass er eine gehörige Portion Risiko einging, als er trotz der komplizierten Verhältnisse die Verantwortung dafür übernahm, grünes Licht zu geben. „Allen war klar, dass es eng wird. Aber ich war davon überzeugt, dass wir es schaffen", erzählte er. Auf der Kippe stand das Rennen vor allem, weil ein Teil der Startwiese beinahe komplett unter Wasser stand.

Das ist an diesem 2. März auch der Grund, weshalb die Strecke ausnahmsweise schon dort von 52 auf gut die Hälfte der Spuren verschlankt wird und nicht wie üblich zu Beginn des ersten langen Anstieges. Ich bin also noch keinen Kilometer gelaufen, da stehe ich auch schon wieder. Aber zumindest in bester Gesellschaft. Florian, der eine Startgruppe hinter mir losgelaufen ist, hat aufgeschlossen. Ich frage mich, wie er das nur gemacht hat. Aber egal: Obwohl alles nach links drängt und wir relativ weit rechts stehen, geht es langsam aber beständig vorwärts. Ich sehe den ersten Läufer mit einem gebrochenen Ski an der Seite stehen und interpretiere es als Signal: Jetzt sind höchste Konzentration und zur Not auch mal Ellenbogeneinsatz gefragt. Den ersten Anstieg vor Augen, gibt keiner gerne auch nur einen halben Meter preis. Ich sehe zu, dass ich von Flori wegkomme. Es wäre ja wirklich zu blöd, wenn wir uns gegenseitig behindern. Je näher ich dem Stau-Ende komme, desto geordneter geht es vorwärts. Reißverschlusssystem ist ja schön und gut. Aber dass das auch irgendwie funktioniert, obwohl wir in Vierer- oder Fünferreihen für eine Spur anstehen, ist schon faszinierend. Selbst wenn der Hubschrauber mit der Fernsehkamera, der die Spitzengruppe begleitet, längst nicht mehr zu hören ist, als ich wieder erste zügige Schritte in der Loipe machen kann, bin ich guter Dinge. Das hätte schlimmer kommen können, denke ich mir. Wie recht ich habe, erfahre ich später von einigen Läufern aus der Startgruppe 10, die an der Stelle wohl bis zu einer halben Stunde in der Warteschlange standen. Wahnsinn Wasalauf! Vor allem auf den linken Spuren ging es offenbar nur im Zeitlupentempo vorwärts. Es war einfach Glück, dass ich mich trotz anfänglicher Vorbehalte am Start rechts eingeordnet hatte.

Tipp: Um jegliche Hektik vor dem Start zu vermeiden, sollte man am Wettkampftag reichlich Zeit einplanen. Wenn sich 15.000 „Verrückte“ nahezu gleichzeitig auf den Weg nach Berga by machen, wird das nie ohne Staus auf den Zufahrtsstraßen zu organisieren sein. Die ersten Läufer stehen in der Regel schon 4 Uhr auf der Matte, um sich mit dem Ablegen der Skier in der Spur eine gute Ausgangsposition in ihren jeweiligen Startblöcken zu sichern. Die Blöcke werden jedoch erst 6 Uhr geöffnet. Wichtig: Zutritt erhält man nur mit dem Transponder für die Zeitnahme. Apropos Zeit: Die Ansage der Schweden, sich bis spätestens 7.45 Uhr startbereit zu machen, sollte man ernst nehmen. Oft wird schon vor dem offiziellen Start um jeden Meter gekämpft.

Übliches Bild: Im berühmten Stau am ersten Berg warten die letzten Läufer mitunter bis zu einer Stunde.

Bevor es in den Wald hochgeht, wo die in der Geschichte des Wasalaufes mehrfach aufgrund der Start-Staus verbreiterte Schneise noch immer längst nicht alle Läufer mit einem Mal fassen kann, teilt sich das Feld. Wie ein Peloton bei großen Radrennen, das rechts und links um einen Kreisverkehr fährt, schlängeln sich die Massen um ein kleines eingezäuntes Anwesen. Das Tempo in „meiner" Spur ist jetzt recht ordentlich. Dass wir reihenweise Läufer in der zweiten und dritten Spur von rechts stehen lassen, liegt aber nicht nur an den kräftigen Doppelstockschüben, sondern auch an einem kleinen Stau. Drei Läufer haben sich derart verhakt, dass einer von ihnen sogar die Skier abschnallen muss, um die Situation zu entwirren. So einen Start wünscht man wahrlich keinem. Obwohl wir Tempo herausnehmen könnten, weil der Mega-Stau am Berg schon unübersehbar ist, geht es zügig weiter. Im Übergang zum Anstieg steige ich erst auf Doppelstockschübe mit Zwischenschritt und kurz darauf auf einen lockeren Diagonalschritt um. Erstens will ich, dass auch die Beinmuskulatur warm wird und außerdem werde ich die Armkraft noch genügend in Anspruch nehmen. Noch 100 Meter, 50, 30, 10, 5, 2, 1 – dann stehe ich wieder, diesmal im Grätenschritt. Anstellen ist angesagt. Obwohl man es vorher weiß, nervt es, wenn man nach oben schaut und nicht sehen kann, wo die Schlange endet. Doch ein kurzer Blick zurück hilft. Viele andere wären froh, wenn sie schon an meiner Position wären.

Die ersten Schritte im dichten Pulk komme ich mir vor wie ein Anfänger. Ständig stehe ich jemandem auf den Skiern, fädle mit meinen Stöcken ein oder komme nicht vorwärts, weil ein anderer den Teller meines Stocks unter seinem Ski begraben hat. Geduld und Koordination sind gefragt. Die ersten vier, fünf Mal entschuldige ich mich noch, wenn ich einen anderen Läufer versehentlich behindert habe, dann lasse ich es sein. Es geht hier einfach nicht den Berg hoch, ohne dass man sich ab und zu in die Quere kommt. Und bei jedem Schritt geht die Angst mit. Irgendwie habe ich Panik davor, mit Ski- oder Stockbruch das Rennen beenden zu müssen, bevor es begonnen hat oder zumindest viel Zeit einzubüßen. Schließlich hat man nicht nur Geld für die Reise, sondern auch jede Menge Zeit investiert. Wie ein Mittelfeldspieler beim Fußball, der schon vor der Ballannahme sondiert, welchen Pass er spielen könnte, taste ich mich Grätenschritt für Grätenschritt weiter. Die Passage ist nicht nur steil, sondern nach der Masse von Läufern auch hart wie ein Abfahrtshang. Nie im Leben hätte ich gedacht, dass hier die Arme schon so beansprucht werden. Auf der anderen Seite bin ich froh, dass allen Unkenrufen zum Trotz die meisten Starter sehr rücksichtsvoll unterwegs sind. So gelingt es mir sogar, mich wieder ganz nach rechts einzureihen. Das hat den Vorteil, nur auf einer Seite aufpassen zu müssen, was der Nebenmann macht oder auch mal in den Wald ausweichen zu können, falls doch jemand von oben zurückgerutscht kommt. Außerdem entgehen mir so auch die ersten Markierungen am Wegesrand nicht, die darauf hinweisen, auf welch historischen Pfaden wir unterwegs sind.

Denn auch wenn rund um das Rennen das gleichnamige Knäckebrot kostenlos an die Teilnehmer verteilt wird, hat der Wasalauf damit nichts zu tun. Die Wurzeln des Vasaloppets gehen vielmehr auf die Ereignisse zu Beginn des 16. Jahrhunderts zurück, in deren Mittelpunkt König Gustav Eriksson Vasa steht. Da sich die historischen Überlieferungen in einzelnen Details unterscheiden, sei an dieser Stelle auf eine Chronik verwiesen, aus der auch im 1974 herausgegebenen Buch „Vasaloppet – Der größte Skiwettbewerb der Welt“ zitiert wird. Das in vier Sprachen erschienene Werk entstammt der Feder der 2011 verstorbenen schwedischen TV-Sportreporter-Legende Sven Plex Petersson, der sich wie kaum ein Zweiter mit der Geschichte und den Geschichten des Wasalaufes auskannte. Bei ihm also heißt es: „Schweden befand sich im Krieg mit Dänemark, dem Nachbarland im Süden. Der dänische König Kristian Tyrann war mit seinen Truppen in die südlichen Teile von Schweden eingedrungen, wo er komischerweise eine gewisse Sympathie unter der Bevölkerung genoss. In anderen Teilen des Landes, vor allen Dingen unter den Bauern in Mittelschweden und in Dalarna, war die Stimmung in Anbetracht des Eindringens durch den dänischen König aufgebracht. Während des Sommers 1518 beschloss ein junger Adliger, der 21-jährige Gustav Eriksson Vasa, sein Äußerstes zu tun, um Schweden von der fremden Macht zu befreien. Seine Pläne wurden allerdings entdeckt, und er wurde daraufhin nach Dänemark in die Gefangenschaft geführt. An einem Septembertag im Jahre 1519 floh er aus seinem Gefängnis. Erst ein

Jahr später, zur Weihnachtszeit des Jahres 1520, sprach Gustav zur Bevölkerung in der Stadt Mora in Dalarna. Die versammelten Bauern wollten jedoch kein Versprechen abgeben, zu den Waffen zu greifen. Enttäuscht über die Haltung der Männer aus Dalarna, entschloss sich Gustav Eriksson Vasa zur Flucht in Richtung Norwegen. Sein Vater war im Stockholmer Blutbad enthauptet worden, und seine Mutter und seine Schwester hatte man in den Kerker geworfen. Auf Schneeschuhen aus geflochtenen Weidenzweigen ging der junge Gustav durch die Wälder von Mora in Richtung Westdalarna und norwegische Grenze, verbittert über seine Landsleute und vollkommen darauf eingestellt, das Land seiner Väter für alle Zeit zu verlassen. Währenddessen kamen jedoch den Männern in Dalarna neue Nachrichten über die Tyrannei des dänischen Königs zu Gehör. So änderten sie ihre Meinung. Auf die Schnelle beorderte man einige gute Skiläufer, Gustav Eriksson Vasa zur Rückkehr zu bewegen. Sie erreichten ihn in der Nähe des Dorfes Sälen in der Nähe der norwegischen Grenze. Er ließ sich überreden, drehte um und folgte den beiden Skiläufern zurück nach Mora. Am Abschluss dieser Epoche stand er als der Retter Schwedens da und wurde zum König ausgerufen.“

Als Vater des Vasaloppet gilt der Journalist Anders Pers. Der Reporter der Lokalzeitung „Vestmanlands Läns Tidning“ schrieb 1922 über das wachsende Interesse an Skiläufen, die zu jener Zeit oft noch von Kirche zu Kirche führten. In einem Artikel vom 10. Februar brachte Anders Pers erstmals die Idee ins Spiel, ein Rennen in Erinnerung an Gustav Vasas Flucht auf Skiern aus der Taufe zu heben. Als einen Tag später auch die große schwedische Tageszeitung „Dagens Nyheter“ den Artikel abdruckte und zugleich Unterstützung für das Vorhaben signalisierte, ging alles relativ schnell. Obwohl das Für und Wider durchaus kontrovers diskutiert wurde, entschied sich der Vorstand des IFK Mora am 5. März, den ersten Vasaloppet auszurichten, wenn dafür die nötige finanzielle Unterstützung gefunden würde. Als am Tag darauf die „Dagens Nyheter“ ihren Worten Taten folgen ließen und 1000 Kronen für die Premiere spendete, war die Erfolgsgeschichte des Vasaloppet unter dem legendären Motto „In den Spuren der Väter – für Siege in der Zukunft“ nicht mehr aufzuhalten. Obwohl Vasa einst von Mora in Richtung Sälen flüchtete, führt der Kurs des Skilanglaufrennens seit der ersten Auflage 1922 in die umgekehrte Richtung. In Mora erinnert nur wenige Meter vom Ziel entfernt ein Denkmal an Gustav Vasa, das wohl mit zu den beliebtesten Fotomotiven bei den Sportlern gehört.

Berühmter Namensgeber: Die Gustav-Vasa-Statue erinnert in unmittelbarer Nähe zum Ziel des Wasalaufes an König Gustav I.

Von dem bin ich gerade aber im wahrsten Sinne des Wortes noch meilenweit entfernt. Der Tross bewegt sich weiter im Schneckentempo auf die erste Kurve am Berg zu, in der nicht umsonst auch der erste Stock-Service angesiedelt ist. Meine Ausrüstung ist noch heil, und unter Umständen hat es sich schon jetzt ausgezahlt, dass ich mich in weiser Voraussicht auf das Gedrängel statt der leichten Stöcke für die etwas schwereren aber auch stabileren entschieden hatte. Auch nach der Kurve ist ein Ende des Berges nicht abzusehen. Er fühlt sich jetzt schon länger an als erwartet. Trotzdem gelingt es mir, die Situation schön zu reden. Denn eins ist auch Fakt: Wenn ich hier im vollen Tempo hochgehen würde, wäre das für mich das frühe Ende des Wasalaufes. Und wirklich langweilig wird es ja auch nicht. Die Dialoge im Feld der wartenden Läufer sind kurz, aber durchaus witzig. „Where do you come from“, fragt mich ein Schwede, nachdem ich ihm zu verstehen gegeben habe, dass ich seiner Sprache nicht mächtig bin. „From Tyskland“, antworte ich in einem Englisch-Schwedisch-Mix. „Oh Tyskland, good beer“, sagt er darauf und hält den Daumen nach oben. Man versteht sich.

Tipp: Mit dem ultimativen Ratschlag, wo man sich am Berg am besten einordnet, kann ich an dieser Stelle beim besten Willen nicht dienen. Es gibt unter den erfahrenen Wasaläufern offenbar zwei Lager. Die einen schwören darauf, sich am Rande des Feldes einzureihen, um dem ganz großen Gedränge aus dem Weg zu gehen. Andere dagegen haben gute Erfahrungen damit gemacht, sich mitten ins Getümmel zu stürzen, weil sich dort doch hin und wieder mal rechts und mal links eine kleine Lücke auftut, in der es für ein paar Meter schneller vorwärts geht. In jedem Fall sollte man Augen und Ohren offen halten und weder zu ängstlich noch zu forsch zu Werke gehen.

Als sich dann endlich der Übergang in ein flacheres Stück abzeichnet, muss ich meinen sicheren Platz an der Seite doch noch einmal verlassen. Ich reihe mich in der dritten Spur von rechts ein, um ein ungewöhnliches Trio zu überholen. Es sind ein Kameramann und ein Reporter, die beide seitlich auf Skiern den Berg hinaufbalancieren, um während des Wettkampfes einen älteren Läufer mit Rauschebart zu interviewen. Ich vermute, das Ganze geht auch noch live über den Sender, denn seit 1966 ist die Original-Übertragung vom Vasaloppet nicht mehr aus dem Programm wegzudenken. Dem Vernehmen nach haben in den vergangenen Jahren stets gut zwei Millionen Schweden das Rennen live vor dem Bildschirm verfolgt. Das ergibt eine Einschaltquote von über 20 Prozent. Die spektakulären Bilder vom Start und der Rennbericht gehen an diesem Tag um die ganze Welt. 73 Fernsehstationen haben Filmmaterial vom 90. Lauf angefordert. Das ist ein neuer Rekord. In 14 Ländern gibt es Liveberichte, der Rest informiert seine Wintersport-Anhänger zumindest in den Nachrichten oder in Zusammenfassungen. Auch die ARD wird dem Wasalauf an diesem Nachmittag gut zwölf Minuten in der Hauptsendezeit einräumen. Das ist mit skandinavischen Verhältnissen zwar nicht zu vergleichen, aber immerhin. Denn wenn man davon ausgeht, dass auch die seit 1925 obligatorische Radio-Reportage in Schweden eine ganze Menge Hörer findet und auch so mancher den Livestream im Internet verfolgt, kann man wohl getrost davon ausgehen, dass jeder zweite Schwede an diesem Vormittag in irgendeiner Form Anteil am Ski-Klassiker nimmt. Wahnsinn Wasalauf!

Während ich mir überlege, ob die Leute vom Fernsehen die kompletten 90 Kilometer mit unterwegs sein werden, wage ich noch einen kurzen Blick zurück, bevor ich mich wieder in meine angestammte Spur einfädle. Ich versuche mir die Startnummer des Interviewten einzuprägen, um später nachschauen zu können, ob es ein Prominenter war. Am Ende sind es aber einfach zu viele Zahlen, die an diesem Tag auf mich einströmen und ich behalte nur einige. Als die große weiße 88 auf dem blauen Schild darauf hinweist, dass ich die ersten zwei Kilometer jetzt geschafft habe, geht es langsam wieder etwas flüssiger vorwärts. Während die meisten trotzdem noch im Grätenschritt nach oben steigen, versuche ich, mit leichten Diagonalschritten einen Rhythmus zu finden. Doch es bleibt zunächst beim Versuch. Immer wieder stockt das Vorwärtskommen. Mehrere Läufer haben sich offensichtlich beim Griff in die Wachskiste vertan. Fieberhaft wird am Streckenrand versucht, die doch einige Zentimeter dicken Schneeschichten abzutragen. Für Schadenfreude gibt es keinen Grund. Aber zumindest bis hierher habe ich wohl ganz gut daran getan, mich in Sachen Skier nicht auf Experimente einzulassen. Eigentlich war ich kurz davor, mir einen Wachs-Ski zu kaufen. Doch der milde Winter ließ mich dann doch davon Abstand nehmen. Ohne Schnee in der Heimat hatte ich keine Chance, anderes Material und mein Geschick beim Wachsen zu testen. So nähere ich mich sicheren Schrittes dem höchsten Punkt der Strecke des Wasalaufes, aber auch mit der Ungewissheit, ob der Ski auf der Geraden und vor allem in den Abfahrten genauso gut läuft.

Wasalauf-Geschichten

In fünf Jahren vom Anfänger zur Medaille

Wie sich ein deutscher Arzt in Mora mit dem Skilauf-Virus infizierte

Die außergewöhnliche Wasalauf-Geschichte von Gerd Nestler begann im Frühjahr 2007 mit einem mutigen Schritt. Denn als der Chirurg und seine Frau Grit damals von Magdeburg nach Mora gingen, war das ohne Übertreibung ein Abenteuer. Zum einen sprachen beide kaum ein Wort schwedisch, zum anderen war die junge Familie gerade erst auf fünf Köpfe angewachsen. Die Zwillinge Lennart und Matti kamen vier Monate vor dem großen Umzug auf die Welt. Auf ihre große Schwester Charlotte wartete im fremden Land die Eingewöhnungszeit im Kindergarten. „Es war ein Wagnis, aber wir haben es nicht so blauäugig in Angriff genommen, wie man das mitunter im deutschen Fernsehen in Auswanderer-Serien sieht", sagt Gerd Nestler. Denn obwohl er sich zuvor schon in einem Krankenhaus in der Nähe von Göteborg beworben hatte und von dort nicht einmal eine Antwort bekam, lief es im zweiten Anlauf von Beginn an viel besser. „Kommen Sie in das Herz von Schweden", lautete die Überschrift einer Anzeige im Deutschen Ärzteblatt, die den Mediziner sofort ansprach. „Ich kann es schlecht beschreiben warum, aber ich hatte sofort das Gefühl, die meinen mich", erinnert er sich. Beim ersten Besuch in Mora sah er sich bestätigt. „Man hatte mich ermuntert, ruhig meine Frau mitzubringen. Und obwohl es an jenem Tag regnete, war Mora für uns beide Liebe auf den ersten Blick. Auch die Gespräche in der Klinik liefen super. Man bot uns sogar an, die Kosten für den Umzug zu übernehmen. Es passte einfach", sagt Gerd Nestler. Zurück in Deutschland traf der Facharzt die Entscheidung mit seiner Frau ganz pragmatisch. Da es auch zwei, drei gute Angebote in Deutschland gab, legten sie eine Liste mit Plus- und Minuspunkten an. „Wir haben ganz bewusst versucht, es nüchtern zu betrachten, weil natürlich klar war, dass wir nicht ins gelobte Land ziehen, in dem es keine Schattenseiten gibt."

Am Ende stand die Erkenntnis, dass es im Harz oder in Brandenburg genauso schief gehen kann wie in Skandinavien. Dass das Pendel am Ende tatsächlich für Schweden ausschlug, hat auch etwas mit der optimistischen Grundeinstellung von Gerd Nestler zu tun. „Man sagt ja oft, man bereut im Leben eher das, was man nicht gemacht hat, als das, was man gemacht hat. Da steckt viel Wahrheit drin."

Dass er bis zur ersten Stippvisite in Mora so gut wie nichts vom Wasalauf gehört hatte, gibt Gerd Nestler heute gerne zu. Grinsend berichtet er von einem Alpin-Ski-Urlaub 2004 in den Alpen: „Dort führte eine Loipe direkt an unserem Ferienhaus vorbei und ich bedauerte die Langläufer, weil ich dachte, sie können sich die teuren Liftkarten für den Abfahrtslauf nicht leisten. Ich wusste einfach nicht, wie viel Spaß Langlauf machen kann." Ein großes Poster im Klinik-Flur mit Hunderten von Skiläufern mitten in der tief verschneiten Natur war es dann, das relativ schnell die Neugier auf den Wasalauf weckte. „Ich hatte gehört, dass der Lauf über unvorstellbare 90 Kilometer führt und fragte mich, warum einer meiner Kollegen die Startnummer in seinem Arbeitszimmer hängen hatte." Die Aufklärung erfolgte prompt: Der Kollege aus Südschweden war von den Einheimischen so lange mit Fragen bombardiert worden, wann er das erste Mal beim Vasaloppet startet, bis er es hinter sich brachte und auch entsprechend dokumentierte. „Da selbst im Hochsommer ständig vom Lauf die Rede war, wurde mir schnell klar, dass man in Mora eigentlich mit zwei Jahreszeiten auskommt, nämlich vor dem Wasalauf und nach dem Wasalauf", sagt Gerd Nestler. Für ihn und seine Familie spielte das Sport-Event aber zunächst nur eine Nebenrolle. Denn das erste Jahr in der Fremde war nicht ganz einfach. Dennoch fuchsten sich die Nestlers nach und nach in ihrer neuen Umgebung ein. Mit den drei Kleinen fühlten sie sich in Mora vom ersten Tag an gut aufgehoben. „Die Schweden geben mehr aufeinander Acht als in Deutschland. Ich habe hier zum Beispiel noch nie ein Auto hupen gehört, wenn Kinder auf der Straße spielen." Und die neue Sprache erlernte Gerd Nestler mittels eines Intensivkurses in der Klinik recht schnell. „Ich konnte mich bereits nach drei/vier Monaten ganz gut verständlich machen", sagt er, auch wenn das eine oder andere Missverständnis zunächst nicht ausblieb. So wunderte sich eine Patientin, als ihr der deutsche Arzt erklärte, dass in ihrem Bücherregal alles an Ort und Stelle sei. Seitdem kennt auch Gerd Nestler den kleinen aber feinen Unterschied zwischen bokhylla (Bücherregal) und bukhala (Bauchhöhle) ganz genau …

Treuer Stammgast: Seit 2011 hat Gerd Nestler keinen Wasalauf mehr verpasst.

Trotz aller Anpassungsproblemchen behielt der Chirurg den Wasalauf stets im Hinterkopf. „Je näher der Winter rückte, desto öfter war der Wettkampf Thema bei meinen Kollegen, bei den Nachbarn oder beim Einkaufen. Ich kam einfach gar nicht daran vorbei“, erzählt Gerd Nestler. So kaufte sich der „Flachlandtiroler“ kurz vor Weihnachten 2007 ein paar einfache Nowax-Skier und probierte sich als 35-Jähriger zum ersten Mal in einer gespurten Loipe aus. Dass er auf Anhieb fünf Kilometer ohne ernsthaften Sturz überstand, erfüllte ihn mit Stolz. Die Neugier war geweckt, und als Gerd Nestler zufällig einen deutschen Arbeitskollegen traf, der ebenfalls gerade seine ersten Versuche auf Langlauf-Skiern unternahm, kam der Ehrgeiz gleich hinzu. Sie nahmen sich vor, im Jahr darauf den 30 Kilometer langen Kurz-Vasa in Angriff zu nehmen. Wenige Wochen später hatte der Zufall seine Hände im Spiel, als Gerd Nestler in der Lokalzeitung „Mora Tidning“, die damals noch die komplette Startliste für den Hauptlauf 2008 abdruckte, die Namen zweier Bekannter aus dem sächsischen Vogtland fand. So hielt gleich der erste Wasalauf, den er live in Mora verfolgte, einen emotionalen Moment für ihn bereit, als er die beiden im Ziel begrüßte: „Ich war mächtig beeindruckt von der Leistung, 90 Kilometer am Stück auf Langlaufskiern zu fahren.“ Es blieb aber nicht nur bei Glückwünschen, sondern es kam auch zu Fachsimpeleien, die vom Training bis zum Material reichten. Die Sachsen rieten ihm, sich besser gleich „ein Paar ordentliche Skier“

zu kaufen. Als sie ihm prophezeiten, dass er eines Tages selbst in Berga by am Start stehen würde, konnte er sich das allerdings in seinen kühnsten Träumen nicht vorstellen.

Doch schon in seinem zweiten Winter in Schweden kam Gerd Nestler dem Ganzen zwei große Schritte näher. Zum einen hielt er sich an den Ratschlag und kaufte sein zweites Paar Langlaufski. „Obwohl ich mich erstmal nur für Mittelklasse-Wachsski entschied, war ich besonders im Hinblick auf das Gleitvermögen erstaunt über den Unterschied zum Nowax-Ski. Es war ein herrliches Gefühl, so durch den verschneiten Winterwald zu gleiten, fast wie fliegen“, sagt Gerd Nestler. Zum anderen holte er sich beim Kurz-Vasa Rückenwind: Er absolvierte die 30 Kilometer lange Strecke in 2:25 Stunden und feierte damit sein erstes Erfolgserlebnis im Skilanglauf. Denn er ließ wie erhofft seinen deutschen Arbeitskollegen hinter sich. Noch im Ziel vereinbarten beide, sich im Jahr darauf am Halb-Vasa zu versuchen. Der Wasalauf-Virus hatte beide Mediziner erwischt. So ließen gute Ergebnisse nicht auf sich warten. Obwohl sein Freund über 45 Kilometer den Spieß umdrehte und einige Minuten vor ihm ins Ziel kam, erreichte auch Gerd Nestler 2010 mit 3:01:58 h eine Zeit, mit der er sich für die Startgruppe 5 beim Wasalauf qualifizierte. „Da war ich mir sicher, mich im nächsten Jahr an mein Wasalauf-Debüt zu wagen“, erinnert sich der Familienvater, der zu dem Zeitpunkt die Begeisterung fürs Skifahren längst auf Frau und Kinder übertragen hatte. In Vorbereitung auf den großen Tag am ersten Sonntag im März 2011 kniete sich Gerd Nestler richtig rein. Er erhöhte die Trainingsumfänge, verbesserte seine Technik und schnappte jede Menge wichtige Tipps von schwedischen Freunden und Kollegen auf. Vor allem einen Rat nahm er sich zu Herzen: Teile dir die Kräfte gut ein und denke positiv. Trotzdem wuchs die Nervosität in der letzten Woche vor dem Lauf mit jeder Stunde. „Obwohl es eigentlich nur ums Ankommen ging, habe ich in der Nacht vor dem Start kaum ein Auge zugemacht. Vom Rennen selbst ist mir vor allem der Start noch gut in Erinnerung. Es war ein erhabenes Gefühl, die Kraft und Energie von mehr als 15.000 Skisportlern zu spüren und selbst ein Teil des Ganzen zu sein“, berichtet er. Am Ende des ersten Berges war er zwar kurzzeitig geschockt, als noch stolze 87 Kilometer bis Mora ausgeschildert waren, doch nach und nach lief er sich in eine

Art Trance, die ihn ein Kilometerschild nach dem anderen passieren ließ. Ab Oxberg kannte Gerd Nestler dann die Streckenführung von den Starts beim Kurz- und Halb-Vasa und konnte sogar noch einige Plätze gutmachen. „Das Gefühl, den Kirchturm von Mora etwa zwei Kilometer vor dem Ziel erstmals zu erblicken, ist unbeschreiblich. Ich bekomme immer wieder eine Gänsehaut, wenn ich mich daran erinnere oder davon erzähle.“ Mit seiner Zeit von 7:00:50 Stunden (Rang 5100) platzierte er sich auf Anhieb im vorderen Mittelfeld.

Dass er die Zeit ein Jahr darauf sogar gleich nochmal um eine gute Stunde verbesserte (Platz 3737), hat nicht zuletzt auch mit den Rahmenbedingungen zu tun, die er als Arzt in Schweden genießt und die er auch gern schon mal als „paradiesisch“ bezeichnet. Sämtliche Nacht- oder Wochenend-Dienststunden gehen doppelt auf ein Überstundenkonto. Davon wird in der Regel ein Drittel bezahlt. Zwei Drittel springen tatsächlich als freie Zeit heraus, sodass Gerd Nestler und seine Kollegen inklusive Urlaub problemlos auf zwölf freie Wochen im Jahr und mehr kommen. So lassen sich ambitioniertes Training und Familie recht gut unter einen Hut bringen. „Heutzutage ist ja immer wieder von der Work-Live-Balance die Rede. Und wenn ich da mitunter mit Kollegen in Deutschland rede, stelle ich fest, dass die in Schweden zumindest für Mediziner eindeutig besser ist“, sagt Gerd Nestler. Der wird in der Klinik nicht nur oft auf sein Hobby angesprochen, er zählte in einem seiner Anfangsjahre in Mora mit Nils „Mora Nisse“ Karlsson auch den Wasalauf-Rekordsieger (9-mal) zu seinen Patienten. Es gibt einen besonderen Grund, weshalb er sich noch gut an die Begegnung erinnern kann: „Mora Nisse lag durch Zufall mit Sixten Jernberg (vierfacher Olympiasieger im Skilanglauf) auf einem Zimmer.“ Die beiden 2012 verstorbenen schwedischen Skisport-Größen behielt Gerd Nestler als recht unterschiedliche Typen in Erinnerung. Mora Nisse als freundlichen und angenehmen Zeitgenossen und Sixten Jernberg eher als alten Grantler. Mit Mora Nisse verbindet den Arzt inzwischen auch die Mitgliedschaft beim traditionsreichen Skiklub IFK Mora. Dem gehört die gesamte Familie an. Seine Frau Grit meisterte schon mehrfach den Frauen-Vasa im Winter und startete beim Vasastaffeten, einem Staffellauf im Sommer.

Sportliche Familie: Mit seiner Begeisterung für den Skilanglauf hat Gerd Nestler längst auch Frau und Kinder angesteckt.

Die drei Kinder mischen regelmäßig bei Skilanglauf-Wettkämpfen in der Region mit und sorgen beim Papa für eine Mischung aus Stolz und Neid. „Ich habe mir die Technik mühsam beibringen lassen, aber es sieht bei weitem nicht so federleicht aus wie bei den Kindern. Die hatten die Bewegungsmuster ruckzuck drin und machen mir vor allem im Skating etwas vor. Das sieht bei mir eher aus wie Bambi auf dem Eis", erzählt Gerd Nestler lachend. Den Wahnsinn Wasalauf kennt er inzwischen nicht nur aus der Perspektive des Aktiven, denn seit einigen Jahren engagieren sich sowohl er als auch seine ganze Familie bei den Rahmenwettkämpfen unter der Woche. „Die ehrenamtliche Arbeit an der Strecke mit Getränke austeilen, Ski wachsen, Parkplätze bewachen und so weiter besitzt bei den Bewohnern in Mora und Umgebung einen hohen Stellenwert. Das trägt zur familiären Atmosphäre der einzelnen Läufe bei", sagt Gerd Nestler, der darüber hinaus auch regelmäßig als Arzt an der Strecke im Einsatz ist. Das Hauptrennen über 90 Kilometer lässt er sich aber nicht nehmen. Bereits sein dritter Start im Jahr 2013 wurde dann von einem Erfolg gekrönt, dem Jahr für Jahr viele Starter vergeblich hinterher hecheln. In 5:30:20 Stunden hatte sich Gerd Nestler nicht nur um nochmal 2000 Plätze und 25 Minuten verbessert, er blieb auch unter der anderthalbfachen Siegerzeit (3:50:48 Stunden von Jörgen Auckland/Norwegen). Damit verdiente er sich die begehrte Wasalauf-Medaille ebenso wie in den Jahren darauf, als erst komplizierte Schneeverhältnisse und später mehrere Stockbrüche keine erneute Bestzeit zuließen. Dranbleiben will der Skilanglauf-Vizeweltmeister der Ärzte von 2015 in Sachen Vasaloppet trotzdem: „Mein Ziel ist ein Platz unter den ersten 1000", sagt er und fügt fast schon entschuldigend hinzu: „Freunde hatten mich gewarnt. Wenn einen das Langlauf-Virus einmal erwischt hat, wird man es nicht mehr los. Das kann ich nur bestätigen."

Die Schwärmerei von Gerd Nestler hat freilich auch damit zu tun, dass sich die Familie in Mora, wo sie sich etwa drei Kilometer vom Ziel des Wasalaufes ein Haus gekauft hat, richtig heimisch fühlt. „Die Oberlausitz ist meine Heimat, aber mein Zuhause ist Mora", sagt der Familienvater, der mit seiner Frau und den Kindern seit 2013 neben der deutschen auch die schwedische Staatsbürgerschaft hat. Die Nestlers genießen die Nähe zur Natur („hier kann man getrost Wasser aus dem Bach trinken"), die angenehmen Mitmenschen, die langen und hellen Sommerabende und -nächte. Aber auch die schneesicheren Winter möchten sie nicht mehr missen, die neben dem Langlauf auch Schlittschuh- und Abfahrtslauf sowie Wanderungen durch tief verschneite Wälder über mehrere Monate zulassen. Als passionierte Pilz- und Beerensammler haben sie zudem in Mittelschweden ihr Eldorado gefunden. Nur Schwarzbrot und gute Wurst wurde zu Beginn der Zeit in Mora vermisst. „Am Anfang haben wir uns da immer was aus Deutschland mitgebracht oder mitbringen lassen oder selbst Sauerteigbrot gebacken. Aber seit drei Jahren gibt es einen deutschen Bäcker im Ort und seit kurzem auch einen Lidl, wo wir uns deutsche Wurstwaren holen können."

3. Kapitel

Willkommen beim Vasaloppet

Auf der Hochebene oberhalb von Berga by wird es langsam ernst. Hier frischt nicht nur der Wind auf. Auch das Tempo legt merklich zu. Ich reihe mich vorschriftsmäßig erstmal in einer der mittleren Spuren ein. Die meisten scheinen es aber nicht so ernst zu nehmen mit der offiziellen Ansage, dass die linken Spuren den schnellen Läufern vorbehalten sind und die rechten von den etwas langsameren genutzt werden sollen. So gehen die ersten Meter auf dem Flachstück mit ständigen Spurwechseln einher, Kollisionen inklusive. Es ist daher kein Wunder, dass die Loipe schon gelitten hat. Ich versuche mit Raum greifenden Doppelstockschüben oder zumindest dem, was ich dafür halte, im Strom mitzuschwimmen. Doch das klappt immer nur für einige Abschnitte. So werde ich ausgebremst, weil ich überholen und dafür erst eine Lücke in der Nebenspur abwarten muss. Und das kann dauern. Noch ärgerlicher ist es aber, wenn sich vor mir einer so frech in die Spur reindrängelt, dass ich scharf bremsen muss. Als mir das zum dritten Mal innerhalb kürzester Zeit passiert, schalte ich innerlich von Volkslauf- auf Wettkampfmodus um. Selbst auf die Gefahr hin, meinem Vordermann ab und zu auf den Ski-Enden zu stehen, lasse ich nur noch so viel Abstand wie unbedingt nötig. Das hilft, hat aber den Nachteil, dass man immer nur für einige Momente Augen für die Landschaft oder das Geschehen an der Strecke hat. Dann gilt es wieder, sich auf das Rennen zu konzentrieren. Trotzdem läuft es jetzt gut. Wir machen Meter und es fällt mir leicht, mein Vorhaben in die Tat umzusetzen und den Lauf einfach zu genießen. Kunststück. Zum einen bin ich gerade mal bei Kilometer 4. Zum anderen ist man zumindest als Sachse in diesem Winter dankbar für jeden Meter, den man auf Schnee Skifahren kann.

Tipp: Den größten Teil meiner Trainingskilometer auf Schnee lege ich jeden Winter auf der knapp 40 Kilometer langen Kammloipe im Naturpark Erzgebirge/Vogtland zurück, für die ich an dieser Stelle guten Gewissens die Werbetrommel rühren kann. Dichte Wälder, imposante Landschaften und in der Regel sehr gut präparierte Loipen locken Touristen ebenso wie ambitionierte Läufer an. Zum Trainieren ist der von Johanngeorgenstadt über Carlsfeld und Klingenthal-Mühlleithen nach Schöneck führende Kurs insbesondere wegen seines abwechslungsreichen Profils sehr gut geeignet. Rechnet man die Anschlussloipen der Anrainer-Orte hinzu, kommt man auf ein Netz von mehr als 100 Kilometern. Es gibt eine ganze Reihe von Unterkünften und Gaststätten in unmittelbarer Nähe der Loipe und viele Einstiegsmöglichkeiten. Die Kammloipe ist blau ausgeschildert und gilt für ihre Lage in 800/900 Metern Höhe als sehr schneesicher. Mit etwas Glück trifft man hier im Winter auch Gert-Dietmar Klause, den Wasalauf-Sieger von 1975, der dort auch mit 70 noch regelmäßig seine Kilometer macht.

Trotz des einsetzenden leichten Schneefalls ist es nach jeder Kurve immer wieder aufs Neue ein toller Anblick, wie sich die kunterbunte Schlange von Läufern durch den schwedischen Kiefernwald windet. Waren die Teilnehmerzahlen beim zunächst als nationalen Wettkampf ausgelegten Vasaloppet von der Premiere 1922 mit 119 Startern bis 1958 mit 819 Läufern nur gemächlich angestiegen, so ging es in den Folgejahren nicht zuletzt aufgrund der Öffnung für internationale Athleten rasant bergauf. 1966 standen erstmals mehr als 5000 Sportler in Berga by am Start, und bereits 1977 ging es erstmals in den fünfstelligen Bereich. Die bislang größte Teilnehmerzahl datiert aus dem Jahr 2010, als sich sage und schreibe 16.462 Skilangläufer angemeldet hatten, von denen 15.709 dann die 90 Kilometer auch tatsächlich unter die Bretter nahmen. Dass damals viele Tausend Läufer im Startbereich regelrecht im Stau gefangen waren, nahm der Veranstalter zum Anlass, um das Kontingent an Startplätzen zu limitieren. Seitdem ist bei 15.800 Anmeldungen Schluss. Obwohl das einerseits viel klingt und andererseits eigentlich auch jedes Jahr in Internetforen oder -blogs Kritik zu lesen ist, weil die Schweden sich nicht zu so genannten Wellenstarts durchringen können, um den Mega-Stau am ersten Berg zu vermeiden, muss man bei der Anmeldung im März fürs nächste Jahr schnell sein. Wenn in den vergangenen Jahren allerdings eine Rekordmeldung nach der anderen die Runde machte, weil die Startplätze im Internet innerhalb weniger Minuten vergriffen waren, ist das schlicht und ergreifend nur die halbe Wahrheit. Denn zum einen geht ein bestimmtes Kontingent an Veranstalter fast auf der ganzen Welt, die seit Jahren Reisen für begeisterte Skilangläufer zum Wasalauf anbieten. Zum anderen wird neuerdings langjährigen Teilnehmern die Gelegenheit eingeräumt, sich den Startplatz fürs nächste Jahr bereits vor dem offiziellen Meldetermin zu sichern. Dafür muss man in den fünf Jahren zuvor allerdings mindestens dreimal das reguläre 90-Kilometer-Rennen am Sonntag absolviert haben.

Im Bemühen, möglichst viele Skiläufer am Erlebnis Vasaloppet teilhaben zu lassen, haben die Veranstalter eine ganze Reihe weiterer Wettkämpfe im Rahmenprogramm etabliert. „Ten days – seven races" (Zehn Tage – Sieben Rennen) steht auf dem T-Shirt, das ich mir als eines von mehreren Souvenirs schon vor dem Wettkampf geleistet habe. Es ist das Motto der Vasaloppet-Winterwoche, die jährlich insgesamt mehr als 60.000 Teilnehmer zählt. Das Spektrum der Läufe reicht vom Kinder-Vasa, bei dem schon die ganz Jüngsten bei 900-Meter-Rennen mit Stadionsprecher und original Zieleinfahrt in Mora an das einmalige Flair herangeführt werden, über den Kurz- und Frauen-Vasa über jeweils 30 Kilometer bis zum Staffellauf, bei dem sich fünf Sportler in die 90 Kilometer lange Distanz reinteilen. Auf großes Interesse stößt darüber hinaus die so genannte „Offene Spur" am Sonntag und Montag vor dem Hauptrennen. Dabei kann man ohne Wettkampfstress, also zum Beispiel ohne Stau am Start, den Originalkurs von Sälen nach Mora unter die Skier nehmen. Selbst das dafür festgelegte Kontingent von 10.000 Startplätzen ist in der Regel schon Monate im voraus ausgebucht. Immer mehr Freunde findet aber auch der Lauf über die halbe Distanz (45 Kilometer) am Dienstag. Viele Freizeitläufer nutzen ihn, um sich an das Abenteuer Vasaloppet heranzutasten und zum Beispiel für einen Start im Jahr darauf Erfahrungen zu sammeln. Gern genutzt wird er aber auch von ambitionierten Läufern. Klar, er bietet die letzte Chance, sich mit einer guten Zeit für einen besseren Startblock im Hauptrennen zu qualifizieren. Das birgt allerdings auch das Risiko, sich mit zwei so langen Wettkämpfen innerhalb von sechs Tagen kräftemäßig zu übernehmen.

Diese Gefahr besteht für mich nach fünf absolvierten Kilometern freilich noch nicht. Mein Ski läuft auch auf der Geraden super. Immer wieder ruhe ich mich für einige Meter in der Abfahrtshocke aus und verliere keinen Zentimeter, obwohl die Läufer vor mir fleißig weiterschieben. So weit, so gut. Doch irgendwann bringt mich das in die Zwickmühle. Einerseits kann ich zwar immer wieder andere Sportler überholen, andererseits ziehen bestimmt genauso viele Leute ganz links an mir vorbei. Die Entscheidung, ob ich mich wirklich in die Spur der Schnellen wagen soll, wird mir zum Glück abgenommen. Denn als in der schier unendlichen Schlange plötzlich eine Lücke klafft, wechsle ich. Die „Begrüßung“ ist hart aber herzlich. Der Wind weht mir das Nasensekret meines Vordermannes mitten ins Gesicht. Bäh! Nie zuvor hat der Spruch vom „Mund abputzen und weiter“ wohl besser gepasst. Jetzt bin ich endgültig beim Wasalauf angekommen. Das Tempo erweist sich in der Tat als einen Zacken höher, bereitet mir aber keine Probleme. Ich orientiere mich an meinem Vordermann und versuche mich quasi im Synchron-Langlaufen. Stockeinsatz, Schub, kurzes Innehalten. Wieder Stockeinsatz, Schub, kurzes Innehalten. Beim Skiroller-Training habe ich mit diesem Rhythmus und dosiertem Krafteinsatz auf längeren Strecken so um die 140/150 Schübe pro Kilometer gebraucht. So weit komme ich aber erstmal nicht, da ein kleiner Hügel den Tatendrang bremst. Doch das Feld staut sich nur ganz kurz. Dann geht es weiter Richtung erste Verpflegungsstation in Smagan und immer wieder vorbei an älteren Läufern mit orangen Startnummern, die sich in der „langsamen“ rechten Spur von der Hektik neben ihnen überhaupt nicht anstecken lassen.

Ein Wunder ist das allerdings nicht, denn schließlich sind die orangen Leibchen den so genannten Vasaloppet-Veteranen vorbehalten. Um in diesen exklusiven Club aufgenommen zu werden, der neben einem Platz in Startblock 5 unter anderem alle zehn Jahre einen Frei-Start garantiert, muss man mindestens 30-mal die Strecke zwischen Sälen und Mora gemeistert haben. Das ist bisher gut 1000 Sportlern geglückt. Zu den Spitzenreitern in dieser Kategorie gehören in erster Linie Schweden. So zum Beispiel Bengt Eriksson aus Sälen, der 60-mal erfolgreich finishte, und Torsten Löfgren aus Falun, der 2011 als Erster 50 Rennen ohne ein Jahr Pause absolvierte.

Tolle Perspektive: Aus dem Hubschrauber wurde diese Aufnahme vom Läuferfeld wenige Kilometer nach dem Start gemacht.

Viele „Wiederholungstäter", die es noch nicht ganz auf 30 Teilnahmen geschafft haben, kann man anhand ihrer Skier identifizieren: Denn so manches Brett ist mit den für die Skimarkierung gedachten Aufklebern der Vorjahre derart voll gepflastert, dass man am liebsten nachschauen möchte, ob auch die Laufläche beklebt ist. Aber mal im Ernst! Mit meinen gerade mal zwei Skimarkierungen vom König-Ludwig-Lauf und dem aktuellen Wasalauf-Aufkleber komme ich mir ein bisschen wie ein Fahranfänger im Straßenverkehr vor und fühle mich auch nach zehn Kilometern noch ein bisschen unsicher. Dabei gibt es dafür keinen Grund, wie ich später lese. Denn die Zahl der Debütanten und der erfahrenen Wasaläufer hält sich jedes Jahr ungefähr die Waage. Bei der 90. Auflage sind es sogar 55 Prozent des Feldes, die sich zum ersten Mal an den größten und ältesten Skilanglauf-Wettbewerb der Welt wagen.

Auch wenn es beim Premieren-Start sicher für jeden Freizeitsportler in erster Linie darum geht, gesund in Mora anzukommen, geisterte seit einigen Wochen ein ganz konkretes Ziel durch meinen Kopf. Acht Stunden sollten zu schaffen sein! Wenn mich allerdings jemand danach fragte, gab ich eine Stunde dazu oder faselte etwas von „erstmal ankommen", um mich nicht unter Druck zu setzen. Druck! Was für ein Quatsch. Ich mache das ja hier aus freien Stücken. Aber ich gehe ganz fest davon aus, dass kaum einer ohne eine gewisse Vorstellung, in welcher Zeit er die Strecke schaffen will, an den Start geht. Ich habe mich zur groben Orientierung schon Monate zuvor im Internet durch die Ergebnislisten der Vorjahre geklickt. Ein Bekannter hat bei seiner Wasalauf-Premiere 7:12 Stunden gebraucht, für einen ehemaligen Kollegen steht nach drei Teilnahmen eine Bestzeit von 8:57 Stunden zu Buche. Damit war der Rahmen vorgegeben. Ich rechnete mir aus: Wenn ich irgendwo dazwischen ankomme, könnte es für einen Platz in der vorderen Hälfte reichen. Je näher der Wettkampf rückte, desto konkreter wurde der Plan. Dass ich die 14 Kilometer pro Stunde Durchschnittsgeschwindigkeit vom König-Ludwig-Lauf nicht eins zu eins auf den Wasalauf übertragen konnte, verbot sich schon aufgrund der Tatsache, dass mir in Oberammergau auf den letzten zehn Kilometern mächtig die Kraft ausgegangen war und ich noch etliche Plätze verlor. Und das auf der Hälfte der Distanz. Von daher hielt ich einen Schnitt von 12 Kilometern pro Stunde eher für realisierbar. Das sind fünf Minuten pro Kilometer. Aber ich blieb vorsichtig: Ich rechnete wegen des Staus am ersten Berg damit, dass ich in der ersten Stunde wohl nur so um die sechs Kilometer schaffen würde. Mit diesem „Plan" würde ich exakt auf acht Stunden Laufzeit kommen. Außerdem hätte ich regelmäßig etwas zu rechnen und damit vor allem dann eine sinnvolle Ablenkung, wenn die Kräfte nachlassen oder die Skier doch nicht mehr so gut laufen würden wie bislang.

Tipp: Die Steigwachs-Präparation für den Vasaloppet hat es aus zweierlei Gründen in sich. Zum einen ist es ab mittags im Zielort Mora mitunter 10 bis 15 Grad wärmer als früh am Start. Zum anderen braucht es einiges an Erfahrung für die richtige Balance, um einerseits einen guten Abdruck am Berg zu haben und zugleich gute Gleitwerte für die vielen flachen Kilometer zu erzielen. Deshalb sind eine relativ kurze Wachszone unter der Bindung und dünne Schichten zu empfehlen. Hobbyläufer sind gut beraten, den Ski im Zweifel eher etwas zu glatt zu wachsen. Denn einige Meter Anstieg im Grätenschritt zu meistern ist das kleinere Übel, als sich mit einem zu stumpfen Ski über die vielen Schiebe-Passagen zu quälen. Orientierung für die Wahl des richtigen Wachses bieten wie bei nahezu allen anderen großen Volksskiläufen die Tipps der großen Wachsfirmen, die im Internet zu finden sind und oft auch in den Rennbüros und auf den Wettkampfmessen aushängen. Alternativ kann man sich die Skier auch von den Experten vor Ort wachsen lassen. Angeboten wird dieser Service sowohl vom Veranstalter (das Komplettpaket kostet um die 1000 schwedische Kronen) als auch von den Sportfachgeschäften in Mora. Einfach nach dem Schild „Vallaservice" Ausschau halten!

Immer öfter tauchen schon jetzt – da weit und breit noch nicht einmal die kleinste Siedlung zu entdecken ist – Zuschauer mit schwedischen, aber auch mit norwegischen und finnischen Fähnchen am Wegesrand auf. Ja, ja, für die Skandinavier ist der klassische Skilanglauf eben doch so etwas wie der Fußball für die Deutschen. Ich bedauere, dass auf den Startnummern nicht mehr die Nationalflaggen der Teilnehmer aufgedruckt sind.

Gefragte Experten: Der Wachsservice in der Vasaloppet-Messe ist am Tag vor dem Rennen ein beliebter Anlaufpunkt.

Ich hatte mehrfach davon gelesen, dass es so zu extra Anfeuerungen mit ein, zwei deutschen Vokabeln kam. Aber naja, geschenkt. Denn bejubelt wird im Prinzip jeder mit dem typischen „Heja“. Besonders laut wird es natürlich, wenn die Zuschauer ein bekanntes Gesicht im Riesenfeld der Läufer ausmachen. Da legt der eine oder andere schon mal eine ganz kurze Pause für eine schnelle Umarmung am Streckenrand ein. Komisch: Obwohl sich da wildfremde Leute in den Armen liegen, geben die Bilder in dem Moment auch mir unheimlich Kraft. Als ich dann ganze Familien sehe, die es sich am Lagerfeuer gemütlich gemacht haben und die wahrscheinlich auch bis zum letzten Läufer unmittelbar neben der Loipe ausharren, läuft es mir kalt den Rücken runter. Das kannte ich bislang nun wirklich nur von den Fernsehübertragungen vom Holmenkollen in Oslo. Es ist wieder so ein kleines Mosaiksteinchen, das am Ende zum Gesamtbild des Vasaloppets beiträgt.

Während es im Wald teilweise so neblig ist, dass man keine 50 Meter weit nach vorn schauen kann, klart es jetzt auf einer Lichtung richtig auf. So kann man den ersten Verpflegungspunkt nach einer lang gezogenen Linkskurve schon von weitem erahnen. „Välkommen till Smagan“ steht in roten Buchstaben auf dem Plakat, das die Strecke überspannt. Gut 100 Meter dahinter liegt die erste offizielle Zwischenzeitnahme. Dort, wo die Spitzenläufer nach einer guten halben Stunde um eine Extra-Prämie spurteten, wird jetzt das „Piep“-Signal, dass jeder Läufer mit seinem Transponder auslöst, fast zum Dauerton. Die erste Etappe ist geschafft. Doch 10,5 Kilometer in knapp 1:18 Stunden – das klingt bisher eher nach Skiwandern als nach Skilanglauf. Von daher ist es zwar echt schade, gerade jetzt, wo man den Rhythmus gefunden hat, gebremst zu werden. Doch regelmäßiges Essen und Trinken von Anfang an ist unverzichtbar, um die 90 Kilometer erfolgreich zu meistern.

Wie auf Kommando schießt mir ein Gespräch wieder in den Kopf, das ich zwei Tage zuvor mit einem erfahrenen Wasaläufer aus dem Erzgebirge führte, als unsere Reisegruppe die letzten 25 Kilometer des Kurses von Oxberg bis nach Mora schon mal zu Testzwecken ablief. Der gute Mann schwor nicht nur auf die legendäre Blaubeersuppe, er gab mir auch ganz genaue Anweisungen mit auf den Weg. „Wenn du an jeder Verpflegungsstelle zwei Becher davon trinkst, hast du zwar zwei Tage lang hinterher blauen Stuhlgang, aber du bekommst erst mal alles, was du für das Rennen brauchst.“ Aus dem Mund eines Arztes, der mehr als zehnmal den Wasalauf finishte, klang das wie ein ganz seriöser Ratschlag. Da ich den schwedischen Geheimtrunk aber nach wie vor rein geschmacksmäßig in die Kategorie Haferschleim einordnete, blieb ich zunächst einmal skeptisch. Das änderte sich erst, als wir durch Zufall ein paar Kilometer weiter die Blaubeersuppe kosten konnten. Der Riesenbottich war in Eldris, der letzten Verpflegungsstelle vor dem Ziel, ganz offensichtlich noch vom vormittäglichen Staffel-Rennen übrig und für alle, die dort nochmal einige lockere Trainingskilometer absolvierten, im wahrsten Sinne des Wortes ein gefundenes Fressen. Die Kelle, mit der die Trinkbecher befüllt wurden, ging von Hand zu Hand. Ich nippte erst vorsichtig. Es schmeckte fruchtig-süß, irgendwie nach mehr. So nahm ich mir den Tipp des Vasaloppet-Oldies auf

Anhieb zu Herzen und gönnte mir noch einen zweiten Becher. Hmm. Geschmacklich war ich auf Anhieb überzeugt. Aber ob so ein Süppchen tatsächlich für 90 Kilometer reicht? Lange Rede, kurzer Sinn. Ich entschied mich am Wettkampftag letztlich, den Hüftgürtel mit Platz für zehn Energy-Gels in der Hütte zu lassen. Aber vier Gels nahm ich für den Fall der Fälle trotzdem mit. Zwei in der linken Jackentasche, zwei in der rechten, sodass es mich beim Laufen nicht behinderte.

Der erste Verpflegungsposten in Smagan ist mit Sicherheit derjenige, an dem die 15.800 Läufer in der kürzesten Zeit abgefertigt werden müssen. Von daher macht es Sinn, dass sich die Helfer rechts und links einer lang gezogenen Baracke postieren und auch die Loipe entsprechend gespurt ist. Als mir klar wird, dass sich die Spuren teilen, bleibe ich bewusst relativ weit links, um dem Gedränge in den mittleren Spuren zu entgehen. Die Ellenbogen muss ich ein paar Meter weiter dann trotzdem ausfahren, um ohne großen Umweg und Zeitverlust an einen der vielleicht 15 Tische zu gelangen, an dem ein Becher am anderen steht und insgesamt bestimmt 100 Leute damit beschäftigt sind, permanent für Nachschub zu sorgen. Ich fahre aus der Schlaufe meines rechten Stocks, greife mir einen Becher und bin kurz irritiert. Statt Blaubeersuppe wird hier ein isotonisches Getränk serviert. Naja, Flüssigkeit kann grundsätzlich nicht schaden. Ich trinke aus und halte schon am nächsten Tisch Ausschau nach der rotblauen Flüssigkeit, die heute Grundlage meiner Wettkampfverpflegung sein soll. Doch von Blaubeersuppe ist hier nichts zu sehen. Zig Fragen schießen mir durch den Kopf, als ich am vorletzten Tisch doch noch einmal zu einem Becher Iso-Drink greife. Habe ich irgendein Hinweisschild übersehen und hätte doch lieber die andere Spur nehmen sollen? Würde ich mit meinen vier Gels reichen, falls es nirgends Blaubeersuppe gibt? Wie sehr ich mich in dem Moment beunruhigen lasse, wird mir erst so richtig klar, als ich am Ende der Verpflegungsstelle auf schwedisch angesprochen werde und höre, dass ich auf russisch („Ja nje ponimaju“) statt englisch antworte, dass ich nichts verstehe. Wo kommen denn jetzt die paar Vokabeln aus dem Russisch-Unterricht her? Ich muss über mich selbst lachen. Und das ist wohl auch ganz gut so: Es gibt mir die nötige Lockerheit für die restlichen 79 Kilometer zurück.

Wasalauf-Geschichten

Trotz Sturzpech auf Rekordjagd

Wie Thomas Freimuth die deutsche Bestzeit aufstellte

Für eine Spitzenplatzierung beim Wasalauf wird auch abseits der Strecke mit harten Bandagen gekämpft. Davon kann in Deutschland vor allem Thomas Freimuth ein Lied singen, der seit 2012 die deutsche Rekordzeit auf der Strecke inne hat (3:45:16 Stunden) und es in der jüngsten Vergangenheit bei fünf Starts viermal unter die Top 35 schaffte. Denn um den bayerischen Skimarathon-Spezialisten zwischen Sälen und Mora in regelmäßigen Abständen mit seinen Spezialgetränken und den neuesten Renn-Informationen zu versorgen, mussten seine Betreuer schon so manche knifflige Situation mit dem Auto überstehen. „Da läuft auf den kleinen schmalen Straßen zwischen den Dörfern so etwas wie das Rennen neben dem Rennen. Die besten Läufer und Teams erhalten zwar Ausnahmegenehmigungen und werden auch von der Polizei durchgewinkt, um an bestimmte Verpflegungsstellen ranzukommen. Aber das ist Stress pur und einige der Fahrer sind dabei so im Tunnel wie ihre Sportler in der Loipe", erzählt Thomas Freimuth. Das ist gerade bei Eis und Schnee nicht ganz ungefährlich und zog auch schon ein Begleitfahrzeug des Bayern in Mitleidenschaft. Denn nach einem gewagten Überholmanöver eines Skandinaviers konnte einer der Betreuer den Zusammenstoß nur verhindern, indem er den eigenen Wagen in eine Schneewand setzte. Auch das gehört zum Wahnsinn Wasalauf. „Zum Glück ging der Zwischenfall mit kleineren Blechschäden ab", sagt der Langläufer, für den sich meist zwei Autos an der Vasaloppet-Rallye beteiligen und abwechselnd die vereinbarten Streckenpunkte anfahren.

Der Aufwand, den die Spitzenteams entlang der Strecke betreiben, ist also enorm. Und er zeigt: Die Verpflegung ist ein wichtiger Mosaikstein für den Erfolg auf dem Weg nach Mora. Thomas Freimuth schwört auf ein Kohlenhydrat-Getränk, das er alle 20 Minuten zu sich nimmt und teilweise auch noch mit Gels mixt.

Aktueller Rekordhalter: Thomas Freimuth hat die deutsche Wasalauf-Bestzeit inne.

Die bislang beste Platzierung gelang ihm auf Anhieb beim Wasalauf-Debüt 2010. „Ich habe mich lange nicht richtig rangetraut, weil ich einfach großen Respekt vor der Länge der Strecke hatte und eigentlich eher der Skating-Spezialist war“, berichtet er. Dass er sich nach der Saison 2008/09 im Alter von 29 Jahren dazu durchrang, erstmals in Schweden zu starten, war jedoch kein Zufall. Mit Platz 5 beim Marcialonga (70 Kilometer) in Italien, mit dem sechsten Rang beim Isergebirgslauf in Tschechien und nicht zuletzt mit seinem Sieg beim spektakulären Arctic Circle Race auf Grönland hatte er seinen erfolgreichsten Winter gerade hinter sich und dabei im klassischen Stil durchaus überzeugt. Thomas Freimuth: „Ich habe mir gesagt, wenn ich jetzt nicht beim Wasalauf angreife, dann mache ich es vielleicht nie mehr.“ Die Entscheidung hat er bis heute nicht bereut. Und wenn er Anekdoten vom ersten Start erzählen soll, weiß er oft gar nicht so recht, womit er anfangen soll. „Die Rennen, die ich zuvor in Australien oder Grönland gelaufen bin, waren sicher auch etwas ganz Besonderes, aber beim Wasalauf tauchst du halt eben doch noch mal in eine ganz andere Welt ein.“ Fasziniert hat ihn unter anderem die Mischung aus Tradition und Moderne, wenn es im Wald einerseits an Häuschen vorbei geht, die noch den Charme aus den ersten Jahren des Wasalaufes verbreiten, andererseits per Hubschrauber oder Drohne Live-Bilder per Fernsehen oder Internet hinaus in die ganze Welt gehen. „Es ist verrückt, aber begeisternd.“

Im Gedächtnis von Thomas Freimuth ist vom Rennen 2010 neben den traumhaften Bedingungen vor allem eine Szene hängen geblieben. Und zwar die, als Daniel Tynell nach etwa 65 Kilometern die entscheidende Attacke startete. Als der Vasaloppet-Sieger von 2002, 2006 und 2009 unwiderstehlich anzog, konnte nur eine Hand voll Läufer mithalten. Auch der Debütant aus Deutschland musste abreißen lassen. „Bis dahin war ich alle Attacken ganz gut mitgegangen, aber in dem Moment kam ich mir vor, als würde ich stehen. Der ist losgezogen, als wäre er gerade erst ins Rennen eingestiegen", erzählt er. Während sich Tynell am Ende im Zielspurt hauchdünn seinem schwedischen Landsmann Jörgen Brink geschlagen geben musste, warf Thomas Freimuth alles in die Waagschale, um den Kontakt zur Verfolgergruppe zu halten. Das funktionierte super. So bog das Leichtgewicht (1,76 Meter/70 Kilogramm) gemeinsam mit fünf Schweden auf die lange Zielgerade in Mora ein, wo am Ende der 17. Platz mit nur gut drei Minuten Rückstand zum Sieger an der Anzeigetafel aufleuchtete. „Im ersten Moment habe ich mich ein bisschen geärgert, dass mir im Endspurt unserer Gruppe gegen die groß gewachsenen Skandinavier ein paar Zentimeter an Körpergröße und ein paar Kilo an Gewicht fehlten, um auf den letzten Metern gegenzuhalten. Aber dann überwog natürlich die Freude. Vor allem wusste ich, dass zu einem Platz unter den Top 10 nicht viel gefehlt hatte." Das war ebenso Motivation für den nächsten Anlauf in Schweden wie der Blick in die Ergebnisliste: Mit einer Minute Rückstand auf den Bayern reihte sich mit Mathias Fredriksson der Gesamtweltcupsieger der Saison 2002/03 auf Platz 18 ein.

Für Freimuth selbst, in Wiesbaden geboren aber im bayerischen Wald aufgewachsen, war das Thema Weltcup schon ein paar Jahre zuvor durch. Dabei schien der junge Sportler, der mit sieben Jahren beim SC Zwiesel mit dem Skilanglauf begonnen hatte („wir waren eine supercoole Truppe") und als 15-Jähriger ans Sportgymnasium Berchtesgaden wechselte, durchaus auf einem guten Weg. Neben Axel Teichmann und Jens Filbrich, die später Medaillen bei Olympischen Spielen und Weltmeisterschaften gewannen, gehörte er in der Jugend zu den Hoffnungsträgern seiner Altersklasse. Er startete als junger Kerl im damaligen Europacup und qualifizierte sich im Jahr 2000 auch für die Junioren-WM im slowakischen Strbske Pleso. Doch die stand für Thomas Freimuth unter keinem guten Stern. Eine Nasennebenhöhlenentzündung bremste ihn bereits beim Auftaktrennen aus. Danach kämpfte der inzwischen für Skadi Bodenmais startende Langläufer mehrere Jahre als Perspektivkader um den Anschluss, kam aber auch nach einem Wechsel in die Trainingsgruppe von Stefan Dotzler im Allgäu über drei Weltcup-

Einsätze mit unbefriedigenden Ergebnissen nicht hinaus. Den Einstieg in die Skimarathon-Szene fand Thomas Freimuth, der 2004 sein Studium der Sportwissenschaft in München begann, dann eher zufällig. „Als klar war, dass es nichts aus der großen Karriere im Weltcup wird, habe ich mich nach anderen Rennen umgeschaut. Denn dass ich weiterhin Sport treiben wollte, war für mich immer klar. Die Freude an der Bewegung steckte seit frühester Kindheit in mir. Wenn sich die anderen Jungs im Wald versteckt haben, weil sie nicht mehr laufen wollten, bin ich inzwischen eine Zusatzrunde gerannt."

Zu den prägenden Ereignissen auf dem Weg zum Langstrecken-Spezialisten gehörte der Pustertal Skimarathon im Januar 2006, bei dem sich der junge Deutsche mit dem langjährigen italienischen Weltcup-Läufer Roberto de Zolt einen packenden Zielsprint lieferte, in dessen Ergebnis beide Sportler zu Siegern erklärt wurden. „Ich bin plötzlich mit Jungs auf Augenhöhe gelaufen, die mich im Weltcup noch stehen lassen haben", erzählt er. Doch nicht nur deshalb fühlte er sich in der Volkslauf-Szene wohl. „Im Weltcup zählt eigentlich nur das Treppchen. Bei den Skimarathons steht für meine Begriffe doch noch etwas mehr der Spaß und der Sport an sich im Vordergrund", sagt Thomas Freimuth. Bestätigt sieht er sich in dieser Aussage jedes Mal, wenn er sich aus der Elitegruppe am Start des Wasalaufes umdreht und die Tausenden Teilnehmer hinter sich auf den Startschuss warten sieht. Von daher ist es auch kein Wunder, dass er seit seiner tollen Premiere 2010 jedes Jahr einen neuen Anlauf für einen Top-10-Platz beim Vasaloppet nahm. „Wenn es so weit vorgehen soll, muss nicht nur am Wettkampftag wirklich alles passen, sondern möglichst auch das ganze Jahr zuvor schon im Training", sagt Thomas Freimuth.

2012 passte für ihn zwischen Sälen und Mora fast alles. Denn während Jörgen Brink die Top-Bedingungen nutzte, um in 3:38:41 Stunden den Streckenrekord des Schweden Peter Göransson zu verbessern, erreichte der Bayer in 3:45:16 Stunden die bis heute beste Zeit eines Deutschen beim Wasalauf. Als Siebenter im Endspurt einer elfköpfigen Gruppe kam er damit auf Platz 24. Eine noch bessere Zeit und Platzierung büßte Thomas Freimuth durch einen Sturz kurz vor der Verpflegungsstelle in Evertsberg ein. „An der Spitze ist der Wasalauf im Prinzip ein ganz langes Ausscheidungsrennen. Etwa ab der Hälfte der Strecke gibt es ernstzunehmende Attacken, wobei die Renntaktik im Prinzip fast schon mit dem Radsport vergleichbar ist. Die Profi-Teams versuchen das Rennen zu diktieren und sorgen dadurch für ein unheimlich hohes Tempo", berichtet der Bayer, der beim Rekordrennen von 2012 so lange den Kontakt zu den Favoriten hielt, bis sich der Italiener Bruno Debertolis in einer kurvigen Abfahrt vor ihm hinlegte. „Ich habe mich gerade gewundert, was er da vor mir veranstaltet, da hat es mir auf einer Eisplatte auch schon die Beine weggezogen", erinnert sich Thomas Freimuth. Das Problem: Bei beiden Athleten war der Ausrutscher mit einem Stockbruch verbunden. Aufgrund der Nähe zum Verpflegungsposten dauerte es zwar keine zwei Minuten, bis sie Ersatz gereicht bekamen, aber an der Spitze war der Zug in dem Moment abgefahren. „Ich bin trotzdem drangeblieben, habe einige Läufer wieder eingesammelt und eine gute Gruppe gefunden", erinnert sich der Bayer. So lief er nicht nur deutschen Rekord, sondern kam zu seiner zweiten Top-25-Platzierung beim Schweden-Klassiker. Als zwei Jahre darauf mit Rang 57 sein schlechtestes Ergebnis in Mora von der Anzeigetafel leuchtete, war das dann nur die halbe Wahrheit. Denn mit gerade mal 2:02 Minuten war der Rückstand auf den Sieger (John Kristian Dahl aus Norwegen) so gering wie nie zuvor.

Der größte Abstand auf die Spitze datiert aus 2015, als es Thomas Freimuth als schnellster Deutscher mit Platz 34 zwar wieder auf die erste Seite der Ergebnisliste schaffte, der Tagesschnellste Petter Eliassen aus Norwegen aber mehr als 20 Minuten vor ihm in Mora über die Ziellinie fuhr. „Im ersten Moment war ich ehrlich gesagt ziemlich frustriert und hatte kurzzeitig mit dem Kapitel Wasalauf schon abgeschlossen. Aber drei Wochen später habe ich daheim schon wieder drei Stunden am Stück auf Skirollern geschoben und hatte wieder den Traum von einem Top-10-Platz in Schweden im Hinterkopf", erzählt er. Thomas Freimuth hat während des Studiums zum Sportwissenschaftler das theoretische Rüstzeug mitbekommen, wie eine ideale Vorbereitung auf den Vasaloppet – gemessen am jeweiligen Zeitbudget – aussehen müsste. Doch praktisch reichen ihm wenige Worte dazu. „Es ist eigentlich egal,

Offener Wunsch: Thomas Freimuth (Foto von 2015) würde in Mora gerne mal als einer der zehn Schnellsten ins Ziel laufen.

mit welchem Ziel man in Sälen an den Start geht. Man sollte einfach so viel wie möglich und so hart wie möglich trainieren", sagt er. Für ihn selbst bedeutet das mit wenigen Ausnahmen, zum Beispiel in der Regenerationsphase, dass täglich trainiert wird. Verändert hat sich im Laufe der Jahre lediglich die Form. Während Thomas Freimuth früher kürzer und intensiver trainierte und so auch schon mal zwei Einheiten pro Tag abspulte, stehen mittlerweile eher längere Distanzen auf dem Programm, die er mit regelmäßigem Krafttraining ergänzt. Für seine sonntäglichen Doppelstock-Rollertouren über fünf Stunden nutzt er im bayerischen Wald in erster Linie öffentliche Straßen. „Wenn ich früh aufbreche, kommt mir nur ganz selten mal ein Auto entgegen." Und egal, ob er rollert, joggt, Rad oder Ski fährt, wirklich quälen muss er sich dabei nur bedingt. „Sicher muss man die Bereitschaft mitbringen, in gewissem Maße zu leiden. Aber auf der anderen Seite ist es ja gerade das Schöne an unserem Sport, dass ich so vielseitig trainieren kann und dabei so viel in der Natur unterwegs bin", sagt er.

So gesehen ist es eigentlich kein Wunder, dass der Skilangläufer sein Hobby inzwischen zum Beruf gemacht hat. Gemeinsam mit dem Triathleten Mathias Flunger gründete er 2012 die Firma Ausdauer Netzwerk. Das Angebot reicht von der Organisation von Sportreisen oder Trainingslagern bis zur Erstellung individueller

Trainingspläne. „Das macht Spaß, weil man immer mit Menschen zu tun hat, die auch sehr aktiv sind. Und auf der anderen Seite kann ich das meist prima mit dem Training verbinden“, sagt Thomas Freimuth. So kann es durchaus passieren, dass er sich nach einer fünfstündigen Radtour in den Alpen nochmal für zwei Stunden auf die Skiroller stellt, um die Gipfel hochzukraxeln. Dass er trotz der ganzen Quälerei nur den eingefleischten Skisport-Fans in Deutschland ein Begriff ist, stört ihn nicht. „Der Sport gibt mir sehr viel. Außerdem kenne ich es nicht anders“, sagt er. Mit der Szene in Skandinavien ist es ohnehin nicht zu vergleichen. „Wenn bei uns in Deutschland das Neueste über Schweini oder Poldi in der Zeitung steht, liest man in Schweden eben, was gerade ein Jörgen Brink oder die Auckland-Brüder machen.“ Davon hat sich der Bayer auch beim Aufbau eines deutschen Spitzen-Teams, des xc-Ski.de A/N Skimarathon Teams, nicht entmutigen lassen. Der Status als Pro Team garantiert neben einem guten Startplatz bei allen großen Rennen unter anderem auch Parkplätze in unmittelbarer Nähe zum Start und an den Verpflegungspunkten. Und die sind – wie wir jetzt gelernt haben – gerade beim Vasaloppet nicht ganz unwichtig.

4. Kapitel

Ein Jugend-Traum wird wahr

Das Einfädeln nach der ersten Verpflegungsstelle in die sechs Spuren erweist sich als wahre Geduldsprobe. Zwei halbhoch abgebrochene Skistöcke, die irgendjemand mitten in der Loipe in den Schnee gerammt hat, dienen als beste Warnung, hier jetzt nicht auf Teufel komm raus auf die Ideallinie zu bestehen. So versuche ich, neben der Spur Tempo aufzunehmen, um mich irgendwo mit reinzudrängeln. Das Banner mit der Aufschrift „Nästa Kontroll Mangsbodarna 13 km" liegt aber schon hinter mir, als ich endlich eine kleine Lücke entdecke und auch nutze. Hektisch bleibt es auf dem jetzt leicht abfallenden Kurs zwar trotzdem. Aber eines ist natürlich nicht von der Hand zu weisen. Die permanenten Spurwechsel und Tempoverschärfungen sorgen dafür, dass das nächste Kilometerschild schneller heranrückt als gedacht. Auch abseits der Strecke ist es nicht langweilig. Erst donnert ein halbes Dutzend Schneemobile am Pulk vorbei und hinterlässt im frischen Neuschnee eine filmreife Schneewolke. Dann versuchen sich ein paar Nachwuchssportler daran, für eine Weile mit dem großen Tross mitzuhalten. Das sind die Wasaläufer von morgen, denke ich mir und bedanke mich mit dem berühmten Daumen nach oben für die moralische Unterstützung, als sich die Jungs nach einer langen Geraden aus dem Rennen „ausklinken".

Ich selbst hatte einst als knapp Zehnjähriger zum ersten Mal vom Wasalauf gehört. Oder besser gesagt gelesen. Obwohl ich es selbst bei der Kreisspartakiade nicht aufs Treppchen schaffte, bekam ich von meinem Trainer am Trainingszentrum Skilanglauf in Schwarzenberg „Für gute sportliche Leistungen in der Saison 1982/83" das Buch „Die weiße Spur" geschenkt, das ich trotz der zu jener Zeit unvermeidlichen Passagen politischer Agitation regelrecht aufsog. Im Mittelpunkt stand die Karriere des Oberhofer Langläufers Gerhard Grimmer, der 1974 Weltmeister mit der DDR-Staffel und über 50 Kilometer wurde. Die Schilderungen von

Trainingslagern in Österreich, Flügen nach Japan oder Zugfahrten durch Skandinavien weckten das Fernweh in mir. Schuld daran war nicht zuletzt das Kapitel über den Wasalauf 1975, bei dem Gerhard Grimmer dem Klingenthaler Gert-Dietmar Klause zum Sieg verhalf. Vom „Wettkampf der Zehntausend" war darin die Rede, von der legendären Blaubeersuppe, von der Begeisterung der Schweden... Je öfter ich die Passage las, desto größer wurde der Wunsch, eines Tages beim größten Skilanglaufrennen der Welt auch einmal am Start zu stehen. Wobei Wunsch der falsche Begriff ist. Wie gesagt, ich kam damals nicht mal auf Kreisebene aufs Podest. Und für einen Start im nichtsozialistischen Ausland hätte ich es schon irgendwann in die Nationalmannschaft schaffen müssen. Es war also eher ein Traum. Und der wäre es ohne Wiedervereinigung zweifellos auch geblieben, denn über ein einwöchiges erfolgloses Probetraining beim SC Dynamo Klingenthal kam meine „Karriere" als Langläufer nicht hinaus.

Drei Jahrzehnte später profitiere ich in der Vasaloppet-Spur jetzt zumindest davon, einen Großteil meiner Jugend auf Skiern verbracht zu haben. Natürlich: Von den großen internationalen Erfolgen der Jens Weißflog, Sven Hannawald, Björn Kircheisen oder Richard Freitag, die allesamt im gleichen Krankenhaus wie ich in Erlabrunn im Erzgebirge das Licht der Welt erblickten, war ich meilenweit entfernt. Aber zwischen Sälen und Mora bringe ich für die Kategorie Freizeit-Skiläufer eine solide Grundausbildung mit. Es mag zwischendurch bestimmt zehn Winter gegeben haben, in denen ich keinen einzigen Kilometer in der Loipe unterwegs war. Aber die Technik und die Sicherheit auf den dünnen Latten stecken im Blut. Übermütig werde ich deswegen allerdings noch lange nicht, als sich die ersten Abfahrten mit ordentlich Gefälle andeuten. Denn wenn sich gefühlte 50 Läufer innerhalb von zehn Sekunden in die abschüssige Loipe stürzen, potenziert sich das Sturz-Risiko. Dazu kommt nicht nur, dass der eine oder andere sichtlich wackelig auf den Skiern steht und entsprechend ängstlich unterwegs ist. Die Schneefälle haben auch dafür gesorgt, dass es meist nur in zwei Spuren bergab geht, da in den anderen der Neuschnee zu sehr bremst. Während also so manche kleine Kollision beim Einfädeln nicht ausbleibt, geht in der mit einer dünnen Eisschicht überzogenen

Spur ordentlich die Post ab. Das Schild noch 72 Kilometer rauscht regelrecht an mir vorbei und ich muss mich kurz aufrichten, um nicht auf den Vordermann aufzufahren.

Tipp: Wer eine individuelle Reise zum Vasaloppet plant, dem stehen viele Möglichkeiten offen. Bei Anreise mit dem eigenen Auto ist es in jedem Fall überlegenswert, eine Unterkunft in der Nähe des Start-Ortes zu suchen, um so die Aufregung am Morgen des Wettkampfes zu minimieren. Das erfordert jedoch eine frühzeitige Planung. Die Startunterlagen für das Rennen am Sonntag kann man sowohl in Sälen als auch in Mora abholen, muss das aber ebenfalls rechtzeitig klären. Für Flug-Reisende empfiehlt es sich, Miet-Autos am Flughafen in Stockholm-Arlanda vorher zu reservieren. Es gibt neben guten Zugverbindungen von der Hauptstadt nach Mora auch Direktflüge mit kleineren Maschinen zum Flugplatz etwa fünf Kilometer außerhalb von Mora.

Apropos fliegen. Der unbestrittene Überflieger des Vasaloppet heißt Nils Karlsson. Mora Nisse, wie er liebevoll genannt wurde, schwang sich in seiner Heimatstadt Mora zur schwedischen Skilanglauf-Legende auf, indem er sagenhafte neunmal das Rennen gewann, darunter von 1945 bis 1951 ohne Unterbrechung. Janne Stefansson aus Sälen kam dieser Rekordbilanz in den 60-er Jahren noch am nächsten. Er brachte es auf sieben Siege, darunter fünf in Folge von 1962 bis 1966. Je viermal hatten Arthur Häggblad (Umea) und Jan Ottoson (Asarna) die Nase vorn. Für den im kleinen Moraer Vorort Östnor aufgewachsenen Nils Karlsson hielt jeder Triumph in Mora eine Besonderheit parat. Als er 1943 bei seiner Wasalauf-Premiere als 25-Jähriger zum ersten Mal als Sieger auf die Zielgerade einbog, war es seine Schwester Elsa, die ihm als Kranzmädchen den Siegerkranz übergeben durfte. 1946 krönte er eine unglaubliche Aufholjagd mit seinem dritten Erfolg, nachdem er 18 Kilometer vor dem Ziel noch mit neun Minuten Rückstand auf die Spitze registriert worden war. Ein Jahr später durchkreuzte die Rennleitung die Pläne von Nils Karlsson und Anders Toernkvist. Die beiden befreundeten Vereinskameraden hatten sich nach einem langen und harten Zweikampf an der Spitze entschieden, den Sieg zu teilen. Doch obwohl die beiden Arm in Arm über die Ziellinie liefen, wurde auch ohne das heute übliche Foto-Finish offenbar ein minimaler Unterschied ausgemacht. Nachdem das Publikum schon beide Läufer gefeiert hatte, wurden Toernkvist bei der Siegerehrung als Zweiter und Karlsson als erneuter Sieger aufgerufen. Mora Nisse reagierte mit Unverständnis. In der Wasalauf-Chronik ist nachzulesen, dass ihn der nächste Weg gemeinsam mit Toernkvist zu einem Juwelier führte. Dort ließen die beiden Sportler ihre Medaillen halbieren und so wieder zusammenfügen, dass jeder ein Erinnerungsstück in den Händen hielt, dass je zur Hälfte aus Gold und Silber bestand.

Gefeierter Held: Mit neun Siegen schwang sich Nils Karlsson zwischen 1943 und 1953 zum König des Wasalaufes auf.

Für Anders Toernkvist blieb dieser geteilte Sieg nur ein schwacher Trost, denn obwohl er es insgesamt viermal auf Platz 2 und dreimal auf Platz 3 schaffte, ist sein Name selbst im skisportbegeisterten Schweden nur den älteren Experten noch ein Begriff. Nils Karlsson dagegen triumphierte 1948 als frisch gebackener 50-Kilometer-Olympiasieger von St. Moritz beim Wasalauf und setzte sich im Jahr darauf hauchdünn im Zielspurt durch. Nachdem er 1950 mit dem bis heute größten Vorsprung auf den Zweitplatzierten von mehr als 20 Minuten gewann, trug er sich schließlich 1953 bei seinem letzten Sieg auch noch in die Liste der Streckenrekordhalter ein. Damit war Mora Nisse, der neben unbändigem Kampfgeist vor allem große Trainingsumfänge und als einer der ersten auch eine gewisse Renntaktik in die Waagschale warf, endgültig Mister Vasaloppet. Als David Johansson die Bestzeit acht Jahre später toppte, gehörte Nils Karlsson längst zum Organisationsteam. Gerade angesichts der steigenden Teilnehmerzahlen und dem damit nötigen Spagat, um sowohl den Top-Läufern als auch den Freizeitsportlern einen attraktiven Lauf anzubieten, legten die Schweden großen Wert auf die Erfahrungen und die Meinung ihres Aushängeschildes. Von daher verwundert es auch nicht, dass Mora Nisse, der nahe der Kirche in Mora ein kleines Sportgeschäft betrieb, viele Jahre das Wettkampfkomitee anführte und so über seine aktive Zeit hinaus den Vasaloppet prägte. Dass er bis ins hohe Alter regelmäßig auf Skiern stand, war im Prinzip die beste Werbung für den Wasalauf. Als Nils Karlsson 2012 kurz vor seinem 95. Geburtstag verstarb, bekam er auf dem Friedhof von Mora einen ganz besonderen Platz nahe der Strecke. Es war sein letzter Wunsch, um den Wasaläufern auch über den Tod hinaus nahe zu sein. Schon etliche Jahre zuvor hatten die Organisatoren in unmittelbarer Nähe des Ziel-Areals die Skulptur eines Skilangläufers aufstellen lassen, für die Mora Nisse die Inspiration geliefert haben soll. Als wir zwei Tage vor dem Wettkampf dort zum ersten Mal vorbeikamen, mussten wir uns für ein Erinnerungsfoto vor dem Denkmal sogar einen Moment anstellen. Wahnsinn Wasalauf.

Ich habe in all den Jahren nicht mitgezählt, wie viele Anläufe ich erfolglos unternommen hatte, um mich ernsthaft auf einen Start in Schweden vorzubereiten. Mal war es eine spannende Sportler-Biographie oder eine interessante Reportage im Fernsehen, von der ich mich zumindest zu drei Ausdauerläufen in zwei Wochen animieren ließ. Mal wurde mir beim Blick auf die Waage klar, dass ich über das regelmäßige Volleyballtraining hinaus etwas für meine Fitness tun sollte. Und ein anderes Mal kaufte ich mir sogar ein paar Skiroller als Motivation, meinen Traum endlich Wahrheit werden zu lassen. Doch wirklich lange hielten die guten Vorsätze zunächst nie an. Überstunden auf Arbeit, spontane Männer-Ausflüge mit unserem Sohn, der Grillabend mit Freunden, das Spiel des Lieblings-Fußballclubs oder auch die Aussicht auf einen gemütlichen Abend auf dem Sofa – es fand sich immer irgendein Grund, um sich vor dem Training zu drücken. Ich konnte es meiner Frau daher nicht verdenken, dass sie nur müde lächelte, als ich im Januar 2010 ein Trainingstagebuch einführte und ganz groß „Wasalauf 2013" auf die erste Seite schrieb. Doch damals kamen viele Dinge zusammen, die dafür sorgten, dass mein innerer Schweinehund von Stund an tatsächlich einen immer schwereren Stand hatte. Der Hauptgrund war unsere Tochter. Denn in den zwei Monaten Elternzeit, die ich gleich nach ihrer Geburt in Anspruch nahm, blieb trotz ausgiebiger Spaziergänge mit dem Kinderwagen immer wieder auch Luft für kleinere Touren in der Loipe. So sehr ich mich am Anfang auch darüber ärgerte, dass ich oft schon nach dem ersten kleineren Anstieg der 8-Kilometer-Runde außer Puste war, so schnell stellte ich zugleich fest, wie herrlich ich dabei abschalten konnte. Und genau das war mir in den Jahren zuvor in der Redaktion so schwer gefallen, dass ich mich immer öfter ausgelaugt fühlte, Probleme mit nach Hause brachte, schlecht schlief und schnell gereizt reagierte. Heute kann ich sagen: Ich bin den ersten Anzeichen eines drohenden Burn-out wohl davongelaufen.

Hatte ich in den ersten acht Wochen noch davon profitiert, dass mir ganz einfach die nötige Zeit zum Trainieren zur Verfügung stand, erwies sich der Wiedereinstieg in den Beruf als erster Knackpunkt. Das schlechte Gewissen ging zunächst immer mit auf Tour, wenn ich meine Frau und unsere kleine Nachzüglerin, die ohnehin schon den ganzen Tag allein daheim waren, auch noch vor oder nach der Arbeit eine weitere Stunde quasi im Stich ließ. Doch wenn ich am Ende der Woche die absolvierten Kilometer in meinem Trainingstagebuch addierte oder mal wieder eine Bestzeit auf der Standardrunde eintragen konnte, war alles wieder gut. Ich redete mir immer ein, dass jede Trainingseinheit – egal ob im Winter auf Skiern oder im Sommer dann auf Rollern, auf dem Rad oder zu Fuß – eine Sekunde Zeitgewinn für den großen Vasaloppet bringt. Der kleine Psycho-Trick funktionierte vor allem auch, weil von meinem regelmäßigen Sporttreiben neben meinem Fitnesszustand auch mein Umfeld profitierte. Ich brachte nicht nur Ideen für meinen Job mit, ich wurde auch Stück für Stück ausgeglichener und gelassener. Wenn ich trotzdem mal mies gelaunt war, fragte mich meine Frau schon bald nicht mehr, was los ist, sondern vielmehr, ob ich nicht mal wieder trainieren müsste. Am Ende des Jahres standen 600 Kilometer auf Skiern und Rollern, 1500 Kilometer Radfahren und 350 Lauf-Kilometer in meinem Büchlein. Der Anfang war gemacht und bis 2013, wenn ich mir anlässlich meines 40. Geburtstag den Jugendtraum erfüllen wollte, ja noch ein ganzes Stück hin. Dass sich der Start letztlich aus organisatorischen Gründen um ein Jahr verschob, war im ersten Moment schade, aber letztlich so tragisch auch wieder nicht. So konnte ich neben Erfahrungen bei diversen Wettkämpfen vor allem reichlich Trainingskilometer sammeln.

Es erwies sich für meine Vorbereitung auf den Vasaloppet als absoluter Glücksfall, dass auf dem einstigen Bahndamm zwischen Oelsnitz und Falkenstein genau in dieser Zeit ein neuer Radweg angelegt wurde. Auf gut 25 Kilometern zieht sich seitdem ein Asphaltband durch die Landschaft, das sich nicht nur zum Radeln und Joggen, sondern eben auch hervorragend zum Skirollern eignet. Lange Geraden, leichte Anstiege und zwischendurch auch ein richtig knackiger Berg – was will man mehr, um sich Kraft für die 90 Kilometer in Schweden zu holen? Gut: Ein, zwei Abfahrten haben es bei Gegenverkehr ganz schön in sich. Aber wenn ich unter der Woche oder am Wochenende in den Morgenstunden unterwegs bin, ist der Weg meist noch nicht sonderlich stark frequentiert. Im Gegensatz zu den Nachwuchs-Kombinierern vom eine halbe Autostunde entfernten Bundesstützpunkt Klingenthal, die mir auf der Piste regelmäßig über den Weg laufen, habe ich nur drei Minuten Anfahrt. Dann stehe ich am ehemaligen Haltepunkt Lottengrün genau auf halber Strecke. Meine Lieblingsstelle liegt mitten im Wald. Wenn ich sonntags in aller Frühe den Anstieg in Richtung Talsperre Werda im Diagonalschritt hinaufstiefele, die Vögel zwitschern, der Bach plätschert und sich doch der eine oder andere Sonnenstrahl durch die dichten Baumwipfel verirrt, wirkt das fast schon zu kitschig, um wahr zu sein. Mir fällt es an der Stelle jedenfalls immer sehr leicht, mich gedanklich in den schwedischen Winterwald zu versetzen.

Tipp: Auf dem Weg zum Wasalauf sind Skiroller, die es neu ab etwa 250/300 Euro aufwärts zu kaufen gibt, in jedem Fall eine sinnvolle Investition, um nicht zu sagen ein Muss. Natürlich kann man die Ausdauerfähigkeit auch hervorragend beim Laufen oder Radfahren trainieren, doch die Spezifik des Skilanglaufens lässt sich einfach am besten auf den Rollern simulieren. Die Auswahl an Modellen ist groß. Die Klassik-Roller besitzen eine Rücklaufsperre und können mit verschieden schnellen Rollen ausgestattet werden. Kleiner Haken: Das Bremsen will gelernt sein. Dagegen gibt es die Skating-Modelle, mit denen man in Sachen Armkraft ebenso eine ganze Menge tun kann, auch mit Fersenbremsen. Die meisten Fachhändler haben Roller zum Testen vorrätig. Einige bieten sogar Skiroller-Kurse an.

Mangsbodarna gehört neben Evertsberg und Oxberg zu den drei Verpflegungsstellen, die es bereits seit dem ersten Wasalauf gibt. Es sind zwei Holzhütten, die diesmal noch vor dem großen Banner über der Loipe verkünden, dass die zweite Etappe gleich gemeistert ist. Bei der Zwischenzeitnahme stimmt mich der Blick auf die Uhr soweit zufrieden. Ich habe für die 13 Kilometer von Smagan bis hierher knapp eine Stunde gebraucht. Das ist ein schöner Schnitt, der allerdings auch dem leichten Gefälle des Kurses geschuldet ist. Dennoch: Meine Beine und Arme fühlen sich richtig gut an. Wenn ich jetzt noch die heiß ersehnte Blaubeersuppe bekomme, würde ich dieses Tempo sicher noch ein ganzes Stück durchhalten können. Wie schon in Smagan teilt sich der Pulk kurz vor der Verpflegungsstelle auf. Mir geht es in dem Moment wie einem Fußballer, der seinen letzten Elfmeter links verschossen hat. Ich wähle diesmal die andere Seite. Und es funktioniert: Volltreffer! Gleich am ersten Tisch gibt es die heiße, süße Stärkung, die ich in schlückchenweise zu mir nehme. Nebenbei taste ich mich vorsichtig weiter und staune, wie wenige Läufer sich hier mit ihren Skiern und Stöcken in die Quere kommen. An einem der hinteren Tische greife ich dann nochmal an der Blaubeersuppen-Theke zu. Auf der anderen Seite bringen Helfer in einem großen Kanister gerade Nachschub.

Die Blaubeersuppe beim Wasalauf ist genauso ein Klassiker wie der Wettkampf selbst. Schon im Premierenjahr 1922 profitierten die Läufer von den Vorzügen der zu jener Zeit noch hausgemachten Spezialität. Der Blaubeersuppe, die man in der Regel mit Zucker, Wasser sowie etwas Stärke und Zimt kocht, wird nicht nur ein sehr hoher Energiegehalt nachgesagt. Das fruchtig-süße Getränk gilt auch als sehr gut verträglich und ist daher bis heute ein Geheimtipp bei Magenverstimmungen. Wurden die Blaubeeren früher noch in den Wäldern von Dalarna von Hand gepflückt und die Suppe zum Wasalauf über offenem Feuer an den Verpflegungspunkten gekocht, so sahen sich die Veranstalter später angesichts der steigenden Teilnehmerzahlen gezwungen, auf Instant-Suppe umzusteigen. Die Firma Ekströms half 1958 erstmals mit industriell hergestellter Blaubeer-Trockensuppe zum Aufkochen aus, als es ganz einfach zu wenige Beeren in der Region gegeben hatte. Obwohl viele Schweden nach wie vor die kleinen schwarzen Früchte sammeln und auf selbst gemachte Blaubeersuppe schwören, ist Ekströms nun schon gut sechs Jahrzehnte nicht nur Partner, sondern auch Sponsor des Wasalaufes. Kein Wunder: Während der Wettkampfwoche im Winter werden an jeder Versorgungsstation etwa 9000 Liter Blaubeersuppe benötigt. Das macht insgesamt mehr als 60.000 Liter. Den Erfahrungen der letzten Jahre zu Folge nimmt im Durchschnitt jeder Läufer einen Liter Blaubeersuppe zu sich.

Begehrter Tropfen: Die legendäre Blaubeersuppe kommt beim Wasalauf aus dem Hahn.

Wasalauf-Geschichten

Nur die Premiere geht daneben

Wie Wilfried Priebs zum Wasalauf-Fanatiker wurde

Die erste Ankunft von Wilfried Priebs im Ziel des Vasaloppet hätte 1990 mit etwas Pech auch auf dem Polizeirevier enden können. Hans Olander von der Zeitung „Mora Tidning" jedenfalls staunte nicht schlecht, als er eine Woche vor dem Wettkampftag in aller Frühe zwei müde Sportler antraf, die es sich im Zeitnehmer-Häuschen mit ihren Schlafsäcken soweit es ging gemütlich gemacht hatten und gerade dabei waren, auf einem kleinen Benzinkocher Schnee für den morgendlichen Kaffee einzuschmelzen. Der Reporter, der eigentlich nur eine Aufnahme vom in den Neuschnee getauchten Wasalauf-Ziel schießen wollte, sah in Wilfried Priebs und dessen Kumpel Jochen Bürger aber keine Kriminellen, sondern witterte vielmehr eine ganz ungewöhnliche Story. Und die sollte er bekommen. Denn auch wenn die beiden ostdeutschen Sportler nur in „liebenswürdigem Englisch" (Zitat Olander) Auskunft gaben, wurde ihm schnell klar: Was die beiden ihm erzählten, würde in den nächsten Tagen in ganz Mittelschweden die Runde machen. „Eine Nacht, die wir nie vergessen" – lautete schließlich am Montag die Schlagzeile, auf die Priebs und Bürger in den nächsten Tagen immer wieder von Einheimischen angesprochen werden sollten, die die beiden Deutschen vom Zeitungsfoto wieder erkannten.

Ihre Geschichte ist schnell erzählt. Als im Herbst 1989 die Mauer fiel, eröffnete das auch den Freizeit-Skiläufern in der DDR die Chance, beim Vasaloppet zu starten. Während viele jedoch zunächst andere Prioritäten setzten oder sich so kurzfristig die Reise nach Skandinavien einfach nicht zutrauten, zögerte Wilfried Priebs keinen Moment. Mit Jochen Bürger aus Riesa, mit dem er in seiner Jugend Radrennen für Motor Zittau bestritten hatte, schmiedete er noch vor Beginn der Skisaison Pläne, um sich den Traum vom Start in Schweden zu erfüllen. Das große Abenteuer begann Ende Februar 1990 für beide nach der Fährüberfahrt von Saßnitz nach Trelleborg mit einer Zittereinlage bei der Zollkontrolle. Beide

Sportler hatten die Rucksäcke mit Bier, Wein, Wodka und Sekt vollgestopft. Es war ihre „flüssige Währung". Schließlich hatte das Duo ohne D-Mark die Reise angetreten. Da sich der Zollbeamte eher für den Inhalt der Skisäcke interessierte, in die Priebs und Bürger auch jede Menge Klamotten reingepresst hatten, ging ihr Plan auf. Den ersten Flachmann steckten die beiden Ostdeutschen dem Schaffner des Zuges von Stockholm nach Mora zu, der dafür ein Auge zudrückte, dass es sich die beiden in der 1. Klasse gemütlich gemacht hatten. In Mora angekommen, folgte die erste Enttäuschung auf dem Fuße. Es lag kein Schnee. Der Euphorie tat dies aber keinen Abbruch. Und siehe da: Als die beiden Abenteurer kurz vor 22 Uhr erstmals unter dem Zielbanner des Wasalaufes standen, setzte leichter Flockenwirbel ein. Als dann Jochen Bürger auch noch auffiel, dass die Tür eines Containers offen stand und die beiden somit ein kostengünstiges Nachtlager gefunden hatten, war wieder ein Problem gelöst.

Am nächsten Tag führte der erste Weg nach dem Frühstück und dem spontanen Interview mit Hans Olander ins Organisationsbüro. „Wir waren froh, dass es am Sonntag geöffnet hatte und sind mit offenen Armen empfangen worden", erzählt Wilfried Priebs. Es war kein geringerer als Generalsekretär Rolf Hammar, der auf die beiden weit gereisten Skiläufer aufmerksam wurde, die da nach Startnummern fragten, obwohl sie gar keine harten Devisen dabei hatten. Hammar lud sie zu Kaffee und Plätzchen in sein Büro ein und hörte sich ihre Geschichte an. „Als ich ihm davon erzählte, dass ich mich seit dem Sieg von Gert-Dietmar Klause 1975 um einen Start beim Vasaloppet bemühe, war das Eis gebrochen. Seine Augen funkelten, als ich den Namen Klause erwähnte", erzählt Wilfried Priebs. Für ihn und Hammar war es der Beginn einer bis heute währenden Freundschaft mit vielen tollen Erlebnissen auf der einen und einem klassischen Fehlstart auf der anderen Seite. Denn es schneite zwar heftig, als Priebs und Bürger das Vasaloppet-Haus verließen, und auch das Problem, die 1000 schwedischen Kronen für die Startplätze aufzutreiben, war schon wenige Stunden später gelöst. Trotzdem sollten letztlich noch einmal 370 Tage bis zur Vasaloppet-Premiere verstreichen. Denn als zwei Tage später Rolf Hammar im schwedischen Fernsehen Rede und Antwort stand, hatte er keine guten Nachrichten. „Vasaloppet is cancelled“ – flimmerte als Laufzeile über den Bildschirm, während auf den TV-Bildern ein Loipengerät zu sehen war, das im Hochmoor stecken blieb. Der fehlende Frost der zurückliegenden zwei Wochen machte sämtliche Versuche des Veranstalters, auf der ersten Hälfte der Strecke die Loipe mit schwerer Technik zu präparieren, zunichte. So mussten auch die wohl knapp ein Dutzend aus der DDR angereisten Läufer unverrichteter Dinge wieder abreisen.

Langjähriges Ritual: Wilfried Priebs begibt sich auf den Weg in seinen Startblock.

Dass ein Jahr später allein aus Sachsen 108 Teilnehmer die 90 Kilometer von Sälen nach Mora in Angriff nahmen, war zu einem großen Teil auch ein Verdienst von Wilfried Priebs. Der rührte in der Heimat noch bei den letzten Ski-Wettkämpfen der Saison 89/90 die Werbetrommel für eine gemeinsame Fahrt zum Vasaloppet und schaffte mit der Gründung des Skiclubs Saxonia Dresden im November 1990 den Rahmen, um die Reise organisieren zu können. Da es zwar viele Interessenten für einen Start gab, aber nur wenige, die Interesse an Vorstandsarbeit im Verein hatten, schloss sich der neue Skiclub als Fachgruppe Ski nordisch dem Sächsischen Bergsteigerbund an. Bei Wilfried Priebs, der viele Jahre als Vertriebsleiter zunächst im Chemiefaserwerk Guben und ab 1980 bei der Brauerei Dresden-Coschütz tätig war, drehte sich zu dem Zeitpunkt längst schon alles um den Vasaloppet. Es verging fast kein Tag ohne Reisevorbereitungen. Schließlich galt es nicht nur, zwei Busse und die Startnummern sowie Unterkünfte in Schweden zu organisieren. Es wurden auch Preise ausgehandelt, Verträge geschlossen und Anfragen bearbeitet. Am Ende hatte Organisationstalent Wilfried Priebs ein Paket für 325 DDR-Mark geschnürt, in dem nur die Verpflegung nicht inbegriffen war. Als es dann am 3. März 1991 tatsächlich soweit war, wurden die Saxonia-Läufer sogar extra von einem Team des Deutschen Fernsehfunks begleitet. Das konnte einen Erfolgsbericht in die Heimat senden, denn alle Starter, die mit der Gruppe von Wilfried Priebs unterwegs waren, meisterten den Vasaloppet mit Bravour.

Für den Reiseleiter selbst, der in 8:34 Stunden als 6359. von knapp 9200 Startern finishte, war es ein sehr emotionales Rennen. Während er vor allem darauf bedacht war, sich die Kräfte gut einzuteilen und sich an jeder Verpflegungsstelle zu stärken, schweiften seine Gedanken immer wieder zurück. Er dachte an seine ersten Skier, die er zum 14. Geburtstag bekam und kurz darauf selbst reparierte, damit seine Eltern nichts vom ersten Sturz-Malheur bemerkten. Er überlegte, in welcher Zeitung er 1972 den Artikel über den Isergebirgslauf gelesen hatte, den er später über 30-mal absolvierte und der so etwas wie der Startschuss für seine Volksskilauf-Begeisterung war. Und er erinnerte sich an Gert-Dietmar Klauses Husarenstück, der 1975 den Vasaloppet gewann und damit auch in Wilfried Priebs den Wunsch auslöste, einmal in Schweden dabei zu sein. Was hatte er damals nicht alles dafür in die Wege geleitet. Er tauschte mit schwedischen Bauarbeitern in Berlin DDR-Mark gegen Schweden-Kronen, wurde in der schwedischen Botschaft vorstellig, wandte sich an den Deutschen Turn- und Sportbund und die „Gesellschaft zur Förderung des olympischen Gedankens" und erbettelte sogar einen Termin im Sekretariat des Staatsrates. Doch alle Bemühungen waren umsonst. „Uns wurde höflich aber bestimmt gesagt, dass wir kein Visum für Schweden bekommen", sagt Wilfried Priebs. Seinen Traum gab er deshalb aber nicht auf. Für ihn war klar: Spätestens als Rentner, für die es in der DDR Ausreisegenehmigungen auch fürs nichtsozialistische Ausland gab, würde er den Vasaloppet machen.

Dass es alles letztlich ganz anders kam, genoss Wilfried Priebs in vollen Zügen. So beließ er es in den Jahren nach der Wende nicht nur bei Fahrten zum Vasaloppet, sondern organisierte Reisen zu großen Volksskiläufen auf der ganzen Welt, den so genannten Worldloppets. „Ich bin in Amerika und Kanada gelaufen, genauso in Tschechien, Polen, Estland, Frankreich und der Schweiz sowie in Norwegen, Finnland und Schweden. Aber es gibt keinen Zweifel, dass der Wasalauf von der Organisation und vom Umfang her die klare Nummer 1 ist“, sagt der Sachse. Daher ist er auf eine Tatsache besonders stolz, nämlich die, dass der Skiklub Saxonia zur 75. Auflage im Jahr 1999 mit sage und schreibe 300 Teilnehmern vertreten war. Sieben Reisebusse waren ausgebucht. Wahnsinn Wasalauf! Da das angestammte Quartier in Orsa für so viele Gäste bei weitem nicht ausgelegt war, wurden mit Unterstützung des Tourismuschefs von Mora erstmals Hütten auf der Insel Sollerön reserviert. Es ist daher kein Zufall, dass der Name Wilfried Priebs im Organisationsteam der Schweden seit jener Auflage des Rennens immer öfter in einem Atemzug mit dem von Gert-Dietmar Klause genannt wurde und wird. Der Saxonia-Chef erinnert sich sehr gern zurück, denn er ging in seiner Aufgabe völlig auf. „Ich bin am Abend immer erst dann zurück ins Quartier gefahren, wenn ich wusste, dass alle gut im Ziel angekommen sind“, berichtet er. Ruhe gönnte er sich nur kurz, weil er für jeden Läufer seiner Gruppe das Teilnahmediplom, das Streckenprofil mit den persönlichen Zwischenzeiten und das Gruppenfoto in einer Erinnerungsmappe zusammenstellte und am nächsten Morgen vor der Abfahrt der Busse übergab. Denn Wilfried Priebs reiste über viele Jahre mit mehreren Sportfreunden sofort nach dem Wasalauf zum „Rajalta Rajalle Hiihto“ weiter, bei dem in sechs Tagen 440 Kilometer von der russischen bis zur finnischen Grenze zurückzulegen sind.

Mit 20 erfolgreichen Vasaloppet-Teilnahmen steht Wilfried Priebs in der deutschen Rangliste unter den Top 10. Doch darum ging es ihm gar nicht. „Mein Slogan war, jeder gefinishte Wasalauf ist ein Jahr Lebenserwartung mehr“, erzählt der Mann, der von Fremden tatsächlich in der Regel stets mindestens um die zehn Jahre jünger geschätzt wird. Seine schnellste Zeit lief er 1998, als er zunächst am Dienstag die Offene Spur in 7:26 Stunden bewältigte und am Sonntag im Wettkampf in 7:44 Stunden nur unwesentlich langsamer blieb.

Gelungene Überraschung: Seinen 20. Start beim Wasalauf im Jahr 2013 feierte Wilfried Priebs (Nr. 13500) mit Frau und Freunden.

„Damals hatten wir super Bedingungen, wie es sie seitdem nicht mehr gab. Das waren Betonspuren", schwärmt der Oldie, für den auch die Erwähnung in der Wasalauf-Chronik zum 75. Jubiläum sowie die Überraschung seiner Freunde zu seinem 20. Wasalauf im Jahr 2013 ganz besondere Höhepunkte darstellten. In all der Zeit hat er freilich viele verrückte Dinge auch rings um den Wettkampf erlebt. Abgesehen von einzelnen Läufern, die das Rennen ohne den 1998 eingeführten Chip für die Zeiterfassung in Angriff nahmen und demzufolge auch in keiner Ergebnisliste auftauchten, sind ihm vor allem zwei Geschichten in Erinnerung geblieben. „In einem der ersten Jahre ist einem unserer Sportler erst kurz vorm Start im Bus aufgefallen, dass er seine Skischuhe in der Skihütte stehengelassen hatte." Da war guter Rat teuer. Und den hatte, na klar, Wilfried Priebs. Er wusste von einem Mitarbeiter des deutschen Fernsehteams, der seine Skiausrüstung im Wohnmobil nahe der Startwiese dabei hatte. Das war für den Pechvogel Glück im Unglück. Er zwängte seine Füße in die zwei Nummern kleineren Schuhe und bezahlte das zwar mit blauen Zehennägeln auf beiden Seiten, war aber dennoch glücklich, weil er nicht ohne Ergebnis wieder heimfahren musste. In einem anderen Fall trieb es aber selbst Wilfried Priebs am frühen Morgen des Wettkampfes die Schweißtropfen auf die Stirn. „Bei einem von sieben Bussen war die Servolenkung ausgefallen“, erinnert er sich. Das Problem löste einer der Busfahrer mit kräftiger Statur: Er tauschte mit seinem Kollegen den Bus und lenkte das Gefährt mit 50 erwartungsfrohen Wasaläufern mit purer Armkraft an den Start. Kein Wunder, dass es an jenem Tag den ersten großen Beifall schon vor dem Startschuss gab.

Auch wenn Wilfried Priebs seit 2014 nicht mehr in den Ergebnislisten des Vasaloppet auftaucht, hält er dem Wettkampf doch bis heute die Treue. Einer der Gründe heißt Eva Nohl (Vasaloppet-Bestzeit: 7:36 Stunden). Es passt fast ein bisschen zu perfekt zur Geschichte, aber seine zweite Ehefrau, mit der er in der Nähe von Nürnberg lebt, hat der gebürtige Oberlausitzer 2002 wenige Tage vor dem Vasaloppet beim Training in der Wettkampfloipe kennengelernt. Sie ist mehrfache WM-Medaillengewinnerin der Seniorinnen im Skilanglauf und der Leichtathletik und fast jedes zweite Wochenende mit Wilfried Priebs in Sachen Sport unterwegs. Daneben kümmert sich der Rentner nach wie vor um Startplätze und Reisen zu den Worldloppets. „Durch die Online-Anmeldung ist es mittlerweile fast unmöglich, sich auf normalem Weg eine Startnummer für den Wasalauf zu sichern. Wenn ich 150 vorher bestelle, bekomme ich die auch“, sagt er. Die Nachfrage in Deutschland ist nach wie vor da. 2015 zum Beispiel ist keine einzige „seiner“ Startnummern verfallen. Er bedauert dennoch, dass die moderne Zeit auch den Skilanglauf-Klassiker längst erreicht hat und macht das vor allem an zwei Fakten fest: Zum einen am Organisationsteam: „Früher war das eine Familie, heute ist das fast schon ein Konzern.“ Zum anderen am Umgang der Sportler mit dem Erlebnis Vasaloppet: „Bis vor ein paar Jahren war es ganz normal, mindestens eine Woche dafür einzuplanen, heute wollen manche am besten erst am Samstag einfliegen und dann auch schon am Montag wieder arbeiten gehen.“ Seiner eigenen Begeisterung tut das aber keinen Abbruch. Zumindest den Halb-Vasa über 45 Kilometer will er bis ins hohe Alter jedes Jahr mitnehmen.

5. Kapitel

Jagd auf den ersten Sieger

Das beste an der Verpflegungsstelle in Mangsbodarna neben der Blaubeersuppe ist die Abfahrt danach. Auf der nach wie vor leicht abschüssigen Strecke mache ich weiterhin regelmäßig ein paar Plätze gut. Und das im Prinzip ohne eigenes Zutun. Denn immer wieder entdecke ich Skispuren, die plötzlich von der Loipe weg in Richtung Wald führen und Läufer, die sich nach einem Sturz aufrappeln, die Klamotten richten oder hektisch an ihren Bindungen herumfummeln. Auf einer längeren Geraden staune ich dann nicht schlecht, als mir schon von weitem ein Wettkämpfer auffällt, der sich auf einer Art Skibob allein mit der Kraft seiner Arme durch die Loipe kämpft. Es ist zwar schon längst nichts Außergewöhnliches mehr, dass sich auch behinderte Skisportler auf die Spuren von Gustav Vasa begeben. Doch jetzt, wo ich den Sitz-Ski-Fahrer direkt vor mir habe, kommt mir das Ganze schon etwas abenteuerlich vor. Ich frage mich, wie er mit diesem Gerät den ersten Anstieg hochgekommen ist und wie er damit die kurvenreichen Abfahrten meistert. Zur Sicherheit lege ich kurz etwas an Tempo zu, um ihn möglichst noch vor dem nächsten Berg zu überholen. Ich traue mich im Pulk dann zwar nicht, nach hinten zu schauen, ob der Behindertensportler heil den Hügel runtergekommen ist. Zumindest aber gehört seine Startnummer zu den wenigen, die ich mir tatsächlich merke, um später nachzusehen und zu googeln. Mit der 5977 wird Aron Andersson aufgelistet, der in Schweden dem ein oder anderen Sportfan ein Begriff sein dürfte. Denn ein Blick auf seine Homepage verrät: Der junge Mann, der eigentlich im Rollstuhl sitzt, macht unter anderem als Schwimmer, Ruderer und mit dem Handfahrrad Schlagzeilen. Da darf der Wasalauf in der „Sammlung“ offenbar nicht fehlen.

Ich bin kaum einen Kilometer weiter gekommen, da staune ich erneut. Ich werde von einem Läufer überholt, bei dem ich nicht nur einmal hingucken muss, sondern drei-, viermal. Da hat sich einer zum Jubiläum offenbar den Spaß erlaubt, den Wasalauf in den Ski-Klamotten seines Opas zu absolvieren. Mir kommt sofort das beinahe lebensgroße Foto von Ernst Alm in den Sinn, über das ich mich zwei Tage zuvor im Vasaloppet-Museum noch so herrlich amüsiert habe. Denn der Waldarbeiter aus dem nordschwedischen Norsjö, der am 19. März 1922 die Wasalauf-Premiere gewonnen hatte, kommt so, wie er damals nach seinem Triumph im leichten Flockenwirbel von Mora für die Nachwelt abgelichtet wurde, völlig unscheinbar daher. Das Lächeln wirkt leicht gequält. Die mindestens zwei Nummern zu groß geratene Hose wird von Gürtel und Hosenträgern gehalten. Aus den schweren klobigen Stiefeln schauen dicke Wollsocken hervor, die bis knapp unter die Knie gezogen sind. Seine Mütze sitzt so schief, dass das rechte Ohr darunter hervorlugt. Aber okay. Dafür hängt die Startnummer 99 leicht zur anderen Seite. Die breiten Bambusstöcke mit den riesigen Tellern hält Ernst Alm in den nackten Händen. Ein echter Naturbursche eben, der als erster Sieger für immer seinen Platz in der Chronik hat, mit seinen damals 22 Jahren aber auch bis heute der Jüngste ist, der das Rennen für sich entscheiden konnte. In 7:32:49 Stunden hatte er die damals noch gut 92 Kilometer lange Strecke bewältigt. Da ich zu dem Zeitpunkt noch nicht ahne, wie schwer ich mich an diesem Tag auf dem Weg nach Mora noch tun werde, halte ich das jetzt auch für mich für eine realistische Zeit. Ich grinse vor mich hin. Schneller als der erste Wasalauf-Sieger – das würde doch gut klingen. Es ist aber natürlich ein Vergleich, der gewaltig hinkt. Denn während die Läufer bei der Premiere vor nun schon fast 100 Jahren auf kaum präparierten kleinen Wegen oder teilweise sogar auf Straßen unterwegs waren und bis in die 50er/60er Jahre oft nur eine Spur gelegt wurde, gleicht die Loipe heute beinahe schon einer Autobahn durch den Wald. Die immer professionellere Präparierung der Wettkampfstrecke trug neben vielen anderen Faktoren maßgeblich dazu bei, dass in den ersten Jahren regelrechte Sprünge bei den Streckenrekorden hingelegt wurden.

War die schwedische Öffentlichkeit 1922 noch fest davon überzeugt, dass so schnell kein Zweiter eine ähnliche Zeit wie Ernst Alm abliefern könnte, so wurde sie nur zwölf Monate später durch dessen Vereinskameraden Oskar Lindberg eines Besseren belehrt.

Historische Aufnahme: Als Ernst Alm 1923 den ersten Wasalauf gewann, ahnte keiner, welche Dimensionen das Rennen erreichen würde.

Er blieb in 6:32:41 Stunden nicht zuletzt dank besserer Schneeverhältnisse als bei der Erstauflage deutlich unter der Sieben-Stunden-Marke. Für den nächsten Meilenstein sorgte nur drei Jahre später Per-Erik Hedlund. Der Mann aus Särna gewann in sagenhaften 5:36:07 Stunden und lief 1928 endgültig in die schwedischen Geschichtsbücher, als er in St. Moritz über 50 Kilometer die erste olympische Goldmedaille für sein Land im Skilanglauf gewann. Der Vollständigkeit halber seien auch die Namen von David Johansson und Konrad Hallenbarter erwähnt. Der Schwede blieb 1961 als erster Sieger unter fünf Stunden, und das in 4:45:10 gleich recht deutlich. Und Hallenbarter brach 1983 die letzte Schallmauer, als er den bislang einzigen Sieg eines Schweizers mit neuem Streckenrekord von 3:58:08 Stunden krönte.

In Gedanken versunken gehe ich gerade in die Hocke, um eine längere Abfahrt zu genießen, da taucht quasi aus dem Nichts ein Läufer auf, der sich kurz vor mir in die Spur einordnet. Mann! Das ist jetzt schon das zweite Mal in kürzester Zeit, dass mich einer so rasiert. Nachdem ich beim ersten Mal ausgewichen und in der stumpfen Nebenspur fast hingeflogen war, schreie ich jetzt meinen Unmut einfach raus. „Go, go, go, go go!“- feuere ich den armen Kerl lautstark an. Der schiebt, als würde er die Ziellinie in Mora schon vor sich sehen. So reicht diesmal ein kurzes heftiges Bremsen, um die Situation heil zu überstehen, ohne großartig an Tempo zu verlieren. Am Ende der Abfahrt zische ich mit dem für die Schuppen-Skier so typischen leichten Pfeif-Ton sogar an mehreren Läufern vorbei, von denen einer während des Überholens große Augen macht und verständnislos den Kopf schüttelt. Na klar: So schön das Gefühl für mich ist, die richtige Wahl getroffen zu haben, so demotivierend kann es natürlich sein, wenn man schon auf der ersten Hälfte der 90 Kilometer mitbekommt, dass der Ski nicht läuft.

Tipp: Die so genannten Nowax-Skier sind immer mehr im Kommen. Dabei sorgen entweder mechanische Schuppen oder auch kurze Fell-Abschnitte direkt unter der Bindung für Grip im Diagonalschritt. Die Gleitzone unterscheidet sich nicht von den üblichen Renn-Skiern. Viele Hersteller haben in diesem Bereich in den vergangenen Jahren ihre Modelle weiter entwickelt. Selbst ambitionierte Freizeitläufer nutzen die Renn-Schuppen-Skier längst nicht mehr nur zum Training, sondern gerade auch bei komplizierten Wachsverhältnissen im Wettkampf. Beim Kauf sollte man auf eine gute Spannung der Skier und einen hochwertigen Belag achten. Damit das System auch funktioniert, empfiehlt es sich, die Skier und die Platzierung der Bindung von einem Fachmann individuell anpassen zu lassen.

Auf dem Weg nach Risberg herrscht plötzlich großes Hallo neben der Strecke, obwohl der dritte Verpflegungspunkt noch längst nicht in Sicht ist. Gleich ein gutes Dutzend Läuferinnen begibt sich nach einem wohl privat organisierten und ganz offensichtlich feucht-fröhlichen Zwischenstopp kurz vor mir wieder in die Loipe. Eine knappe Woche vor dem 8. März sieht das ganz nach der schwedischen Variante eines Ausflugs zum internationalen Frauentag aus. Wobei es Ausflug nicht ganz trifft, da die Läuferinnen doch ein ordentliches Tempo an den Tag legen. Es ist kein Zufall, dass die den Frauen vorbehaltenen gelben Startnummern im Läuferfeld an diesem Tag allgegenwärtig sind. Für die 90. Auflage des Wasalaufes haben sich nämlich erstmals mehr als 2000 Starterinnen angemeldet. Das verwundert nicht nur angesichts der zu bewältigenden Strecke. Es ist auch ein klarer Beleg dafür, dass die Frauen beim größten Skilanglaufrennen der Welt auf dem Vormarsch sind. Dabei war aller Anfang schwer. Denn nachdem Sportlehrerin Margit Nordin 1923 als erste weibliche Läuferin an den Start ging und in 10:09 Stunden als Letzte ins Ziel kam, war es Frauen zunächst über Jahrzehnte offiziell nicht gestattet, beim Wasalauf zu starten. Dennoch ging ab Ende der 50er Jahre so gut wie kein Rennen mehr ohne Frauen über die Bühne. Entweder „versteckten" sie sich ohne Startnummer im großen Feld oder tricksten die Veranstalter anderweitig aus. So schildert Sven Plex Petersson in seinem eingangs bereits erwähnten Buch von 1974 den Fall der deutschen Läuferin Waltraud Nothatt, die sich als Sepp Bischoff anmeldete, ihre Startnummer bekam und das Rennen auch erfolgreich meisterte. Interessant: Wer heute in der alten Ergebnisliste von damals sucht, wird weder bei Bischoff noch bei Nothatt fündig. Erst Anfang der 80er Jahre, als zum Beispiel auch der Marathonlauf der Frauen als olympische Disziplin anerkannt wurde, öffnete sich das Traditionsrennen im Dalarnaer Land zaghaft für weibliche Starter. Es dauerte allerdings noch bis 1997, ehe mit einer separaten Frauen-Wertung inklusive Siegprämie und Begrüßung im Ziel durch einen Kranzjungen die Gleichberechtigung in der Loipe endgültig vollzogen wurde. Die Schwedin Sofia Lind, die schon 1996 in der inoffiziellen Frauenwertung die Nase vorn hatte, gewann nicht nur die Premiere 1997 in 5:06:35 Stunden, sondern führt bis heute mit vier Siegen die Liste an.

Und auch wenn gleich im Jahr darauf die Amerikanerin Kerrin Petty in 4:17:02 Stunden triumphierte und später die russische Weltklasse-Läuferin Svetlana Nageijkina gleich zweimal (2000/2002) die Nase vorn hatte – es waren immer wieder die Skandinavierinnen, die die Glanzpunkte setzten. So hat mit Vibeke Skofterud keine Geringere als die norwegische Staffel-Olympiasiegerin von 2010 und -Weltmeisterin von 2011 den Streckenrekord inne. Im Jahr 2012 meisterte sie die 90 Kilometer von Sälen nach Mora bei Top-Bedingungen in 4:08:24 Stunden. Bereits fünf Jahre zuvor hatte die Schwedin Elin Ek einen ganz besonderen Erfolg verbucht. Nur wenige Wochen nach ihrem Sieg beim König-Ludwig-Lauf in Oberammergau fuhr sie in ihrem Heimatort Mora unter dem Jubel der Zuschauer ebenfalls als Erste über die Ziellinie. Die Experten staunten damals vor allem über ihre Zeit, denn in 4:48:29 Stunden war sie keine fünf Minuten langsamer als Männer-Sieger Oskar Svärd. So gering war der Abstand nie zuvor und bis heute nicht annähernd wieder. Das belegt auch ein Blick in die Ergebnisliste. Nur 91 Männer waren 2007 schneller als Elin Ek. In der Beziehung wurde sie bislang nur von der polnischen Olympiasiegerin Justyna Kowalczyk übertrumpft, bei deren Sieg 2015 in 4:41:02 Stunden lediglich 70 Männer vor ihr ins Ziel kamen.

Die deutsche Bestzeit bei den Frauen hat noch immer die ehemalige Weltcup-Starterin Constanze Blum vom SC Motor Zella-Mehlis inne. Die Thüringerin, die Deutschland unter anderem 1998 bei den Olympischen Spielen in Nagano vertrat, war 2001 und 2002 als Vierte und Fünfte jeweils ganz nah dran an einem Podestplatz. Die 4:47:52 Stunden ihres Wasalauf-Debüts hat bis heute keine deutsche Läuferin toppen können.

Schöne Erinnerung: Constanze Blum hält stolz ihr Vasaloppet-Diplom in der Hand. Sie lief 2001 die schnellste Zeit einer deutschen Starterin.

Dabei verlief das Rennen aus der Sicht von Constanze Blum etwas unglücklich: Die damals 28-Jährige lag nämlich über zwei Drittel der Strecke auf Bronzekurs, ehe ihr in Oxberg die Tatsache zum Verhängnis wurde, dass sie keine Extra-Betreuer an der Strecke zur Verfügung hatte. Denn während sich die Deutsche an der offiziellen Verpflegungsstelle stärkte, zog Antonina Ordina vorbei und machte am Ende den schwedischen Dreifach-Erfolg bei den Frauen hinter Ulrica Persson und Sofia Lind perfekt. Die Klassik-Spezialistin aus dem Thüringer Wald konnte sich aber über den vermeintlich undankbaren vierten Platz durchaus freuen. „Ich hätte nie damit gerechnet, bei diesem speziellen Rennen, das wie für die Skandinavier gemacht scheint, unter die ersten Sechs zu kommen“, erzählt sie. Außerdem wurde sie für ihr Rennen mit reichlich Präsenten bei der Siegerehrung belohnt. „Ich bin mit dem halben Auto voller Geschenke heimgefahren.“

Die Top-Platzierung 2001 war allerdings insofern keine Überraschung, da sich Constanze Blum in jener Saison eigentlich für ihre vierte WM-Teilnahme nach Thunder Bay, Trondheim und Ramsau qualifizieren wollte und dementsprechend voll im Training stand. Den Vasaloppet hatte sie nur als Plan B im Hinterkopf. „Er hat mich schon immer gereizt, weil ich einfach mal sehen wollte, wie man da durchkommt. Von daher war der Gedanke gereift, dort zu laufen, wenn es für Lahti nicht reichen sollte.“ Als sich abzeichnete, dass der WM-Zug ohne sie abfahren würde, fiel sie daher nicht in ein Loch, sondern meldete sich kurzfristig für den König-Ludwig-Lauf an, um in die Skimarathon-Szene reinzuschnuppern.

Ihr damaliger Freund aus Norwegen war ihr dann behilflich, einen Startplatz für den Vasaloppet zu organisieren und einen Wachs-Spezialisten zu finden. „Wir haben bei einer Familie gewohnt und waren eine lustige Truppe“, erinnert sich Constanze Blum. Als es ein Jahr später auch für Olympia in Salt Lake City nicht reichte, musste sie nicht lange über ihren zweiten Start in Schweden nachdenken. „Als ich 2001 im Ziel war, dachte ich im ersten Moment, einmal und nie wieder. Aber eigentlich war mir schon am Abend des Rennens klar, dass ich das gerne nochmal erleben möchte“, erzählt sie. Der fünfte Platz von 2002 in 4:55:53 Stunden fühlte sich genauso gut an wie ihre erfolgreiche Premiere im Jahr zuvor. „Zweimal nacheinander unter die Top 5 zu laufen ist bei einem Rennen dieses Stellenwerts keine schlechte Bilanz“, sagt sie. Letztlich waren für Constanze Blum in Sachen Vasaloppet aller guten Dinge sogar drei: Denn 2004 tat sie Manuela Oschmann, einer langjährigen Freundin aus ihrer Trainingsgruppe, den Gefallen und begleitete sie zum großen Lauf ins Dalarnaer Land. Neben Platz 32 im Frauenfeld in 5:26:07 Stunden (beste Deutsche) sprangen dabei einige ganz neue Eindrücke heraus. „Wenn du an der Spitze mitläufst, bist du natürlich voll aufs Rennen fokussiert. Dadurch habe ich erst bei meinem dritten Start ein Auge für die tolle Landschaft gehabt und bin während des Rennens auch mal mit anderen Läufern ins Gespräch gekommen“, erzählt die Sportlerin, die im Laufe ihrer Karriere etwas schwedisch gelernt hatte. Ganz neu war für sie die Erfahrung, sich gut 20 Kilometer vor dem Ziel fürs Nachwachsen der Skier anzustellen. „Da wurde in Reih und Glied gewartet, aber gebracht hat es am Ende nichts“, meint sie.

Tipp: Wer vorhat, schwedische Kronen schon in Deutschland vor der Fahrt zum Wasalauf zu wechseln, sollte das nicht auf den letzten Drücker versuchen. Gerade in kleineren Städten kann es schon mal ein paar Tage dauern, ehe die bestellten Scheine in der Filiale ankommen. Wirklich nötig ist es allerdings nicht, Geld schon vorher zu tauschen. Man kann in Schweden mit allen gängigen Kredit- und Geldkarten bezahlen beziehungsweise Kronen am Automaten abheben, muss dafür jedoch Gebühren der Banken mit einkalkulieren.

Während mich die lustige Frauentagsgruppe von vorhin schon wieder abgehängt hat, frage ich mich, wie es wohl den drei anderen aus unserer Hütte gerade so ergeht. Hat mich einer von ihnen schon überholt? Aber eigentlich spielt das auch gar keine Rolle. Denn ich empfinde es als Riesenglück, dass wir zwar ein wahrlich bunt zusammen gewürfelter Haufen sind, von der ersten gemeinsamen Nacht auf der Fähre von Kiel nach Göteborg an aber gut harmonieren. Es ist ein kurioser Zufall, dass wir uns bei der Anreise alle vier im Bus unmittelbar neben- oder hintereinander gesetzt haben, obwohl da noch keiner den Plan für die Kabinen- und Hüttenbelegung kannte. Auf dem Golfplatz Sollerön angekommen, wird zunächst Wolfgang in unserer einfachen aber zweckmäßigen Unterbringung zum Stubenältesten ernannt. Der Bohrmeister aus dem Erzgebirge ist mit 60 nicht nur der Oldie unter uns, er bringt auch als einziger Wasalauf-Erfahrungen von fünf bisherigen Starts mit. Wir drei Neulinge hängen regelrecht an seinen Lippen, wenn er aus dem Nähkästchen plaudert. Die anderen Aufgaben werden nach individuellen Fertigkeiten vergeben. Da Stefan (45) aus Bayern, der durch einen Roller-Kurs im Vogtland zu unserer Gruppe stieß, gelernter Koch ist und sich darüber hinaus auch am besten mit dem Wachsen der Skier auskennt, hat er den meisten Stress. Unser Küken Florian (30) dagegen, Zahnarzt aus dem Schwarzwald, den es fürs Studium und die ersten Berufsjahre nach Sachsen verschlagen hat, ist so etwas wie der Ruhepool. Er kann sich am helllichten Tag für ein 30-minütiges Nickerchen hinlegen. Da in der Woche in Schweden zum Glück weder Zahnschmerzen zu behandeln sind, noch Redakteurstätigkeiten für meine Wenigkeit anfallen, teilen wir uns in den Kleinkram rein, der auch erledigt werden muss. Aufwaschen, Müll rausbringen, Tisch decken – es läuft alles wie am Schnürchen.

Von meinem Rennen kann ich das zu dem Zeitpunkt nur deshalb behaupten, weil mein Sturz in einer leicht abschüssigen Kurve kurz vor der Verpflegungsstelle in Risberg zum Glück glimpflich abgeht. Eine stumpfe Stelle in der Loipe hat meinen linken Ski plötzlich derart abgebremst, dass ich das Gleichgewicht verliere und unsanft auf dem Hosenboden lande. Mein erster Blick geht panisch nach hinten. Drei Läufer unmittelbar hinter mir weichen aus, dann gibt es eine Lücke. Ruckzuck stehe ich wieder auf den Skiern, nehme Tempo auf und gehe in der Hocke in die nächste Abfahrt. Die bietet Gelegenheit, um noch mal alles abzuchecken. Bis auf einen leicht schmerzenden Hintern ist alles im grünen Bereich. So viel Glück hat nicht jeder. Als wir einige Minuten später an der Verpflegungsstelle in Risberg ankommen, geraten neben mir zwei Läufer beim Einfädeln aneinander. Es sieht zunächst so aus, als wäre nichts passiert, da sich beide auf den Beinen halten können und nur einer den Ski verloren hat. Erst auf den zweiten Blick wird das Malheur deutlich: Die Bindung steckt noch am Schuh. Jetzt ist guter Rat teuer. Allerdings sind die Organisatoren auf fast alle Eventualitäten vorbereitet. Im Gegensatz zum Stock- und Wachsservice sowie den Toiletten an allen Kontrollstellen wird zwar nicht offiziell auf die Möglichkeit hingewiesen, Ersatz-Skier zu bekommen, doch dem Vernehmen nach wird in solchen Notfällen in der Regel kein Wettkämpfer im Stich gelassen und eine Lösung gefunden.

Wasalauf-Geschichten

Von der Aushilfe auf einen Chefposten

Wie ein Brandenburger im Organisationsteam Karriere machte

Wer aus Deutschland im Büro des Vasaloppet anruft, hat mit etwas Glück einen Landsmann an der Strippe. Marcus Berndt wechselt dann schnell vom Schwedischen ins Deutsche und hat damit schon so manchen Anrufer überrascht. Nicht selten ist die Überraschung allerdings auch auf seiner Seite, denn das Spektrum der Anliegen, mit denen sich die Skilangläufer aus aller Welt in Mora melden, ist einfach riesig. So kommt es vor, dass Marcus Berndt in sich reinschmunzelt oder auch mal den Kopf schüttelt, wenn er den Hörer wieder auflegt. Am meisten berührt hat ihn bisher das Telefonat mit einem Sportler, der bittere Tränen vergoss, weil das Startplatz-Kontingent von 15.800 Plätzen innerhalb von wenigen Minuten ausgebucht und er dabei leer ausgegangen war. „Da reicht keine lapidare Antwort, weil wir natürlich wissen, dass viele unserer Teilnehmer das ganze Jahr über wahnsinnig viel Energie in die Vorbereitung für den Wettkampf stecken", sagt Marcus Berndt. Er konnte den guten Mann schnell beruhigen, denn im Gegensatz zu so mancher anderen Großveranstaltung sind die Startplätze beim Wasalauf nicht personengebunden. Das heißt, wer krank wird oder aus irgendeinem anderen Grund auf den Start verzichten muss, kann seinen Platz gegen eine Ummeldegebühr an einen anderen Interessenten weitergeben. Marcus Berndt: „Das ist bei uns unbürokratisch möglich und letztlich im beiderseitigen Interesse. Die Teilnehmer haben so eine hohe Flexibilität und wir können als Veranstalter sicher gehen, dass das Startfeld gut gefüllt ist. Das System funktioniert."

Und dennoch: Der emotionale Anruf steht exemplarisch für die reizvolle Aufgabe des in Oranienburg bei Berlin aufgewachsenen Mannes, der seit einigen Jahren als Chef der Wettkampfadministration einen wichtigen Posten im Organisationsteam inne hat. „Wir arbeiten mit einem unglaublich attraktiven Produkt, das fast schon eine nationale Angelegenheit ist und ganz viele Menschen berührt", sagt er. Das bedeutet sehr viel positive Kritik auf der einen Seite, wobei allein die Anmeldezahlen ein tolles Zeugnis darstellen. Auf der anderen Seite erhöht es freilich auch den Druck. „Obwohl wir jedes Jahr Tausende Läufer hier haben, sind wir sehr nah an den Kunden dran. Auch wenn oft nur Details bemängelt werden, nehmen wir das sehr ernst und versuchen, dran zu arbeiten", sagt Marcus Berndt. Wenn er von Produkt und Kunden spricht, mag das für den einen oder anderen befremdlich klingen. Es entspricht aber zu 100 Prozent dem Verständnis, mit dem er seine Arbeit erledigt, nämlich als Dienstleister für jeden einzelnen Wasaläufer. Das beweist nicht zuletzt auch ein Blick in seinen Aufgabenbereich. Denn zur Wettkampfadministration gehört im Prinzip alles, was von der Anmeldung zum Vasaloppet bis zur Übergabe des Teilnahme-Diploms an Kommunikation zwischen Sportler und Veranstalter stattfindet: Startgruppen-Einteilung, die Beantwortung von Telefon- und E-Mail-Anfragen, Startnummernausgabe, Fahrpläne der Shuttle-Busse, Rennbüro, und, und, und.

Wichtiger Mann: Marcus Berndt ist im Moment nicht aus dem Organisationsteam wegzudenken.

Marcus Berndt sieht sich von daher das ganze Jahr über verschiedenen Herausforderungen gegenüber. „Hinter den Kulissen ist in den vergangenen Jahren sehr viel Technisches hinzugekommen. Wenn man für fast 1000 Anmeldungen pro Sekunde gerüstet sein will, muss man zum Beispiel ein System bauen, dass der Server nicht gleich stecken bleibt", sagt er und denkt mit Grausen an 2012, als die Anmeldung im Internet anfangs nur stockend verlief. „Das sind einfach Anforderungen, an die hat vor fünf oder zehn Jahren noch gar keiner gedacht, weil es weder die damaligen Starterfelder noch der Stand der Technik nötig machten", sagt Marcus Berndt, der seinen

Aufstieg hinter den Kulissen nach eigenem Bekunden vor allem seinem Organisationstalent, seiner analytischen Denke und seiner Sprach-Begabung zu verdanken hat. Eine große Bedeutung kommt aus seiner Sicht der Internetseite des Wasalaufes zu, die im Mai 2015 im neuen Layout frei geschaltet wurde. Die Rechnung der Schweden ist ganz einfach: Wenn von den gut 65.000 Startern, die sich jedes Jahr für die Rennen im Winter anmelden, nur zehn Prozent anrufen würden, weil sie organisatorische Fragen zu klären haben, stünde das Telefon in der Vasaloppet-Woche und unmittelbar zuvor nie still. „Es war und ist deshalb wichtig, auf der Homepage ganz klar und deutlich in der Sprache zu sein", erklärt Marcus Berndt, der mit seinem Team auch in dieses Projekt maßgeblich mit eingebunden war.

Wie landet nun aber ausgerechnet ein Flachländer aus Deutschland auf einem verantwortlichen Posten beim größten Skilanglaufrennen der Welt? Ein Stück weit auch durch Zufall. Denn als sich der ausgebildete Wirtschaftsjurist und seine Freundin vor mittlerweile gut zehn Jahren entschlossen, Deutschland zu verlassen, hatten sie zunächst nur eines im Sinn. „Wir wollten einfach was Neues machen und in eine andere Gesellschaft eintauchen", erinnert sich Marcus Berndt. Zum Schnuppern ging es daher im Jahr 2006 quer durch Skandinavien, um Land und Leute kennen zu lernen und ein Gefühl für die Lebensweise zu bekommen. Wieder zu Hause angekommen, stand der Entschluss fest, wegzugehen. Nur wohin noch nicht ganz. Neben Uppsala in Mittelschweden und Umea im Norden des Landes stand eben auch Mora auf der Liste der favorisierten Gegenden. Die Entscheidung wurde dem jungen Paar letztlich nicht schwer gemacht. Denn als sie darauf stießen, dass ein Hotel in Mora internationales Personal für die Rezeption suchte, war das quasi eine Vorlage, die Marcus Berndt nur noch verwerten musste. Das fiel ihm nach der persönlichen Bewerbung vor Ort relativ leicht. „Ich hatte ein gutes Gefühl." Das wurde in Schweden schnell bestätigt, als kurz darauf auch seine Freundin als ausgebildete Erzieherin einen Job bekam.

Dass Marcus Berndt bis zum Umzug nach Mora noch nie etwas vom Wasalauf gehört hatte, passt zu seiner ungewöhnlichen Geschichte.

Denn wirklich lange war er letztlich im Hotel nicht tätig. Als eine ehemalige Kollegin, die inzwischen in der Wettkampfadministration des Vasaloppet arbeitete, Nachwuchs erwartete, übernahm er während der Elternzeit deren Job. Und wieder lief es wie am Schnürchen: „Ich bin in diesen anderthalb Jahren super ins Team integriert worden und hatte das Glück, dass wir damals gerade die Sommerveranstaltungen etabliert haben. Damit hatte ich mir quasi meinen eigenen Aufgabenbereich geschaffen und bin auch nach der Elternzeit geblieben." Mehr noch: Schon zwei Jahre später übernahm er als Leiter für das sechsköpfige Team Verantwortung. Privat nahm das Leben des deutschen Pärchens den typisch schwedischen Lauf, wie es Marcus Berndt nennt. Hund, Kombi, Kind, Haus – in genau dieser Reihenfolge. „Wir sind privat und beruflich glücklich und bereuen den Schritt, ins Ausland gegangen zu sein, in keiner Weise. Ich kann im Moment nicht sagen, was passieren müsste, um hier wieder wegzugehen", sagt der Familienvater, der sich bei den ein- bis zweimal im Jahr anstehenden Reisen in die Heimat inzwischen fast schon als Tourist fühlt.

Den Wasalauf wiederum kennt Marcus Berndt inzwischen längst nicht nur aus der Perspektive des Mitorganisators. Er hat in den vergangenen Jahren fast alle angebotenen Wettbewerbe mindestens einmal selbst in Angriff genommen und auch mit Bravur gemeistert. Die größte Herausforderung war der Vasaloppet selbst, denn das Skifahren lernte der gebürtige Brandenburger, der sich bis dahin im Winterurlaub höchstens mal auf einen Schlitten setzte, erst in Schweden. Sein Lehrer war dafür kein Geringerer als der Sieger von 1999, Staffan Larsson aus Mora. „Er hat mir in kurzer Zeit unheimlich viel beigebracht", sagt Marcus Berndt, der 2010 die 90 Kilometer von Sälen nach Mora in 8:48 Stunden meisterte und zwei Jahre später in der Offenen Spur nochmal eine ganze Stunde schneller war. „Die Kondition ist gut, die Technik nach wie vor ausbaufähig", erzählt er schmunzelnd. Auch beim Rad Vasa 2013 (4:28 Stunden) und bei der Premiere des Ultralaufes im August 2014 (10:59 Stunden) stand sein Name in der Ergebnisliste. Der Deutsche ist damit keine Ausnahme. Es gehört zu den ungeschriebenen Gesetzen, dass auch allen Angestellten der Vasaloppet-Organisation in regelmäßigen Abständen die Teilnahme ermöglicht wird. „Das erhöht einerseits die Motivation unserer Leute und verschafft uns andererseits Gewissheit, dass wir alle ziemlich genau wissen, worüber wir reden", sagt Marcus Berndt.

Dabei ist nicht zu überhören, wie sehr er in seiner Aufgabe aufgeht. Als Beweis dafür taugt auch die Tatsache, dass er sich beim großen Lauf am ersten Sonntag im März nicht zu schade ist, die Abläufe rund um den Wettkampf selbst unter die Lupe zu nehmen. „Es klingt vielleicht komisch, aber eigentlich ist das für mich der Tag mit dem geringsten Stress-Level, weil wir vorher schon alle Weichen gestellt haben", sagt Marcus Berndt. Trotzdem klingelt bei ihm 3 Uhr der Wecker. Dann fährt er selbst mit einem der Shuttle-Busse zum Start nach Berga by, schaut sich dort die Parkplatz-Situation an, überprüft später während des Wettkampfes an zwei, drei Stationen, wie es mit der Läufer-Verpflegung funktioniert und findet sich schließlich meist in der Zeitnahme wieder, die auch die internationalen Fernsehstationen mit den aktuellen Ergebnis- und Zeiteinblendungen bedient. Dort gibt es dann auch hin und wieder mal einen Plausch in deutsch, denn mit Mika Timing haben die Schweden seit vielen Jahren eine Firma aus der Nähe von Köln als Partner, die bei vielen großen Events weltweit tätig ist. Amtssprache ist allerdings englisch. Und wer glaubt, dass nach der ersten kurzen Bilanz noch am Abend des Wettkampftages erstmal Zeit zum Durchatmen für den Veranstalter bleibt, der irrt. „Da wir Ende März stets die Anmeldung fürs nächste Jahr öffnen, geht es direkt in die Auswertung. Es gibt ein großes Netz von Meetings, um so schnell wie möglich so viel wie möglich Rücklauf zu bekommen und gegebenenfalls Details zu besprechen, die unter Umständen Einfluss aufs nächste Jahr haben", erklärt Marcus Berndt.

Für große strategische Veränderungen wie die Aufnahme neuer Wettbewerbe nehmen sich die Schweden dagegen Zeit. Von der Idee bis zur Umsetzung können da schon mal zwei, drei Jahre vergehen. Für Marcus Berndt ist das ein ganz normaler Prozess, denn es spielen gleich zwei Aspekte hinein. „Es geht darum, den Wettkampf aktuell aufzustellen, ohne dabei die großen Traditionen aus den Augen zu verlieren. Außerdem sollen am Ende ja möglichst viele der 5000 Helfer die Entscheidung mittragen." Da die ersten neun Monate des

Jahres mit den Vorbereitungen auf die Ski-Wettbewerbe im März sowie die Rad- und Laufveranstaltungen im August gefüllt sind, steht in der Regel im Oktober bis Dezember eine ganze Reihe von Workshops an. Dabei beraten Verantwortliche und Helfer über den Kurs für die Zukunft. „Unser Ziel ist es, im Winter die Qualität zu erhöhen und im Sommer weiter zu wachsen", sagt Marcus Berndt. Während sich letzteres anhand der Teilnehmerzahlen leicht messen lässt, geht das Engagement in der kalten Jahreszeit unter anderem dahin, die Spur-Qualität auch bei widrigen Verhältnissen wie 2014 und 2015 gerade für die Volksläufer zu verbessern. Dazu kommt, dass sich die Gremien längst auch mit dem 100. Geburtstag des Wasalaufes (2022) beschäftigen. „Wir sammeln Vorstellungen, ob und wie sich das Rennen in dem Jahr von den anderen unterscheiden soll", erklärt Marcus Berndt, dem also weiter eine spannende Zeit bevorsteht.

6. Kapitel

Hoffnung zur Halbzeit

Der Respekt vor den noch ausstehenden reichlich 50 Kilometern erwächst nicht nur aus der Länge der Strecke an sich, sondern auch aus dem Wissen über meine mangelhafte Vorbereitung. Zwar habe ich insgesamt die Umfänge seit dem Wiedereinstieg in den Ausdauersport 2010 Stück für Stück hochgefahren und sowohl im Sommer als auch auf Skiern wichtige und teilweise auch bittere Wettkampferfahrung gesammelt. Was mir vor meinem ersten Wasalauf aber völlig abging, waren die so wichtigen Trainingseinheiten auf Schnee. Von den mindestens 1000 Kilometern auf Skiern, von denen ich in einem Fernseh-Interview mit einem schwedischen Wasalauf-Veteran gehört hatte, war ich mangels Schnee im Vogtland meilenweit entfernt. Genau genommen kam ich am Ende auf nicht einmal 200 Ski-Kilometer, der König-Ludwig-Lauf über 42 Kilometer im Januar in Oberammergau und das 20-Kilometer-Training in Schweden am Freitag vor dem Rennen inbegriffen. Die Alternative hieß Skirollern, hatte aber so ihre Tücken. Zum einen machte es schlicht und ergreifend keinen Spaß, mitten im „Winter" Trockentraining durchzuziehen. Zum anderen war es auch nicht ganz ungefährlich, auf dem mit viel Laub, kleinen Ästen und hin und wieder auch etwas Reif überzogenen Radweg Kondition zu bolzen. Und dann gab es da noch die Tage, da ich mich erst eine halbe Stunde ins Auto setzte, um auf der Loipe in Mühlleithen festzustellen, dass der Neuschnee noch nicht für eine Runde auf Skiern reichte. Also ging es runter ins Tal, wo wiederum zu viel Schnee-Matsch auf der Piste lag, um halbwegs gefahrlos zu rollern. Dann hatte ich entweder im besten Fall die Laufschuhe dabei, um zumindest eine Runde zu laufen oder stieg wenig später angesäuert auf den Hometrainer.

Die Häufung milder Winter wird zunehmend auch für die Veranstalter des Wasalaufes zur Herausforderung. Den bislang wohl größten Aufwand, um das auf der Kippe stehende Rennen zu retten, betrieben die Skisportler aus dem Dalarnaer Land im Jahr 2005.

Blaues Schild: Nach jedem absolvierten Kilometer werden die Sportler informiert, wie weit es noch bis ins Ziel ist.

Damals musste in der Woche vor dem großen Lauf aus allen umliegenden Gemeinden Schnee mit Lastern, Traktoren und Auto-Anhängern herangekarrt werden, um die Loipe durchgängig präparieren zu können. Da jeder Kubikmeter Schnee gebraucht wurde, schaufelten viele Helfer bis in die Nacht hinein. Es war so am Ende der Verdienst der gesamten Region, dass auch an diesem ersten Sonntag im März der Lauf tatsächlich wieder über die Bühne ging. Doch schon während der Doppelsieg der Schweden im 13.000-Teilnehmer-Feld durch Sofia Lind und Oskar Svärd gefeiert wurde, reifte bei den Verantwortlichen die Erkenntnis: Einen solchen organisatorischen und auch finanziellen Kraftakt, die Rede war damals von Zusatzkosten in Höhe von etwa 1,3 Millionen Euro, kann man sich unmöglich jedes Jahr leisten. Die zwei wichtigsten Konsequenzen: Es entstand ein Schnee-Fonds, der unter anderem aus der eigens dafür angehobenen Startgebühr gespeist wird. Und man verständigte sich darauf, ab sofort jedes Jahr ein Schneedepot in Oxberg anzulegen, um die meist kritischen letzten 30 Kilometer bis Mora absichern zu können. Ex-Generalsekretär Anders Selling nennt eine Zahl von 50.000 Kubikmetern Schnee, die auf einem großen Platz nahe der Strecke in Oxberg hergestellt werden, um für den Fall der Fälle Reserven zu haben. Neueste Planungen gehen sogar in die Richtung, einen Teil der Strecke mit fest installierten Schneekanonen zu versehen.

Die enormen Anstrengungen vor und hinter den Kulissen des Wasalaufes sind ein eindeutiger Beleg dafür, dass das Rennen für die Region längst von der reinen Sportveranstaltung zum Wirtschaftsfaktor geworden ist. Allein in der Wettkampfwoche im Winter geben die Teilnehmer laut aktuellen Untersuchungen fast 230 Millionen Kronen für Übernachtung, Verpflegung und Erinnerungsstücke in den Vasaloppet-Kommunen Mora, Malung-Sälen und Älvdalen aus. Das sind gut 25 Millionen Euro! Die Organisation liegt in den Händen von mittlerweile 35 fest angestellten Mitarbeitern der so genannten Vasaloppet-Vereinigung, die in ersten Linie von den beiden Sportvereinen IFK Mora und Sälens IF getragen wird. Die große Bereitschaft von jedes Jahr bis zu 5000 freiwilligen Helfern erklärt sich dabei nicht nur aus der Begeisterung für den Skilanglauf und der großen Tradition des Laufes, sondern dürfte durchaus auch darin begründet sein, dass der Gewinn zum größten Teil in den Sport zurückfließt. 2015 beispielsweise gingen elf Millionen schwedische Kronen an den nationalen Skiverband und an die 50 Vereine, die das Rennen mit Arbeitskräften unterstützten.

Der Wahnsinn Wasalauf ist längst nicht nur auf die kalte Jahreszeit beschränkt. Seit 2009 sorgen die Radfahrer regelmäßig im August für ähnliche Ausnahmezustände in den Orten entlang der Strecke wie im Winter. Die 13.000 Startplätze für den 94 Kilometer langen Rad-Vasa, der etwa zu 90 Prozent entlang der Originalstrecke des Vasaloppet führt, waren in jüngster Vergangenheit stets innerhalb weniger Minuten ausgebucht. Im Gegensatz zu den Skiläufern werden die Radfahrer in mehreren Startwellen ins Rennen geschickt. Die schnellsten Männer und Frauen meistern den Kurs, der gleich zu Beginn auf einem Schotterweg einen Bogen um den berühmt-berüchtigten ersten Berg macht, in weniger als drei Stunden. Zählt man die Teilnehmer der 45- und 30-Kilometer-Radrennen, des Jugendrennens und der offenen Spur dazu, bei der man ähnlich wie im Winter den langen Kanten ohne Renncharakter in Angriff nehmen kann, kommt man mittlerweile auch auf über 20.000 Teilnehmer. Die Sommerwoche hat sich somit innerhalb weniger Jahre zum zweiten Standbein für den Veranstalter entwickelt. Seit 2014 schließlich sind die Sportler zwischen Sälen und Mora nicht nur auf Skiern und Rädern unterwegs, sondern auch zu Fuß. Mit der Einführung des 90 und 45 Kilometer langen Ultralaufes ist den Schweden augenscheinlich ein weiterer Volltreffer gelungen. Nachdem sich bei der Premiere schon mehr als 700 Läufer an den langen Kanten gewagt hatten und sich mit Lokalmatador Jonas Buud vom IFK Mora der mehrfache Triumphator des Swiss-Alpine-Marathons in unglaublichen 6:02:03 Stunden als Erster in die Siegerliste eintrug, wurde 2015 nicht nur die Teilnehmerzahl verdoppelt. Der Blick in die Startliste verrät, dass der Ultra-Vasa das Potenzial hat, sich in der Läufer-Szene einen ganz festen Platz zu erobern. Dafür spricht auch die Tatsache, dass der Lauf von Sälen nach Mora von der Erstauflage an als Qualifikationslauf für den Ultra-Trail du Mont Blanc, das 186-Kilometer-Rennen mit über 9000 Höhenmetern rund um den höchsten Gipfel der Alpen, eingestuft wurde.

Tipp: Sommerurlaub in Mora und Umgebung lohnt sich nicht nur für die Teilnahme am Radrennen oder Crosslauf. Naturfreunde können den Wasalauf-Kurs beispielsweise in aller Ruhe zu Fuß erkunden. Der so genannte Vasaloppetsleden ist ein Wanderweg mit mehreren einfachen Schutzhütten zwischen Berga by und Mora, die für jeden zur Übernachtung frei zugänglich sind. Die Strecke ist in sumpfigen Gebieten mit Holzplanken ausgestattet und gut ausgeschildert. An exponierten Stellen wird über geschichtliche Details der Flucht von Gustav Vasa oder Besonderheiten zum Vasaloppet informiert. Wer es spektakulärer mag, kommt auf einer ganzen Reihe von Mountain-Bike-Trails auf seine Kosten. Wildwasserkajak und Rafting runden das Angebot in der Region ebenso ab wie ein Freizeit-, ein Elch- und ein Bärenpark sowie verschiedene Museen und Ausstellungen. Als Geheimtipp gilt Schwedens höchster Wasserfall Njupeskär (125 Meter) im Nordwesten von Dalarna, zu dem man aber von Mora aus fast zwei Autostunden unterwegs ist.

Wie sehr die Aussicht beflügelt, jetzt bald die Hälfte des Rennens geschafft zu haben, zeigt sich an dem kleinen Anstieg hoch zum großen blauen Schild mit der weißen 46. Ich habe den Eindruck, dass keiner jetzt auch nur einen Zacken Tempo herausnimmt. Daher gelingt es mir auch nur mit einiger Mühe, im Diagonalschritt keine Lücke nach vorn reißen zu lassen. Auch die Frequenz bei den

Doppelstockschüben auf dem folgenden Flachstück nimmt deutlich zu. Ich bin mir sicher, dass der 45. Kilometer bei vielen Läufern mit zu den schnellsten auf der gesamten Strecke gehört. Wir hetzen über eine kleine Holzbrücke. Ein schmales Rinnsaal verrät, dass sich unter der Schneedecke auf der linken Seite ein kleiner See verbirgt. Aber für Sportler-Romantik ist gerade so überhaupt gar kein Platz. Alles hält nach dem blauen Schild mit der 45 Ausschau und alle tun das gleiche, als sie die Stelle in einer leichten Linkskurve erreicht haben. Der Blick geht auf die Uhr. Knapp vier Stunden habe ich für die ersten 45 Kilometer gebraucht. Um die Zeit waren beim bislang schnellsten Rennen der Geschichte im Jahr 2012 schon gut 100 Läufer im Ziel.

Während Jörgen Brink in jenem Jahr bei Top-Bedingungen in neuer Streckenrekordzeit von 3:38:41 Stunden gewann und der Bayer Thomas Freimuth in deutscher Bestzeitzeit von 3:45:16 Stunden einen sehr guten 24. Platz belegte, schaute zum Beispiel ein Jerry Ahrlin einigermaßen bedröppelt aus der Wäsche. Obwohl der Schwede nur fünf Sekunden nach dem Sieger ins Ziel kam, reichte es nur zu Platz 9 und damit nicht einmal für die offizielle Siegerehrung. Getoppt wurde dieser enge Zieleinlauf freilich vier Jahre später. Da lagen die ersten 25 Läufer im Ziel gerade mal acht Sekunden auseinander! Es ist ohnehin nicht wegzudiskutieren, dass der Vasaloppet trotz seiner 90 Kilometer in den vergangenen 15 Jahren immer öfter erst auf der Zielgeraden entschieden wurde. Nicht selten muss das Foto-Finish für die Entscheidung herhalten. Der letzte klare Sieg gelang 2008 dem Norweger Jörgen Auckland, als er in 4:13:45 Stunden mit mehr als drei Minuten Vorsprung vor seinem Bruder Anders Auckland triumphierte. Den Eintrag in die Geschichtsbücher verdiente sich Jörgen Auckland allerdings erst mit seinem zweiten Sieg in Mora. 2013 gewann er als erster Läufer, der sich komplett ohne Steigwachs an den langen Kanten gewagt hatte und die Strecke allein mit Doppelstockschüben bewältigte. Er gehört damit zu den Pionieren einer Entwicklung, die inzwischen durchaus umstritten ist. Was hat das noch mit klassischem Skilanglauf zu tun, fragen die Traditionalisten – aber das ist eigentlich auch schon wieder ein ganz anderes Thema.

Für mein persönliches Ziel, die Acht-Stunden-Marke zu knacken, wähne ich mich nach der Hälfte der Strecke recht gut im Plan. Mit dem Durchschnittstempo der letzten Kilometer könnte es sogar in Richtung 7:30 Stunden gehen, rechne ich mir aus. Entsprechend leicht fühlen sich die nächsten Meter im Doppelstockschub mit Zwischenschritt an. Doch die Euphorie weicht relativ schnell der Ernüchterung. Schuld ist der leichte Anstieg hinauf nach Evertsberg, der einfach nicht enden will. Hatte ich nicht überall davon gelesen, dass es auf dem zweiten Teilstück fast nur ebene und leicht abfällige Passagen gibt? Wo kommt dann jetzt dieser Berg her? Ich quäle mich nach oben und kann am Schnaufen der anderen Läufer ableiten, dass keiner hier locker hinaufspaziert. Die einzigen, die einige Meter Boden gutmachen, sind die, die es mit der klassischen Technik nicht ganz so genau nehmen und in ihren Grätenschritt stets auch ein Stück Gleitphase einbauen. Ich habe kein Verständnis für diese Skating-Einlagen, aber auch keine Puste, um meinem Ärger lautstark Luft zu machen. Ich vertraue einfach den Organisatoren genauso wie schon am Berg kurz nach dem Start, wo vereinzelte Läufer mit Skiern unterm Arm durch den Wald stapften, um den Stau zu umgehen. Auch das ist laut Reglement verboten. Ganz ungeschoren kommen die Gelegenheits-Skater aber auch im Feld nicht davon. Ich verstehe zwar nicht, was sich die zwei Läufer einige Meter vor mir gegenseitig an den Kopf werfen, aber die Gestik ist eindeutig. Es geht ums klassisch laufen.

Tipp: Mal ganz abgesehen davon, dass es einfach zur Fairness gehören sollte, ist man gerade beim Vasaloppet in jedem Fall gut beraten, sich strikt an die klassische Lauftechnik zu halten. Der Veranstalter greift seit einigen Jahren resolut durch, um schwarze Schafe, die unterwegs skaten, zu disqualifizieren. Das wird auch offensiv so kommuniziert. Dem Vernehmen nach begeben sich die Jury-Mitglieder sogar mit Startnummer und Kopf-Kamera inkognito unter die Teilnehmer, um Verstöße zu dokumentieren und zu ahnden. Das betrifft im übrigen auch die Läufer, die am Anstieg ihre Skier abschnallen und zu Fuß hochgehen. Toleriert wird das Tragen der Skier nur bei Teilnehmern, die steile Abfahrten aus Sicherheitsgründen lieber zu Fuß bewältigen. Voraussetzung: Sie dürfen dabei niemanden behindern.

Während bei den nordischen Ski-Weltmeisterschaften bereits seit 1982 in Oslo getrennte Wettbewerbe im Freistil und im klassischen Stil ausgetragen wurden, durfte beim Vasaloppet noch bis 1986 geskatet werden. Seit 1987 jedoch ist für das Haupttrennen die klassische Technik vorgeschrieben. Um aber auch den Freistilspezialisten einen Start in der Vasa-Woche zu ermöglichen, erlebte 2002 der Skate-Vasa seine Geburtsstunde, der zunächst über 30 Kilometer von Oxberg bis Mora führte und 2006 auf 45 Kilometer verlängert wurde. Da die Teilnehmerzahlen allerdings nicht einmal ansatzweise an die der Klassik-Rennen herankamen und sich zwischen 500 und 700 einpegelten, war die elfte Auflage 2012 zugleich auch die bislang letzte. Die bekanntesten Namen in der Siegerliste sind die von Hilde G. Pedersen und Marcus Hellner. Die Norwegerin machte sich 2005 als Doppelweltmeisterin in Oberstdorf einen Namen und überquerte beim Skate-Vasa drei Jahre später als Erste die Ziellinie. Dagegen hatte der Schwede seine größten Erfolge noch vor sich, als er 2006 den Skating-Sieg in Mora bejubelte. Der Mann aus Gällivare gewann 2010 in Vancouver und vier Jahre später in Sotschi insgesamt drei olympische Goldmedaillen.

Kurzer Stopp: In Evertsberg steht einer von insgesamt sieben Verpflegungsposten, an denen auch die Zwischenzeitnahme erfolgt.

Jede Menge große Namen des internationalen Skilanglaufs sind auch auf dem steinernen Ehrenmal für die Gewinner des Bergpreises unmittelbar an der Strecke in Evertsberg verewigt. Darunter befinden sich mit Gerhard Grimmer (1975), Jochen Behle (1996) und Johann Mühlegg (1999) drei Deutsche, die an dieser Stelle des Rennens in Führung lagen. Mein Interesse für die steinerne Ehrentafel hält sich während des Rennens allerdings in Grenzen. Ich bin einfach nur froh, als ich endlich unter dem Banner mit der Aufschrift „Hillrace" durchfahre und freue mich auf die Stärkung am gleich dahinter befindlichen Verpflegungspunkt. Nach zwei Bechern Blaubeersuppe und einem Stückchen Weißbrot geht es gut gestärkt wieder zurück auf die Strecke. Es ist mir daher bis heute ein Rätsel, warum ich mich nur drei, vier Kilometer weiter dazu hinreißen lasse, an einem privat aufgebauten Verpflegungsstand in eine große Obstkiste zu langen. Im ersten Moment genieße ich das große Stück Orange, das ich verschlinge, als hätte ich seit der Anreise vor drei Tagen nichts mehr gegessen. Ich bin ein bisschen stolz darauf, mich mit „Tack" in der Landessprache bei den netten Einheimischen bedankt zu haben. Es ist eine der wenigen schwedischen Vokabeln, die ich auf Anhieb behalte. Allerdings kommen schon bald Zweifel auf, ob ich auch die Orange (in mir) behalte.

Mein Magen rebelliert in kürzester Zeit, sodass ich mir ganz schnell vorsorglich die äußerste Spur suche, um gegebenenfalls dem Brechreiz nachgeben zu können. Am liebsten würde ich mich für meinen Anfänger-Fehler selbst ohrfeigen. Es waren gefühlt 25 Ratgeber für verschiedene Ausdauersportarten, in denen ich gelesen hatte, dass man beim Essen während des Wettkampfes keine Experimente machen sollte. Naja. Wer nicht hören will, der muss fühlen. Ich erspare mir an dieser Stelle den schlechten Scherz von wegen „alles aus sich rausholen", zumal das in meinem Fall ohnehin nicht funktioniert. Ich röchle vier, fünfmal vor mich hin, aber mehr als ein paar Tropfen Magensäure bekomme ich nicht herausgepresst. Mir schwant, dass das Grummeln in der Magen-Gegend mit der Fruchtsäure der Orange zu tun hat und das ich wohl von Glück reden kann, nur ein Stück zwischen die Finger bekommen zu haben. Denn die Probleme halten nicht lange an. Ich höre zwar immer wieder in meinen Bauch hinein, aber es bleibt alles ruhig.

Trotzdem dauert es nach dem Vasaloppet gut drei Wochen, bis ich mich wieder an Orangen herantraue. Und bis heute lasse ich die Früchte in der letzten Woche vor einem Wettkampf grundsätzlich weg. Diese Lektion hatte ich gelernt.

Dass der Vasaloppet seine ganz eigenen Gesetze hat, mussten im Laufe der Jahre auch viele Top-Stars der Skilanglauf-Szene erfahren, die es in Mora nicht aufs Treppchen oder nicht einmal unter die Top 10 schafften. Als prominentestes Beispiel könnte man den achtfachen Olympiasieger und neunmaligen Weltmeister Björn Dählie aus Norwegen aufführen. Er kam 1994 nur drei Wochen, nachdem er in Lillehammer zweimal olympisches Gold geholt hatte, beim Traditionsrennen im Nachbarland nicht über den 35. Platz hinaus und mit satten 22 Minuten Rückstand auf Sieger Jan Ottoson ins Ziel. Auch andere Größen wie Vegard Ulvang aus Norwegen (Vierter 1992), Maurilio de Zolt aus Italien (Fünfter 1996), Juha Mieto aus Finnland (Sechster 1987) oder der schwedische Lokalmatador Torgny Mogren (Platz 20 im Jahr 1992) mussten sich den Langstreckenspezialisten geschlagen geben. Dagegen kann man die Resultate der deutschen Asse René Sommerfeldt (Platz 147 im Jahr 2011) und Peter Schlickenrieder (Platz 270 im Jahr 2015) nur bedingt in diese Aufzählung aufnehmen. Der erste deutsche Gesamtweltcupsieger aus Sachsen (2003/04) hatte ein Jahr vor seiner Teilnahme am Wasalauf seine leistungssportliche Karriere beendet. Und beim Sprint-Olympiazweiten von 2002 aus Bayern lag der Abschied vom aktiven Sport sogar schon über zehn Jahre zurück.

Wasalauf-Geschichten

Eine Grenz-Erfahrung zum Karriere-Ende

Wie sich Olympiasiegerin Manuela Henkel nach Mora quälte

Eigentlich war der Wasalauf 2010 für Manuela Henkel schon nach dem ersten von 90 Kilometern gelaufen. Schuld daran war der große Respekt, mit dem die austrainierte Staffel-Olympiasiegerin von 2002 zum Abschluss ihrer Karriere in Berga by an den Start ging. „In meinem Kopf geisterte irgendwie das Trauma herum, dass ich zu wenig Abdruck für die lange Strecke unterm Ski haben könnte. Daher ließ ich dann kurzfristig nochmal nachwachsen", erzählt die Thüringerin. Ergebnis: Der Ski lief nicht schlecht, erwies sich aber schon nach wenigen Metern als einen Tick zu stumpf, um in den Kampf um die Medaillenplätze eingreifen zu können. Genau das war aber der Anspruch, mit dem Manuela Henkel zum Wasalauf aufgebrochen war. Kein Wunder: Die ältere Schwester von Biathletin Andrea Henkel hatte sich eigentlich für ihre vierte Olympiateilnahme im Training nochmal richtig reingekniet und fühlte sich Ende 2009 auch gut in Form. Doch dann machte ihr ein Magen-Darm-Virus einen Strich durch die Rechnung. Nach unbefriedigenden Ergebnissen stieg sie bei der Tour de Ski vorzeitig aus. Als wenige Tage später klar war, dass der Olympia-Flieger nach Vancouver ohne sie abheben würde, verkündete die Langläuferin des WSV Oberhof 05 das Ende ihrer leistungssportlichen Laufbahn. „Der Gang zurück in den Continentalcup erschien mir mit 35 Jahren nicht mehr erstrebenswert. Daher war es an der Zeit, sich neue Aufgaben und Herausforderungen zu suchen", erzählt Manuela Henkel.

Auch wenn sie damals nicht unbedingt an sportliche Herausforderungen gedacht hatte, ließ sie sich relativ schnell für das Abenteuer Wasalauf überzeugen. Vom bayerischen Skimarathon-Spezialisten Thomas Freimuth kam das Angebot, sich seinem kleinen Team anzuschließen. „Der Wasalauf ist für Langläufer ja so etwas wie der Ironman auf Hawaii für Triathleten. Es heißt, den muss man einfach mal mitgemacht haben. Daher musste ich dann auch gar nicht lange überlegen, zumal mir die komplette Organisation abgenommen wurde. Alleine hätte ich mich da wohl nicht rangetraut", sagt Manuela Henkel, die einst daheim in Großbreitenbach ihre erste Medaille im Kindergartenalter im Abfahrtslauf gewann. In den Wochen vorm Wasalauf kam ihr zugute, dass es in jenem Winter genügend Schnee gab, um zu Hause vor der Haustür lange Einheiten abzuspulen. Stück für Stück tastete sie sich an drei- bis vierstündige Läufe heran. „Es war schon verrückt, dass ich dadurch erstmal so richtig mitbekommen habe, welche herrlichen Strecken es entlang des Rennsteigs gibt. Bis dahin war ich zum Training meist nur auf den Standardstrecken in Oberhof unterwegs", sagt sie. Ein wenig Erfahrung, wie es bei den Massenskiläufen zugeht, brachten ihr die Starts 2002 beim Birkebeiner-Rennen in Norwegen und 2004 beim Marcialonga in Italien. Damals waren die Läufe Teil des Weltcup-Kalenders und fanden mit zwei dritten Plätzen auch einen guten Ausgang für Manuela Henkel. Der Respekt vor den langen Distanzen lief aber immer mit. „Ich habe in meiner Laufbahn immer ziemlich viel mit Krämpfen zu tun gehabt", erklärt sie.

Kein Krampf, aber schon ein Kampf war Manuela Henkels Weg in die Weltspitze. Nachdem sie als Zwölfjährige an die Kinder- und Jugendsportschule nach Oberhof kam, war sie bei DDR-Meisterschaften und -Spartakiaden immer gut dabei und fuhr zahlreiche nationale Titel ein. Deshalb ließ sie sich auch vom ersten größeren Rückschlag, als sie im ersten Anlauf die Qualifikation für die Junioren-WM verpasste, nicht von ihrem Weg abbringen. Im Jahr darauf stand sie beim Saisonhöhepunkt am Start und verpasste im österreichischen Breitenwang eine Medaille nur knapp. Als Vierte fehlten ihr nur 0,7 Sekunden zu Bronze. Doch die Belohnung folgte mit einigen Monaten Verspätung, als sie ins Nationalteam der Frauen berufen wurde. Die ersten Einsätze verliefen mit Platzierungen unter den Top 30 viel versprechend. Allerdings pegelten sich die Ergebnisse auf diesem Niveau ein. „Ich bin auf der Stelle getreten. Es war Jahr für Jahr ein Kampf, die Qualifikationskriterien für die Weltmeisterschaften oder Olympischen Spiele zu erfüllen", sagt Manuela Henkel. Erst als Ende der 90er Jahre die Sprints ins Weltcup-Programm aufgenommen wurden, häuften sich die Top-Ten-Platzierungen. 2001 bei der Olympiaprobe in Salt Lake City gelang ihr zum ersten Mal bei einem Weltcup der Sprung aufs Treppchen. Sie wurde hinter der Norwegerin Bente Skari Zweite. Letztlich schaffte sie es bei insgesamt acht Einzelrennen auf einen Podestplatz. Die größten Erfolge feierte sie mit der Staffel des DSV, wobei der Olympiasieg 2002 in Salt Lake City mit Viola Bauer, Claudia Künzel (beide Oberwiesenthal) und Evi Sachenbacher (Reit im Winkl) alle anderen Erfolge wie den WM-Titel im Jahr darauf in den Schatten stellte. „Wir haben von einer Medaille geträumt. An Gold hat keiner ernsthaft geglaubt. Deswegen kommt da auch nichts ran", sagt Manuela Henkel. Dass sie als Startläuferin als erste zum Wechsel kam und selbst eine Marit Björgen in Schach hielt, gehört zu ihrer ganz persönlichen Erfolgsgeschichte von Soldier Hollow, wo die Langlaufwettbewerbe ausgetragen wurden. Denn nachdem sie 1997 bei der WM in Trondheim als Startläuferin versagt hatte, war ihr die Entscheidung von Bundestrainer Jochen Behle, die Olympiastaffel anzulaufen, regelrecht auf den Bauch geschlagen. „Die Geschichte von Trondheim war so fest in meinem Kopf verankert, dass ich nicht nur Respekt vor der Aufgabe hatte, sondern regelrecht Angst davor, auch bei dieser Staffel wieder zu versagen. Ich hatte an diesem Tag echte Top-Ski und bin gerade auf dem letzten Kilometer wie um mein Leben gerannt. Im Ziel war ich froh, dass alles gut gegangen ist", berichtet sie. Dass auch Schwester Andrea in Salt Lake City Gold holte, war für die Henkels das I-Tüpfelchen.

Obwohl Manuela Henkel bis zu ihrem Karriere-Ende acht WM-Starts, drei Olympische Spiele und insgesamt fast 200 Weltcups bestritten hatte, wurde sie in der Woche vor dem Wasalauf 2010 in Schweden von selten erlebten Wetter-Extremen überrascht. „Wir haben in Mora gewohnt und uns jeden Tag verschiedene Streckenabschnitte angesehen oder Skier getestet. Es hatte minus 30 Grad, sodass ich mir nach dem ersten Tag erst einmal extra warme Skiunterwäsche gekauft habe", erinnert sie sich. Dennoch nahm sie wie alle Läufer wohlwollend zur Kenntnis, als Mitte der

Woche die Wetterfrösche Temperaturen um die minus fünf Grad für den Wettkampftag prognostizierten. In der Vorbereitung auf das Rennen wurde derweil nichts dem Zufall überlassen. So reiste das Zwei-Mann-Team schon am Vorabend in die Nähe von Sälen, um dem Anreise-Stress am Morgen des Laufes zu entgehen. Das funktionierte auch deshalb, weil Manuela Henkel als langjährige Weltcup-Starterin automatisch in die Elitegruppe einrangiert wurde und so die Garantie für einen sehr guten Startplatz hatte. Die Aufregung war trotzdem groß genug, um nicht erst auf den letzten Drücker zu erscheinen. So bekam die Thüringerin auch das Gewusel auf der Startwiese und rundherum mit. Nachdem sie einige Jahre mit einem Norweger liiert war und viele Starts in Skandinavien absolviert hatte, war ihr die Begeisterung der Einheimischen für den nordischen Skisport zwar grundsätzlich nicht neu. Ins Staunen kam sie vor dem Vasaloppet trotzdem. „Es standen Hunderte an den Toiletten an. Ich habe nicht einen einzigen mitgekriegt, der da gedrängelt, geschubst oder gemotzt hätte. Und wer sich in der Startgruppe 8, 9 oder 10 mit der Aussicht anstellt, erstmal eine Stunde am ersten Berg zu warten, der muss schon ein großes Herz für den Skilanglauf mitbringen", sagt sie.

Prominente Starterin: Für Manuela Henkel (hier in Oberstdorf) war der Wasalauf das letzte große Rennen der Karriere.

Ein beherztes Rennen freilich wurde später auch Manuela Henkel attestiert, selbst wenn es wie erwähnt nach einem Kilometer quasi einen Neustart für die Deutsche gab. „Mir war klar, dass es mit meinem Ski nicht für ganz vorne reichen würde, also griff Plan B, der da hieß, unter fünf Stunden zu bleiben", sagt sie. Rückenwind verlieh ihr nach gut 25 Kilometern die Zwischenzeitnahme an der zweiten Verpflegungsstelle in Mangsbodarna. Dort lag sie nicht nur gut im Zeitplan, sondern als Siebente des Gesamtklassements der Frauen auch unter den Top 10. Sie erinnert sich: „Ich hatte nach ein paar Kilometern für mich festgestellt, dass meine Skier neben der Spur besser liefen." Mit diesem Laufstil musste sie zwar über weite Strecken auf den Windschatten verzichten, machte aber im Mittelteil der Strecke bis Oxberg einen weiteren Platz gut. Die Freude darüber hielt sich aber in Grenzen: Denn je länger das Rennen dauerte, desto mehr machte sich der größere Kraftaufwand bemerkbar. Als Manuela Henkel etwa 15 Kilometer vor dem Ziel von einer schwedischen Läuferin überholt wurde, gab ihr das einen Knacks. Sie erzählt: „Bis dahin habe ich echt gefightet. Aber als ich die Chancen sinken sah, als Sechste noch mit zur Siegerehrung aufgerufen zu werden, war der Ofen irgendwie aus. Ich habe dann nur noch die Kirchturmspitze von Mora herbeigesehnt und bin das Rennen nach Hause gelaufen. Ich weiß noch, dass mich kurz vor dem Ziel Uschi Disl noch einmal angefeuert hat und ich nur noch dachte: Manu, du darfst nicht vor der Ziellinie umfallen."

Was die Thüringerin, die knapp 20 Minuten nach Siegerin Susanne Nyström in Mora ankam, zu dem Zeitpunkt nicht ahnte: Sie lief in 4:53:45 Stunden hinter sechs Schwedinnen als Siebente in jenem Jahr als beste ausländische Starterin ins Ziel. Unter den besten 50 Frauen waren in jenem Jahr überhaupt nur sechs, die nicht aus Schweden, Norwegen oder Finnland kamen. Im Ziel selbst nahm Manuela Henkel die komplette Rundumbetreuung der Helfer in Anspruch. „Ich war so k.o., dass ich mich nicht mehr richtig bewegen und auch nicht richtig denken konnte", erzählt sie. Dass aus dem anfänglichen „Nie wieder" nach einer Dusche, einer Stärkung und ein paar Minuten Regeneration ein „das musst du nächstes Jahr nochmal versuchen" wurde, lag vor allem am Publikum und am Flair in Mora. Denn als Manuela Henkel gut zwei Stunden nach dem eigenen Zieleinlauf zurück an die Strecke kam, säumten beinahe noch mehr Menschen als beim Spitzenfeld die letzten 300/400 Meter vor dem Ziel und feuerten auch die jetzt ankommenden Freizeitläufer an, als ginge es noch um einen neuen Streckenrekord. „Mich hat das so beeindruckt und berührt, dass ich plötzlich trotz des verpatzten Rennens eine fast unbeschreibliche innere Zufriedenheit verspürte. Klar hätte ich mit einem besseren Ski vielleicht in die Top 3 laufen können. Aber hey, ich war unter 5 Stunden geblieben und um eine tolle Erfahrung reicher. Ich bin am nächsten Tag mit einem richtig guten Gefühl heimgefahren." Dass es letztlich doch nicht zu einem zweiten Start im Jahr darauf in Schweden kam, ist für Manuela Henkel kein Problem. „Ich werde den Wasalauf immer als schönen Abschluss meiner Karriere in Erinnerung behalten."

Heute geht es die Thüringerin beim Skifahren gemütlicher an. Doch wenn genug Schnee in Oberhof liegt und die einstige Leistungssportlerin Zeit findet, ist sie regelmäßig in der Loipe anzutreffen. Wobei das mit der freien Zeit in den vergangenen Jahren gar nicht so leicht einzurichten war. Manuela Henkel hat Management studiert und ist inzwischen im normalen Berufsleben in der Hotellerie angekommen. Dazu hat sie sich gerne auch auf anderen Gebieten ausprobiert. Wenn jedes Jahr Anfang Januar der Weltcup-Tross der Biathleten in ihrer Heimat gastiert, bringt sie sich bei der Betreuung von VIP-Gästen ein oder kümmert sich um das Fan-TV. Ganz besonders am Herzen liegt ihr jedoch ein Projekt, das mit dem Heimatland des Wasalaufes zu tun hat. Sie vertreibt unter ihrem eigenen Label Ella Henk in Schweden produzierte und von ihr aufgepeppte Winterröcke. Den Anstoß dafür lieferte Schwester Andrea, die 2008 von der Biathlon-WM in Östersund neben den Medaillen einen solchen Thermo-Rock als Preis mitbrachte.

Zweites Standbein: Die mit Schneekristallen bestickten Thermo-Röcke vertreibt Manuela Henkel über ihr eigenes Label.

„Ich fand die Idee, auch im Winter mit Rock elegant auszusehen, ohne frieren zu müssen, so cool, dass ich auch unbedingt einen haben musste", berichtet Manuela Henkel. Nach dem Karriere-Ende nahm sie sich daher die Zeit, den Hersteller ausfindig zu machen. „Aber irgendwie fehlte den Röcken der Pep", sagt die modebewusste Sportlerin. Aus der Idee, die Röcke mit Schneesternen zu besticken, ist inzwischen die Ella-Henk-Kollektion mit mehr als zehn Modellen in teilweise richtig knalligen Farben geworden, mit denen die Sportlerin schon bei Modenschauen vertreten war und die sie unter anderem in einem Online-Shop vertreibt. Da die Röcke in Handarbeit mit den Sternen bedruckt werden, ist jedes Teil ein Unikat. „Es macht mir riesig Spaß, mich um meine Ella zu kümmern, ohne dass ich vorhabe, es wahnsinnig groß auszubauen", sagt Manuela Henkel. Sie sieht es auch in Zukunft eher als zweites Standbein.

Mit ihrem Vortrag „(M)ein bewegtes Sportlerleben – eine Lehre fürs Leben" ist die Thüringerin außerdem bei Firmen, Schulklassen oder auch Vereinen zu Gast. Ihre Botschaft: Man sollte sich Zeit nehmen und schöne Momente genießen und aus ihnen Kraft schöpfen, um sich auch von Rückschlägen nicht vom Weg abbringen zu lassen. „Wer zumindest so ein bisschen weiß, wo es hingehen soll und seine Ziele mit Freude verfolgt, der wird auch ankommen", sagt die ehemalige Skilangläuferin. Hin und wieder wird sie in der Fragerunde nach dem Vortrag auch auf den Wasalauf angesprochen. „Meist sind es Freizeitsportler, die einfach ein bisschen fachsimpeln wollen." Doch auch so bleibt das Mega-Rennen für Manuela Henkel in jedem Winter ein Thema. „Ich schaue immer erst nach den Siegern und dann nach der besten Deutschen." An ihren siebenten Platz kam zuletzt keine auch nur annähernd heran.

7. Kapitel

Ein Kaffee als Kraftbrühe

Zwischen Evertsberg und Oxberg liegt das längste Teilstück ohne Verpflegungsposten vor mir. Die ersten von gut 18 Kilometern zwischen den beiden Ortschaften, in denen man sich wie in Mangsbodarna schon beim ersten Rennen 1922 stärken konnte, lassen sich ganz gut an. Denn nach zwei lang gezogenen Abfahrten sind es „nur" noch 40 Kilometer bis ins Ziel. Ich freue mich auf Oxberg, wo wir zwei Tage zuvor zu unserer Trainingstour in Richtung Mora aufgebrochen waren. Der lockere Testlauf auf den Spuren von Gustav Vasa verschaffte gerade uns Neulingen Streckenkenntnis auf dem letzten Drittel des Kurses und ermöglichte eine Menge an Fachsimpeleien. Im moderaten Tempo auf meist flachem oder sogar abschüssigem Kurs ließ sich prima plaudern, von der Verträglichkeit der Blaubeersuppe über die Trainingspläne für den Vasaloppet bis hin zur Wetterprognose für Sonntag und den in Frage kommenden Wachs-Varianten. Gleich doppelt beeindruckt hat mich dabei unser Reiseleiter Sven Albert. Der war von Oxberg aus erstmal zehn Kilometer in die entgegengesetzte Richtung gelaufen und schloss trotzdem deutlich vor Mora zu unserer kleinen Truppe auf. Und dann berichtete er mir, dass sich sein Vater Heiner Albert einst wegen des Wasalaufes sogar bei DTSB-Chef Manfred Ewald, dem mächtigen Mann im DDR-Sport, unbeliebt gemacht hatte. Albert senior erkundigte sich zunächst persönlich am Rande des internationalen Damenskirennens in Klingenthal und kurz darauf auch öffentlich bei einem Sportlerforum bei Ewald, welche Möglichkeiten es für Volksskiläufer gibt, beim Wasalauf in Schweden zu starten. Die Antwort fiel jeweils kurz aus: „Keine." Welche Kreise das zog, wurde Heiner Albert erst einige Monate später bei einer Auszeichnungsveranstaltung in Berlin für die bei Olympia 1976 erfolgreichen DDR-Skisportler bewusst. Als der Vogtländer dort mit auftauchte, weil er an der Entwicklung der Germina-Sprungskier beteiligt war, nahm ihn vorher ein Mitarbeiter der Stasi zur Seite. Die Ansage: Anfragen zum Wasalauf-Start sind ausdrücklich nicht erwünscht. So machte erst die Wende einen Start in Schweden möglich, wo Heiner Albert ein gutes Dutzend Mal finishte.

Ein stechender Schmerz in der rechten Schulter bringt mich nach 55 Kilometern aus dem Rhythmus. Ich kenne die schmerzende Stelle noch von den letzten Kilometern des König-Ludwig-Laufes und versuche, die Schulter zu entspannen, ohne dafür großartig Tempo herausnehmen zu müssen. Meine schöne Gruppe, mit der ich seit Evertsberg unterwegs war, zieht jedoch davon. Doch die nächsten Läufer schließen ohnehin gleich von hinten auf. Ich schiebe daher ein paar Meter ganz entspannt nur mit dem linken Arm, klinke mich in die nächste Gruppe ein und weiter geht es. Die erste kleine Krise geht schnell vorbei. Trotzdem bekomme ich langsam eine leise Vorahnung, dass das heute nicht nur eine Kraft- und Konditionsfrage, sondern auch eine Sache des Kopfes wird. Zunehmende Erschöpfung mit immer mehr Wehwehchen auf der einen Seite und die jetzt teilweise sehr monotone Strecke auf der anderen ziehen jetzt schon jeden einzelnen Kilometer gewaltig in die Länge. Als es dann kurz vor Oxberg auch noch bergauf geht, zehrt das am Nervenkostüm. Knapp 50 Höhenmeter hat der Anstieg, der auch als Lundbäck-Backen oder Lundbäck-Hügel bezeichnet wird. Er ist nach Sven-Ake Lundbäck benannt, der 1981 seine einmalige Karriere mit dem Sieg beim Wasalauf krönte. Der Olympiasieger von 1972 und Weltmeister von 1978 legte damals mit seiner Attacke hinauf nach Oxberg den Grundstein für den Erfolg in Mora, wo er mit zwei Minuten Vorsprung auf die Verfolger über die Ziellinie fuhr. Das einzige, was ich in Oxberg „attackiere“, ist das Büfett. Ich entscheide mich für ein Drei-Gänge-Menü: Blaubeersuppe als Vorspeise, Blaubeersuppe als Hauptgang. Und Blaubeersuppe als Dessert.

Tipp: Da die Lebensmittelpreise in Schweden über dem deutschen Durchschnitt liegen, ist es bei vielen erfahrenen Wasaläufern gang und gäbe, Essen und Trinken mitzunehmen und vor Ort nur die frischen Sachen wie Obst und Gemüse zu kaufen. Die bei den Sportlern beliebten Hütten sind in der Regel mit kleinen Küchen oder Kochnischen ausgestattet, in denen man sich selbst etwas zubereiten kann. Richtig teuer ist in Schweden der Alkohol. Für ein Bier in einer einfachen

Kneipe habe ich fast 8,50 Euro hingelegt. Überhaupt kann der Besuch eines Restaurants ordentlich ins Geld gehen. Zu empfehlen ist daher, nach dem so genannten Lunch-Büfett zu schauen oder zu fragen. Das ist eine Art Tagesgericht mit Kaffee oder alkoholfreiem Getränk, das es für um die 10 Euro gibt.

Da der Vasaloppet bis 1948 ausschließlich schwedischen Läufern offen stand, muss man in der Chronik bis zur 31. Auflage blättern, um den ersten ausländischen Sieger zu finden. Der Finne Pekka Kuvaja ließ als Zweitplatzierter bereits 1951 und 1952 aufhorchen, ehe er 1954 nach dem Karriere-Ende des großen Wasalauf-Triumphators Nils Karlsson seine Chance beim Schopfe packte. Obwohl fortan immer mehr ausländische Starter die Herausforderung suchten und auch die großen Skilanglauf-Nationen ihre Besten regelmäßig auf die 90-Kilometer-Strecke schickten, dauerte es noch einmal fast zwei Jahrzehnte, bis der Norweger Ole Ellefsaeter (1971) und der Finne Pauli Siitonen (1973) in die Phalanx der Schweden eindrangen. Nochmal zwei Jahre später gewann DDR-Läufer Gert-Dietmar Klause in Mora als erster Mitteleuropäer. Der erste Deutsche, der beim Wasalauf aufhorchen ließ, war allerdings jener Gerhard Grimmer, durch dessen Buch ich als junger Kerl erstmals überhaupt von dem legendären Rennen zwischen Sälen und Mora erfahren hatte. Der zweite Platz des Thüringers von 1970 gehört nicht zuletzt aufgrund seiner Vorgeschichte zu den ganz besonderen Kapiteln. Denn bis eine Woche vor dem Wettkampf ahnte Gerhard Grimmer noch gar nicht, dass er an jenem 1. März gemeinsam mit 8625 anderen Läufern auf dem Startplatz in Berga by stehen würde. Die Wasalauf-Organisatoren nahmen jedoch die ersten großen Erfolge der ostdeutschen Läufer einige Tage zuvor bei der Weltmeisterschaft im slowakischen Strbske Pleso (zweimal Silber für Grimmer und einmal für die Staffel) zum Anlass für eine Anfrage während der schwedischen Skispiele. Die wurde von den Verantwortlichen der DDR-Mannschaft letztlich positiv beschieden. So teilte Verbandstrainer Hannes Braun seinen Schützlingen vier Tage vor dem Rennen mit: „Grimmer und Klause – ihr startet am Sonntag beim Wasalauf." Der wurde nicht nur sportlich zu einem Abenteuer. Denn als die beiden Sportler und ihr Trainer am späten Samstagabend in Sälen angekommen waren, entpuppte sich das kurzfristig reservierte Privatquartier als Zwei-Bett-Zimmer. So blieb Hannes Braun nichts anderes übrig, als es sich auf dem Bettvorleger „gemütlich“ zu machen. Am nächsten Morgen ging es kurios weiter: Zum Frühstück rückte Gerhard Grimmer, Offizier der Nationalen Volksarmee der DDR, mit seinen Mitstreitern auf Einladung der Schweden in eine Kaserne ein. Der Sport machte es möglich.

Schneller Thüringer: Gerhard Grimmer schaffte 1970 als erster Deutscher den Sprung aufs Podest. Er wurde Zweiter.

Kurz darauf war es in der Wettkampfspur aber schnell mit der Freundschaft vorbei. Gerhard Grimmer erinnert sich: „Den ersten Berg hoch wurde noch verhalten gelaufen, aber dann richtig Tempo gemacht. Ich habe mich als Letzter einer vielleicht 15-köpfigen Führungsgruppe aufgehalten und war mir nicht sicher, ob ich das durchhalte.“ Tat er aber. Während sich an der Spitze der spätere Sieger Lars-Arne Bölling aus Mora bis zu zwei Minuten Vorsprung herauslief, musste in der Verfolgergruppe einer nach dem anderen abreißen lassen. Gut 10 Kilometer vor dem Ziel waren Gerhard Grimmer und der Schwede Jan Halvarsson nur noch zu zweit. Von taktischem Geplänkel hielten beide nicht viel. Eine Attacke jagte die nächste, sodass ganz unmerklich auch der Rückstand zum Führenden zusammenschmolz. Lange Rede, kurzer Sinn: Nachdem sich Gerhard Grimmer im Kopf-an-Kopf-Rennen etwas absetzen konnte, bekam er am Ortseingang von Mora plötzlich auch Lars-Arne Bölling vor sich wieder zu Gesicht. Zur Krönung der Aufholjagd reichte es allerdings nicht. Am Ende fuhr der Oberhofer, der wie alle anderen damals noch mit Holz-Skiern unterwegs war, nach 5:09:15 Stunden mit gerade mal 37 Sekunden Rückstand auf den Lokalmatador ins Ziel. Es gab damals nicht wenige, die meinten, dass Grimmer den sichtlich erschöpften Bölling eingeholt hätte, wenn die Strecke auch nur 500 Meter länger gewesen wäre. An solchen Spekulationen beteiligte sich der Thüringer allerdings nicht. „Ich war einfach nur froh, dass die Strecke rum war“, erzählt der Zweite von 1970, der fünf Jahre später Gert-Dietmar Klause zu seinem historischen Erfolg verhalf und selbst noch einmal Dritter wurde. Den Wasalauf hat er nicht nur wegen seiner beiden tollen Ergebnisse in sehr guter Erinnerung behalten, sondern vor allem wegen des einmaligen Fluidums. „Es war ein wunderschönes Erlebnis, solche Massen am Start zu sehen und mit ihnen gemeinsam in die Spur zu gehen“, sagt er. Gestaunt hat er als Aktiver vor allem über die reibungslose Organisation. „Das war von der Logistik her schon damals eine absolute Meisterleistung. Und die ist es bis heute auch geblieben.“

Mein Rennen wird nach 75 absolvierten Kilometern so richtig zäh. Die Oberarme schmerzen von den vielen Doppelstockschüben, das Gestochere durch die ausgewalzten Spuren macht keinen

Spaß und das Teilstück zwischen Hökberg und Eldris scheint sich hinzuziehen wie Kaugummi. Ich behalte zunächst kühlen Kopf und setze mir kleine Zwischenziele: 50-mal schieben, dann wieder im Diagonalschritt „ausruhen“ lautet die Devise. Beim ersten Mal funktioniert es, beim zweiten Mal kapituliere ich schon nach 25-mal schieben und wechsle in den Skiwander-Modus. Nur nicht stehen bleiben, schießt es mir durch den Kopf. Es ist zwar gute zwei Jahre her, dass ich bei meinem dritten Marathonlauf zehn Kilometer vorm Ziel ausgestiegen war, aber die Erinnerung, wie lange ich daran zu knabbern hatte, ist noch frisch. Bei der Hitzeschlacht hielt ich es damals für eine gute Idee, mich kurz unter einem Baum in den Schatten zu setzen – und kam einfach nicht mehr auf die Beine. Mit dieser Erfahrung im Hinterkopf gönne ich mir keine Pause, zumal der Blick in die Gesichter der anderen Läufer verrät, dass ich mich nicht als Einziger quäle. Als ich schon von weitem das nächste Kilometerschild entdecke, geht es für ein paar Augenblicke wieder leichter. Aber gemeistert ist das Tal noch lange nicht. Noch 14 Kilometer. Der Blick auf die Uhr zieht mich gleich wieder etwas runter. Die 7:30 Stunden kann ich mit Armen aus Pudding wohl definitiv abhaken, zumal der innere Schweinehund nicht aufgibt. Ich wehre mich noch gegen den Gedanken, einfach mal kurz durchzuatmen, da fahre ich auch schon rechts ran. Der Blick geht ins Leere: Was mache ich hier eigentlich und warum tue ich mir das an?

Ich stehe allerdings noch keine zehn Sekunden, da wird mir von hinten ein lautstarkes „Heja, Heja“ zugerufen. Es ist ein wildfremder anderer Läufer, der mich anspornt. Vor allem aber ist es ein deutlich älterer Läufer, der in langen Schritten seelenruhig an mir vorbeizieht. „Alter Schwede“ denke ich mir und grinse angesichts dieses Wortspiels in mich hinein. Ruckzuck reiße ich mich zusammen und nehme die Verfolgung auf. Auf den ersten Metern klappt das auch ganz gut, denn der Rückstand scheint tatsächlich zu schmelzen. Die ganz große Aufholjagd wird es dann aber doch nicht. Erst muss ich mir eingestehen, dass ich den älteren Sportskameraden von vorhin, der sich die Kräfte ganz offensichtlich besser eingeteilt hat, wohl nicht mehr zu Gesicht bekomme. Dann zieht seit längerem erstmals auch wieder eine ganze Gruppe von vielleicht sieben, acht Läufern an mir vorbei. Ich kann mir ihre deutlich kraftvoller wirkenden Doppelstockschübe nur damit erklären, dass sie in der besseren „Spur" unterwegs sind. Das Wechseln auf die andere Seite bringt allerdings keine Punkte. Egal, ob ich es im Schieben oder im Diagonalschritt versuche, ich komme einfach nicht von der Stelle. So quäle ich mich im Skiwander-Schritt auf die 80-Kilometer-Marke zu. Als sich kurz darauf eine leichte Abfahrt abzeichnet, verbessert sich meine Laune. Ich nehme Fahrt auf, will nur noch einmal schieben, um danach in der Hocke auszuruhen, da landet plötzlich mein rechter Skistock versehentlich zwischen den Skiern. Ich kann die Situation zwar gerade noch ausbalancieren, doch der Schwung ist weg. Irgendwie läuft gerade gar nichts!

Bewährter Kurs: Zwischen Sälen und Mora werden längst auch auf dem Rad und im Laufschritt die Sieger gekürt.

Die wirklichen Dramen spielen sich allerdings Jahr für Jahr am Ende des Feldes ab. Denn bei den Zeitlimits greifen die Schweden in der Regel knallhart durch. Egal, wie lange man am Start-Berg im Stau aufgehalten wurde: Wer bis 10.30 Uhr nicht die ersten elf Kilometer bis Smagan geschafft hat, wird genauso aus dem Rennen genommen, wie alle jene, die erst nach 12.15 Uhr in Mangsbodarna, 13.30 Uhr in Risberg, 15 Uhr in Evertsberg, 16.30 Uhr in Oxberg, 17.40 Uhr in Hökberg und 19 Uhr in Eldris ankommen. Was angesichts des Zielschlusses um 20.15 Uhr und im Interesse der Gesundheit der

Teilnehmer sinnvoll erscheint, kann für den Betroffenen zu einem echt bitteren Ärgernis werden. Klar: Keiner möchte den Wasalauf unfreiwillig an einem quer über die Loipe gespannten Absperrband beenden. Da kann es im Bus, der die freiwillig ausgestiegenen Läufer und die von der Jury ausgeschlossenen Starter ins Ziel bringt, noch so schön warm und gemütlich sein. Ausnahmen bei den Sperrzeiten werden dem Vernehmen nach nur bei schlechten Witterungsbedingungen gemacht. Da lässt man die Strecke dann auch mal 10 oder 15 Minuten länger offen.

Tipp: Wer von Deutschland aus zum Wasalauf aufbricht, der weiß in der Regel, was ihn erwartet und was er trainingstechnisch dafür tun muss. Allerdings kann auf 90 Kilometern und bei der Masse von Teilnehmern viel passieren. Ein Sturz, Ski- oder Stockbruch, Fehlgriff in die Wachskiste oder gesundheitliche Probleme – wenn man vielleicht ohnehin schon aus Startblock 10 gestartet ist, findet man sich ruckzuck am Ende des Feldes wieder und muss unter Umständen sogar darum bangen, das Rennen zu Ende bringen zu können. In dem Fall lohnt es sich zu wissen, dass die Jury bei Überschreiten der Sollzeit jeweils am Ende der Kontrollstellen die Läufer rausnimmt. Das heißt: Wenn es um Sekunden geht, sollte man an der Verpflegungsstelle keine Zeit vertrödeln, sondern lieber einen Becher Blaubeersuppe mitnehmen und erst austrinken, wenn man wieder auf „freier Strecke" unterwegs ist.

An der letzten Verpflegungsstation in Eldris sind es dann vor allem zwei Dinge, die in mir die Lebensgeister wieder wecken. Ich weiß zwar nicht, was den Moderator dazu bewogen hat, ausgerechnet meinen Namen beim Passieren der Zeitkontrolle mit zu erwähnen. Es lässt aber die Brust etwas anschwellen und verbessert meinen Gemütszustand. Vor allem habe ich nun endgültig die Gewissheit, dass mit meinem Transponder alles in Ordnung ist und die Zeitnehmung funktioniert. Einigermaßen routiniert schnappe ich mir die letzten zwei Becher Blaubeersuppe für heute und tunke ein Stück Brot hinein. „Ditschen" sagt man in Sachsen so schön dazu. Ich belasse es aber bei dem einen Versuch, denn es erweist sich mit den Handschuhen als gar nicht so einfach, dass Ganze ohne großartige Kleckerei zu verzehren. Als ich gerade wieder in die Schlaufen der Skistöcke fahren will, fällt mir am Ende des Postens ein Stand mit Kaffee auf. Ein Kaffee als Muntermacher für die letzten neun Kilometer? Dafür kann ich mich auf Anhieb begeistern! Der Becher ist heiß, aber der Inhalt gut. Ich suche mir einen Platz am Streckenrand, um die Koffeinspritze in Ruhe zu genießen. Erst als ich da so stehe, fällt mir auf, dass sich die Hektik der ersten 50/60 Kilometer fast komplett gelegt hat. Klar hetzt immer wieder der eine oder andere durch. Die große Masse aber – so scheint es – holt hier nochmal kollektiv Luft für den letzten Abschnitt bis zum Ziel. Ich mache mich nicht wirklich euphorisch auf den Weg, aber doch deutlich besser gestimmt als auf dem Abschnitt zuvor.

Nach der Überquerung einer Straße, auf der die Qualität der Loipe unter den Tausenden von Läufern vor uns schon merklich gelitten hat, führt eine lang gezogene Linkskurve vorbei an den letzten Häusern von Eldris wieder hinein in den Wald. Wirklich ausruhen kann man sich auf der kurzen Abfahrt aber nicht, da es prompt wieder leicht berauf geht und generell eine recht wellige Passage auf uns wartet. Jetzt kann die Stelle, an der Gert-Dietmar Klause 1975 seine von Gerhard Grimmer unterstützte Attacke zum bis heute einzigen deutschen Sieg setzte, nicht mehr weit sein, schießt es mir durch den Kopf. Auch ich habe offenbar einen Mitstreiter für die letzten Kilometer gefunden. Alle 200/300 Meter wechsle ich mich mit einem Läufer in der Führung ab, den ich aufgrund seiner zwischenzeitlichen Anfeuerungsrufe („dawei, dawei" – „schneller, schneller") als Russen einstufe. Obwohl jeder Überholvorgang neben der einzigen noch brauchbaren Spur, in der die Läufer inzwischen wieder wie an einer Kette aufgefädelt dem Ziel entgegenströmen, gut überlegt sein will, machen wir als Zweier-Team immer mal wieder ein Plätzchen gut. Auch die Bedenken, dass meine Schuppen-Skier in der langen Abfahrt etwa fünf Kilometer vor dem Ziel nicht mit den Latten meines Begleiters mithalten können, entpuppen sich als unbegründet. Im Windschatten fahre ich am Ende sogar ein ganzes Stück länger als der Russe in der Hocke. Auf der Geraden übernehme ich dann wieder die Führung und gebe sie auch nicht mehr ab. Denn zu meiner Überraschung warte ich bis zum 4-Kilometer-Schild vergeblich darauf, dass von hinten die gewohnte Ablösung kommt. Ich schaue mich kurz um und bin ziemlich überrascht, wie groß plötzlich die Lücke zwischen uns ist. Dann geht der Blick wieder nach vorn: Ob ich vielleicht die größere Gruppe sogar noch einholen kann, die einige Meter vor mir gerade wieder rechts in den Wald eingebogen ist?

Der Wasaläufer ohne Arme

Wie ein Paralympics-Ass die 90 Kilometer meisterte

Neugierige Blicke ist Josef Giesen gewöhnt. Daher ließ sich der Behindertensportler, der mit nur ansatzweise ausgebildeten Armen und Händen geboren wurde, an jenem 3. März 1996 auch von vereinzelten Tuscheleien nicht aus der Ruhe bringen, als er sich in Berga by zum ersten Mal zum Start des Vasaloppet begab. Der will doch nicht die 90 Kilometer ohne Stöcke laufen? Doch wollte er. Denn der Mann aus Herzlake im Emsland hat zwar ein Handicap. Aber er hat auch einen ganz festen Vorsatz dazu. „Von vornherein grundsätzlich nein zu sagen, gibt es bei mir nicht. Ich versuche es immer erst mal, egal worum es geht", sagt Josef Giesen. An jenem Tag kam die Euphorie dazu, die er aus dem Gewinn zweier Medaillen bei seiner ersten WM-Teilnahme im schwedischen Sunne zog. Den Wasalauf wenige Tage später im kaum 200 Kilometer entfernten Dalarnaer Land nahm das deutsche Behindertensport-Team kurzfristig als Zugabe mit, auch wenn die Organisatoren zunächst wenig begeistert waren. Erst nach etlichen Gesprächen gab es das Okay, allerdings mit der klaren Ansage, nicht nur aus der letzten Gruppe, sondern aus der letzten Reihe zu starten. Da Josef Giesen noch dazu einen sehr glatten Ski erwischte und auf die Schnelle keinen Begleitläufer fand, stand der Wahnsinn Wasalauf für ihn 1996 zu Beginn nicht unbedingt unter dem besten Stern.

„Am ersten Anstieg gab es mehrere brenzlige Situationen zu überstehen. Ich habe ganz bewusst die äußerste Linie gewählt, weil ich ja immer einen Ski querstellen musste, um mich irgendwie abstemmen zu können", berichtet er. Als der Startberg gemeistert war, begann Josef Giesen seine unglaubliche Aufholjagd. „Ich war so euphorisiert, bei diesem großen Rennen dabei sein zu dürfen, dass ich richtig gut in Fahrt kam." Nachdem er die Chance genutzt hatte, seine Skier nachwachsen zu lassen, büßte er auch in den Anstiegen nicht mehr so viel Zeit wie zu Beginn des Rennens ein. So ließ er Läufer um Läufer hinter sich, inklusive so mancher ungläubiger

Blicke, wenn er ohne Stöcke Meter um Meter auf die Konkurrenz gut machte oder sich waghalsig in die Abfahrten stürzte. Von daher war es kein Wunder, dass in Mora ganz besonderer Applaus aufbrandete, als er nach 9:32:18 Stunden die Ziellinie überquerte. Damit hatte er beim Sieg des Schweden Hakan Westin nicht nur gut 2500 Läufer hinter sich gelassen, sondern auch ein ganz besonderes Kapitel deutscher Wasalauf-Geschichte geschrieben. Wie sehr er sich damals in einen wahren Rausch gelaufen hatte, wurde ihm erst 15 Jahre später bewusst, als er die 90 Kilometer von Sälen nach Mora zum Abschluss seiner Karriere ein zweites Mal unter die Skier nahm. „Da habe ich ungefähr ab der Hälfte der Strecke jedes einzelne der Kilometerschilder herbeigesehnt, die mir beim ersten Start gar nicht aufgefallen sind. So sehr war ich auf den Wettkampf fokussiert", erzählt Josef Giesen.

Die außergewöhnliche Motorik in den Beinen, die überdurchschnittlichen koordinativen Fähigkeiten und der nicht minder ausgeprägte Gleichgewichtssinn, mit denen sich der Norddeutsche sicher durch die Loipe bewegte, wurden schon in der Kindheit ausgebildet und gefördert. Gezwungenermaßen. Denn Josef Giesen ist ein Opfer des Contergan-Skandals. Bei dem Medikament handelt es sich um ein Beruhigungsmittel, das Ende der 50er, Anfang der 60er Jahre insbesondere schwangeren Frauen empfohlen wurde, als Nebenwirkung aber unter anderem Fehlbildungen von Gliedmaßen und Organen bei den Neugeborenen hervorrief. Laut deutscher Contergan-Stiftung kamen weltweit mehr als 10.000 geschädigte Kinder auf die Welt. Josef Giesen war einer der letzten davon. „Contergan wurde im November 1961 vom Markt genommen, das war für mich einige Monate zu spät und einfach Pech", sagt der Mann, der im Januar 1962 das Licht der Welt erblickte. Er berichtet, dass seine Mutter nur einmal zum Contergan griff und das auch noch zu einem Zeitpunkt, als sie noch nicht wusste, dass sie schwanger war. Gehadert hat Josef Giesen mit seinem Schicksal aber nie, im Gegenteil. „Ich glaube nicht, dass ich ohne die Behinderung so viel von der Welt gesehen hätte, wie es mir bei den Paralympics und vielen anderen Wettkämpfen und Lehrgängen vergönnt war", sagt er. Obwohl die Contergan-Kinder viel Zeit in Spezialeinrichtungen fern ihrer Eltern verbrachten, wo sie entsprechend ihrer Möglichkeiten lernten, ihr Leben trotz Behinderung so selbstständig wie möglich zu meistern, erinnert sich Josef Giesen gern an seine Kindheit. „Ich habe sechs Geschwister und bin nie mit Samthandschuhen angefasst worden. Auch in Herzlake wurde ich so genommen, wie ich bin. Man hat mich weder versteckt, noch gehänselt, noch bevorzugt. Das rechne ich allen hoch an", sagt er. Selbst bei der Ausbildung zum Technischen Zeichner, die damals noch mit Zirkel, Tusche, Stift und Papier erfolgte, gab es kaum Extrawürste für ihn. Er erinnert sich: „Ich bekam bei der Prüfung anderthalb Stunden Zeitgutschrift, weil bei mir eben alles etwas länger dauerte. Aber das war's auch schon und das war auch okay so."

Starker Typ: Josef Giesen stärkt sich mit Blaubeersuppe.

In Sachen Skilanglauf erwies sich Josef Giesen als Spätzünder. „Den Drang nach Bewegung gab es von Beginn an. Ich war zunächst aktiver Schwimmer und habe als Jugendlicher auch im Verein Fußball gespielt", erzählt er. Ein befreundeter Schwimmer begeisterte ihn dann zunächst für den alpinen Skisport. Acht Jahre stürzte er sich im Landeskader Nordrhein-Westfalen die Hänge hinunter, ehe ihm ein Zufall im Alter von bereits 32 Jahren von den breiten auf die schmalen Bretter und damit ein Stück weit auch in Richtung Wasalauf verhalf. „Wegen eines Sturms auf dem Stubai-Gletscher sind 1994 die alpinen Meisterschaften ausgefallen. Da haben wir aus Spaß im Tal an den Wettkämpfen der Langläufer teilgenommen", erzählt Josef Giesen. Der Ausflug in die fremde Disziplin endete für ihn mit einer überraschenden Einladung zum nächsten Lehrgang der Langläufer. Doch Bundestrainer Olaf Gruhn aus Schleiden-Morsbach in der Eifel bewies damit das richtige Näschen, denn die zwei WM-Medaillen von 1996 waren nur der Anfang einer beeindruckenden

Karriere. Heute stehen für Josef Giesen sechs Medaillenplätze im Biathlon und im Langlauf bei vier Paralympics-Teilnahmen in den Geschichtsbüchern. Dazu kamen unter anderem sieben WM-Medaillen und die Gesamtsiege im Weltcup der Biathleten 1999 und 2003. Interessant: Die Schüsse löste er per Schnur mit dem linken Finger aus, während eine Spezialvorrichtung das Nachladen mit dem Kinn ermöglichte. „Die emotionalsten Erfolge waren für mich der zweite Platz bei den Paralympics 2006 in Turin, weil vier Wochen vorher mein Vater gestorben war und ich ihm diese Medaille widmen wollte, und der dritte Platz vier Jahre später bei den Paralympics in Vancouver, weil ich damit zum Abschluss meiner Leistungssport-Karriere noch einmal auf dem Treppchen stand“, erzählt er.

Bei allem Ehrgeiz ging der Blick des Technischen Zeichners, der bis zu seiner Verrentung wegen Erwerbsunfähigkeit im Jahr 2000 als Zivilangestellter bei der Bundeswehr tätig war, stets über die blanken Ergebnisse hinaus. Daher ist es auch kein Wunder, dass er zum Beispiel mit der Europameisterschaft 1997 im sibirischen Tobolsk einen eher kleinen Wettkampf noch heute in bester Erinnerung hat. „Die Herzlichkeit der Menschen war dort wirklich außergewöhnlich. Wir wurden nach dem Wettkampf zu Kaffee und Kuchen eingeladen. Es gibt kaum ein Treffen ehemaliger Sportler, bei dem nicht über Tobolsk gesprochen wird“, sagt Josef Giesen. Neben den Erinnerungen sind ihm aus seiner aktiven Zeit bis heute auch viele Freundschaften in ganz Deutschland und darüber hinaus geblieben. So war es denn auch kein Zufall, dass er für seinen zweiten Wasalauf-Start 2011 neben seinem Entdecker Olaf Gruhn auch Bernd Bachmann aus dem erzgebirgischen Neudorf als Begleitläufer gewinnen konnte. Mit dem Radhändler vom Fuße des Fichtelberges verbindet den Norddeutschen eine ganz besondere Geschichte. Denn der schraubte ihm für die Vorbereitung auf die vierten Paralympics in Vancouver ein auf seine Konstitution und seine Bedürfnisse zugeschnittenes Fahrrad zusammen. Der Kontakt kam über Werner Nauber aus Sehma zu Stande, der Josef Giesen ab 2005 als Heim- und Bundestrainer betreute. „Werner hat nach 30 Jahren als Langlauftrainer im Skiverband natürlich nicht nur ein immenses Wissen mitgebracht. Er wusste auch auf Anhieb, wer mir im Erzgebirge, wo ich damals öfter zum Training unterwegs war, in Sachen Spezialrad weiterhelfen könnte", sagt der Sportler. Es war jener Bernd Bachmann, der ihm in der Tat das Rad auf den Leib schneiderte und sogar schenkte. Das eigens konstruierte Gestänge mit dem hohen Lenkrad gab dem Gefährt zwar letztlich seinen Namen „Giraffe", war für den Tüftler aber gegenüber der Automatikschaltung und einer speziellen Bremsenkonstruktion, bei der mit dem Rücktritt auch die Vorderbremse ausgelöst wurde, noch das kleinere Problem. „Ich brauchte für Vancouver vor allem Mumm in den Beinen und den konnte ich mir mit dem neuen Rad holen, weil nun auch Trainingsrunden auf Feldwegen und in die Berge möglich wurden", sagt Josef Giesen. Bis dahin war er auf einem Liege-Dreirad unterwegs.

Den Wasalauf 2011 bestritt der Mann vom VfL Herzlake für einen guten Zweck. Nachdem er es angesichts der zu erwartenden Strapazen beinahe schon bereut hatte, in der Euphorie von Vancouver die Idee von einem zweiten Start in Schweden publik gemacht zu haben, schöpfte er aus einem Erlebnis im Sommer neue Motivation. Mit Hans Tilkowski, dem ehemaligen deutschen Fußball-Nationaltorhüter und Botschafter des Projektes Friedensdorf International, besuchte der Wintersportler eine Friedensdorf-Einrichtung in Oberhausen, in dem Kinder aus Kriegs- und Krisengebieten betreut wurden. „Es hat mich sehr betroffen gemacht, zu sehen, wie schlecht es den Kindern geht. So fasste ich den Entschluss, meinen Wasalauf als Spendenlauf anzugehen", erzählt Josef Giesen. Um es vorwegzunehmen: Es kam nicht nur ein Betrag von gut 2500 Euro zusammen. Trotz des deutlich reduzierten Trainingsumfangs wurde es auch erneut eine Zeit unter zehn Stunden für den Behindertensportler, der 90 Kilometer lang Olaf Gruhn unmittelbar vor und Bernd Bachmann direkt hinter sich wusste. Die tolle Zeit war diesmal auch einer gewissen Portion Frechheit zuzuschreiben, denn Josef Giesen mogelte sich in den Startblock 5 unter die Veteranen. „Ich habe gefragt, die Veteranen haben zugestimmt. Da hatten die Kampfrichter keine andere Wahl, als auch meine zwei Begleiter mit in den Startblock zu lassen."

Eingespieltes Team: 2011 wurde Josef Giesen (vorn links) auf dem Wasalauf-Kurs von Bernd Bachmann begleitet.

Josef Giesen hatte zwar aus dem Herbst und Winter etliche Trainingskilometer in den Beinen, war aber nach dem Abschluss seiner Laufbahn bei weitem nicht an die Umfänge aus seiner aktiven Zeit herangekommen. Daher plagten ihn schon nach gut 60 Kilometern die ersten heftigen Krämpfe im Oberkörper. „Für mich war das ein Zeichen, dass meine Körperhaltung nicht optimal war. Ich habe die Schritte länger gemacht und viele Gleitphasen mitgenommen, dann ging es wieder für ein Stück, bis die ersten Probleme mit den Oberschenkeln auftauchten. Die hatte ich im Ziel fast blutig gescheuert", erzählt er. Ans Aufgeben dachte er jedoch nie. „Für mich war es einfach schön, nochmal dabei zu sein und das unglaubliche Flair zu genießen. Ich habe deshalb auch kein Verständnis, wenn Läufer aussteigen, nur weil sie die angestrebte Zeit vielleicht nicht schaffen."

Im Jahr 2014 wurden für Josef Giesen in Sachen Wasalauf aller guten Dinge drei. Er fuhr mit seiner Frau Heike, die ihn ebenso wie Tochter Katrin über Jahre zu vielen Wettkämpfen begleitet hatte, als Zuschauer nach Schweden. „Es war eine interessante Erfahrung, den Lauf mal aus diesem Blickwinkel zu erleben", sagt er. Die Giesens waren erst ganz nah dran, als sich die Top-Leute in Berga by für den Start vorbereiteten und später, als erst auf der Ziellinie die ersten drei Plätze vergeben wurden. In den Tagen vor und nach dem Wettkampf genoss der Mann ohne Arme noch einmal das ganz Drumherum. „Dass man sich abends in der Hütte bei einem Bier zusammensetzt und fachsimpelt, gehört zum Erlebnis Wasalauf dazu wie das Amen in der Kirche. Da entstehen Sportfreundschaften fürs Leben", sagt Josef Giesen, der zum Beispiel die Besuche bei seinem einstigen Hütten-Kollegen Rolf Preiß und dessen Frau Christiane im Erzgebirge nicht mehr missen möchte. Seine positive Ausstrahlung und der offene Umgang mit seinem Handicap haben dem Sportler in Verbindung mit seinen Erfolgen nicht nur jede Menge Sympathien, sondern auch einige Auszeichnungen eingebracht. Ohne Anspruch auf Vollständigkeit seien die Wahl zum Behindertensportler des Jahres in Niedersachsen 2003, die mehrfache Auszeichnung mit dem silbernen Lorbeerblatt durch den Bundespräsidenten, die Würdigung mit dem Fair-Play-Preis des Bundesinnenministeriums sowie die Ehrenbürgerschaft in seiner Heimat-Gemeinde Herzlake genannt. Als Botschafter des Behindertensports ist er bis heute in Schulen und bei öffentlichen Veranstaltungen unterwegs. Dabei nimmt er diesen Job durchaus wörtlich, denn Botschaften hat er jede Menge mit. Eine liegt ihm ganz besonders am Herzen. „Ich denke, es ist das Wichtigste im Leben, mit sich selbst zufrieden zu sein." Große Worte eines Mannes, der sich eine abgesägte Harke auf den Arbeitsschuh schweißen ließ, um sich im Garten nützlich zu machen und der sich einst bei Siegerehrungen der Blumensträuße entledigte, indem er sie mit dem Fuß ins Publikum kickte.

8. Kapitel

Tränen im Ziel

Als links und rechts der Strecke die ersten Häuser von Mora auftauchen, staune ich nicht schlecht. Es ist noch gar nicht so lange her, da bin ich saft- und kraftlos wie der erste Mensch durch die Loipe gestolpert. Und jetzt habe ich tatsächlich zu der Gruppe vor mir aufschließen können. Ich hänge mich einfach erstmal hinten ran, um kurz zu verschnaufen, und erhasche dabei auch einen Blick auf die Kirchturmspitze von Mora. Jetzt ist es wirklich nicht mehr weit. Das Gotteshaus steht direkt an der Zielgeraden des Wasalaufes und gehört nicht zuletzt deshalb zu den Wahrzeichen der 11.000-Einwohner-Stadt, die für diese Größe über eine erstaunlich gute Infrastruktur verfügt. Es gibt eine Schwimm- und eine Eishalle, ein Krankenhaus, ein Kino, ein Gymnasium und vieles mehr. Als Zielort des Ski-Rennens steht Mora seit den Anfangsjahren mehr im Mittelpunkt als Sälen beziehungsweise Berga by. Kein Wunder: Die Helden-Geschichten der Mora Nisse, Janne Stefansson, Jörgen Brink, Sofia Lind und Co. wurden und werden in erster Linie auf den letzten Kilometern geschrieben. Daher ist es längst Normalität, dass das schwedische Fernsehen am Wasalauf-Wochenende seine Sportsendungen aus einem eigens dafür in Mora eingerichteten Studio verbreitet.

Abgesehen davon ist der Wettkampf ohnehin das ganze Jahr über im Stadtbild allgegenwärtig. So entschieden sich die Schweden 1985, das Ziel fest im Zentrum zu installieren. Auf zwei riesigen Säulen ragt seitdem das Emaille-Schild mit dem großen Motto des Laufes „In den Spuren der Väter – für Siege in der Zukunft" über die Hauptstraße. Wer als Tourist mehr über das Rennen wissen will, ist nur einige Meter weiter im Vasaloppet-Museum richtig. Waren dort bis vor wenigen Jahren noch viele historische Fotos zu sehen, Ergebnisse und Starterzahlen aufgelistet, die bisherigen Sieger porträtiert oder auch die Ski-Ausrüstung aus den Anfängen des Laufes ausgestellt, so hat sich das Bild nach der umfangreichen

Modernisierung doch einigermaßen gewandelt. Das zeigt sich unter anderem an der Doppelstockschub-Simulation, an der jeder Besucher die letzten Meter der Zielgeraden quasi selbst zurücklegen kann. Es ist kein Geheimnis, dass die Organisatoren für diesen Schritt von der musealen Einrichtung im klassischen Sinne hin zur Informationsstelle mit Event-Charakter auch Kritik einstecken mussten. Letztlich war die Entscheidung jedoch nur konsequent: Denn auch abseits des Wettkampfes wird nach dem Motto verfahren, einerseits die großen Traditionen zu bewahren und dennoch mit der Zeit zu gehen.

Berühmtes Motto: „In den Spuren der Väter – für Siege in der Zukunft" steht auf dem riesigen Zielbanner in Mora.

Tipp: Welchen Stellenwert der Laufes für die Stadt und die Region hat, erfährt man am besten, wenn man mit den Leuten in Mora ins Gespräch kommt. In vielen Läden, Schaufenstern und Cafés künden Wasalauf-Plakate und Zeitungsausschnitte von der Sportbegeisterung der Inhaber oder sind sogar Teilnehmer-Diplome ausgestellt. Für einen Plausch über den Vasaloppet nehmen sich die Einheimischen erfahrungsgemäß gerne Zeit, erst recht, wenn man mehr als 1000 Kilometer Anreise für das Rennen hinter sich gebracht hat. Die Kommunikation funktioniert für gewöhnlich unproblematisch, da vor allem die jungen Schweden meist sehr gut englisch sprechen. Dessen ungeachtet kommt es gut an, wenn man mit der einen oder anderen Vokabel der Landessprache aufwarten kann. Besonderheit: Bis auf die Mitglieder der Königsfamilie wird in Schweden grundsätzlich jeder geduzt und mit dem Vornamen angesprochen.

Mora wartet zur „Begrüßung“ mit einer letzten schönen Abfahrt auf, die das Läuferfeld unter der Hauptstraße in Richtung Oxberg hindurchführt. Danach folgt nochmals ein kurzer knackiger Anstieg, der es in sich hat, den ich mit den am Ende der Gruppe gesammelten Kräften aber im Diagonalschritt erklimme und so wieder zwei Plätze gut mache. Danach biegt der Kurs in Höhe des Fußballplatzes auf das abschließende zwei Kilometer lange flache Teilstück durch Mora ein, auf dem sich gute drei Stunden zuvor ein kleines Drama abgespielt hat. Zum tragischen Helden wird Audun Laugaland aus Norwegen. Der 32-Jährige löst sich etwa 15 Kilometer vor dem Ziel aus der großen Verfolgergruppe, stellt kurz darauf seinen lange Zeit alleine an der Spitze laufenden Landsmann Espen Harald Bjerke und lässt ihn auf Anhieb stehen. Am Ortseingang von Mora sieht Laugaland daher schon wie der sichere Sieger aus. Auch die Kommentatoren der Live-Übertragung, die Bilder aus dem Hubschrauber zur Verfügung haben, reden davon, dass die Spannung im Zielsprint nur noch durch den Kampf der Verfolger um Platz 2 hochgehalten wird. Doch sie haben die Rechnung ohne John Kristian Dahl gemacht. Der 32-jährige Norweger führt in Höhe des Fußballplatzes eine dreiköpfige Gruppe an, die Jagd auf Laugaland macht und dem Führenden von da an mit jedem Stockschub näher kommt. Es sind am Ende keine anderthalb Kilometer, die Dahl braucht, um die 20 Sekunden aufzuholen und dem sichtlich ausgelaugten Laugaland im Nacken zu sitzen. Kurz darauf biegt Dahl als Führender auf die Zielgerade ein und lässt sich den Sieg in 4:14:33 Stunden nicht mehr nehmen. Auch Johann Kjoelstadt (Norwegen) und Jörgen Brink (Schweden) ziehen noch an Laugaland vorbei, der im Ziel erschöpft und enttäuscht, den Eintrag in die Geschichtsbücher denkbar knapp verpasst zu haben, wie ein Häufchen Elend zusammenbricht.

Auch bei den Frauen geht der erste Platz beim 90. Rennen nach Norwegen: Leila Kveli läuft nach 4:31:57 Stunden mit über einer Minute Vorsprung ins Ziel. Wie ihr Landsmann wird sie später nicht nur mit einer Glasfigur, sondern auch mit 92.000 schwedischen Kronen belohnt. Das sind gut 10.000 Euro Siegprämie, die vom Veranstalter ganz charmant als Ausbildungsstipendium für den Verein bezeichnet wird. Insgesamt fließen fast 500.000 Kronen für die 15 schnellsten Männer und die sechs schnellsten Frauen. Während in der Endabrechnung sowohl bei den Frauen als auch bei den Männern neun der ersten zehn Plätze nach Norwegen oder Schweden gehen, verpassen die deutschen Asse ihr Ziel, endlich mal wieder einen ihrer Leute unter den Top 10 zu platzieren, deutlich. Bester Deutscher wird Franz Göring vom SC Motor Zella-Mehlis, der 2009 Silber mit der DSV-Staffel bei der WM in Liberec und zwei Jahre später Bronze in Oslo geholt hatte. Er belegt mit knapp zwei Minuten Rückstand auf den Sieger den 54. Platz. Der mit zwei Olympia- und sieben WM-Medaillen sowie acht Weltcupsiegen noch ein ganzes Stück erfolgreichere Jens Filbrich vom SV Eintracht Frankenhain, der wenige Wochen zuvor noch bei den Olympischen Spielen in Sotschi am Start war, kommt als fünftbester Deutscher nicht über den 82. Platz hinaus. Die beiden Thüringer befinden sich im Feld der Geschlagenen allerdings in bester Gesellschaft. Lukas Bauer, der tschechische Weltcup-Gesamtsieger von 2008, muss sich zum Beispiel mit Rang 69 zufrieden geben. Er kommt mit mehr als vier Minuten Rückstand ins Ziel.

Für mich ist das Ziel noch anderthalb Kilometer entfernt, als ich das kleine Fußball-Areal von Mora rechts liegen lasse. Viel Schnee liegt hier neben der Loipe nicht mehr. Teilweise schauen sogar große grüne, braune oder graue Flächen heraus. So gesehen ist es kein Wunder, dass die Kunstschnee-Loipe tief und stumpf ist. Ich arbeite mich auf eine kleine Abfahrt zu, die in Richtung Campingplatz führt. Es sind wahrscheinlich nur gut 50 Meter, die ich mich in der Hocke ausruhen kann, aber wenn man gut 89 Kilometer in den Beinen und nur noch einen vor sich hat, kann das eine echte Wohltat sein. Würden an dieser Stelle Zuschauer stehen, hätten sie wohl ein kurzes Lächeln in meinem gequälten Gesichtsausdruck ausgemacht. Aber so kurz vor der legendären Zielgeraden von Mora kann man die

Menschen entlang der Strecke an zwei Händen abzählen. Es ist die Ruhe vor dem Sturm. Das letzte blaue Schild für heute rückt näher: Noch ein Kilometer! In Dreierreihen hetzen wir nach rechts und die letzten beiden kurzen Anstiege hoch. Obwohl es jetzt nun wahrlich nicht mehr entscheidend ist, ob man noch den ein oder anderen Platz gut macht oder verliert, mobilisiert jeder die letzten Reserven. Noch bevor der Kurs links in Richtung Stadtzentrum einbiegt, ist mit einem Mal auch die Kulisse da. Tausende Zuschauer säumen die letzten 500 Meter. Ich ahne schon: Allein für diesen Zieleinlauf hat sich der ganze Aufwand und die Quälerei gelohnt. Als ich die Kirche passiert und den wirklich letzten Hügel gemeistert habe, fällt mein Blick kurz auf die Anzeigetafel. Wenn ich das auf die Schnelle richtig erfasst habe, sind bislang 5500 Läufer im Ziel. Wahnsinn! Das wäre für mich doch ein stolzes Ergebnis. Noch zehnmal schieben, dann ist es geschafft. Neun, acht, sieben, sechs, fünf, vier, drei, zwei. In den letzten Doppelstockschub stecke ich alles rein, was noch oder wieder an Kraft da ist. Nach 90.000 Metern will ich mich einfach ins Ziel gleiten lassen. Kurz vor der Ziellinie recke ich die Arme für eine zaghafte Jubelpose in die Höhe und schließe für einen Moment die Augen. Ich versuche zu genießen. Aber ich fühle nur Leere. Das sieht man auch später sehr schön auf meinem Finisher-Foto. Die Fotografen stehen in Zweierreihe kurz hinter der Ziellinie, um von wirklich jedem Läufer emotionale Schnappschüsse einzufangen. Das ist Arbeit im Akkord, denn um die Zeit trudeln in jeder Minute 45 bis 50 Sportler ein.

Tipp: Bei der Bezahlung der offiziellen Veranstaltungsfotos ist Vorsicht bei den so genannten Auslandsüberweisungen geboten. Denn obwohl sich viele Läufer die Bilder von der Strecke und vor allem vom Zieleinlauf in Mora als Erinnerung an ein außergewöhnliches Erlebnis gerne einiges kosten lassen, erlebte der eine oder andere schon eine böse Überraschung. Der Grund: Einige Banken verlangen für die Auslandsüberweisung per Internet offenbar Gebühren, die genauso hoch sind wie der Preis für die Fotos. Daher empfiehlt es sich, vorher beim Kreditinstitut nach preiswerteren Alternativen nachzufragen.

Emotionale Ankunft: Nach 7:37 Stunden fährt der Autor erschöpft aber glücklich über die Ziellinie.

Der Wahnsinn Wasalauf geht auch im Ziel weiter. An Ausruhen oder gar Innehalten ist bei diesen Menschenmassen auf engstem Raum noch nicht zu denken. Mit zitternden Knien trotte ich einfach der Masse hinterher. Die Anspannung fällt mit jedem Schritt etwas mehr ab. Als sich vor mir plötzlich eine Lücke auftut, überkommen mich zum ersten Mal die Gefühle. Ich bleibe stehen, ramme die Skistöcke vor mir in den Schnee, lege die Stirn auf meine Hände und lasse den Tränen freien Lauf. Die Emotionen müssen irgendwie raus. Das Verständnis für solcherlei Sentimentalitäten hält sich jedoch bei den anderen Sportkameraden in Grenzen. Als ich das zweite Mal angerempelt werde, reiße ich mich zusammen, wische mir die Tränen aus dem Gesicht und reihe mich wieder ein. Ein paar Meter weiter sind auf zwei großen Tafeln die Zeiten vermerkt, die für die begehrte Vasaloppet-Medaille nötig waren: 6:47:55 Stunden bei den Frauen und 6:21:50 bei den Männern. Da es sich dabei um die anderthalbfache Siegerzeit handelt, wird mir auch ohne exaktes Nachrechnen schon in dem Moment klar: Die Profis müssen locker eine halbe Stunde über dem Streckenrekord geblieben sein. Das macht meine 7:37 Stunden doch gleich noch ein ganzes Stück wertvoller. Ich könnte die ganze Welt umarmen und wünschte mir zum Empfang wie einige Wochen zuvor in Oberammergau ein Küsschen von meinen Liebsten. Als ich an zu Hause denke, geht das Geheule erst richtig los. Ich suche mir ein ruhiges Fleckchen an der Seite, schnalle die Skier ab und werde richtig durchgeschüttelt. Es ist schwer zu beschreiben, was in mir vorgeht. Da ist Stolz, Freude, Sehnsucht, Zufriedenheit, Erleichterung, Dankbarkeit – es kommt einfach vieles zusammen.

Aussehen muss ich in dem Moment aber wie ein Häufchen Elend. Zumindest legt mir ein Zuschauer von der anderen Seite des Absperrgitters seine Hand auf die Schulter und fragt besorgt, ob alles okay ist. Ich nicke und setze ein breites Grinsen auf, das die nächsten Stunden wie in mein Gesicht eingefroren scheint. Daran ändert auch die Tatsache nichts, dass mir beim Tränen abwischen versehentlich eine Kontaktlinse am Handschuh hängen bleibt. Als ich das Malheur bemerke, ist es schon zu spät und die kleine Sehhilfe liegt im Schnee. Egal. Ich gebe mir gar nicht erst die Mühe, sie zu finden. Verlaufen kann man sich im Zielgelände ohnehin erstmal nicht. Es geht weiterhin einfach der Masse hinterher. Fast wie in Trance lasse ich mir erst den Transponder abnehmen und ein paar Meter weiter an einem Werbestand eine Milch reichen. Die Schweden haben über die Jahre ein ausgeklügeltes System entwickelt, um die Tausenden Läufer nicht nur zügig aus dem Zielraum abzuleiten, sondern sie auch zum Duschen in umliegende Sporthallen zu karren. Ski-Abgabe hier, Kleidersack-Rückgabe da und Busabfahrt gleich daneben – es geht zu wie in einem Taubenschlag. Schätzungsweise alle drei Minuten macht sich einer der „Dusch-Busse" auf den Weg. Da mir das zu umständlich klang und ich außerdem keine Zeit verschenken wollte, um auch als Zuschauer im Ziel so viel wie möglich vom Flair aufsaugen zu können, hatte ich nicht erst einen Wäschesack abgegeben. Mir erschien es komfortabel genug, mich im Bus umziehen zu können. Allerdings sehne ich trockene und warme Sachen jetzt auch regelrecht herbei.

Dass der Weg zum Bus-Parkplatz in diesem Jahr ein ganzes Stück länger als sonst ist, muss ich in Kauf nehmen. Normalerweise finden Hunderte Busse auf einer großen Freifläche am Siljan-See in unmittelbarer Nähe zum Stadtzentrum Platz. Doch dort besteht diesmal aufgrund der milden Temperaturen der vergangenen Tage die Gefahr, dass die schweren Gefährte im Morast stecken bleiben. Die Organisatoren mussten daher improvisieren und haben Stellflächen in einem Gewerbegebiet geschaffen. Unser Busfahrer war zum Glück so nett und hat uns am Tag vor dem Wettkampf schon mal dorthin gekarrt und gezeigt, wo wir ihn finden werden. Während ich mich also zielstrebig auf den Weg mache, irren einige andere Läufer planlos umher. Ein Schwede fragt mich, ob ich zum Shuttle-Bus gehe. Mit etwas Englisch sowie Händen und Füßen klären wir, dass ich weiß, wo „mein" Bus steht, mir aber nicht sicher bin, ob dort auch die Shuttle-Busse warten. Mangels Alternativen schließen sich der Mann und seine drei Kumpels an. 50 Meter weiter hängt ein Info-Zettel am Laternenmast. Von da ab ist klar: Wir haben den gleichen Weg vor uns. Und an Gesprächsstoff mangelt es wahrlich nicht. Wo kommst du her? Dein wievielter Wasalauf war es? Was hattest du gewachst? Wie war deine Zeit? Ich ärgere mich mal wieder über meine mittelmäßigen Englisch-Kenntnisse, aber eines habe ich genau verstanden. Der gute Mann neben mir hat zum fünften Mal den Wasalauf gefinisht und ist sich sicher: So hart wie dieses Jahr waren die vier anderen Rennen nicht. Da fängt es zwangsläufig bei mir im Kopf zu rattern an: Welche Zeit hätte es bei Top-Bedingungen werden können? Sollte ich …

Eine Autohupe beendet meine Träumerei abrupt. Ich schrecke zusammen und hopse zurück auf den Fußgängerweg. Der Fahrer lacht, die Schweden um mich rum lachen, da kann nach dem Schreck auch ich lachen. Wir sind auf der ersten Straße angekommen, die nicht wegen des Wasalaufes gesperrt ist. Kurz darauf entdecke ich die ersten bekannten Gesichter. Es sind die schnellsten aus unserer Reisegruppe, die mir – längst geduscht und in Jeans statt Laufanzug – entgegengeschlendert kommen. Es liegt in dem Moment weniger an der aufziehenden Kälte, dass ich eine Gänsehaut bekomme. Es sind vielmehr das gemeinsame Abklatschen, die gegenseitigen Glückwünsche und die kurze Fachsimpelei über das Rennen, die mich berühren. Denn obwohl die Sven Albert und Co. hier schon Stammgäste sind und mit Zeiten unter sechs Stunden in einer ganz anderen Liga laufen, fühlt es sich ein Stück weit doch so an, als gehöre auch ich jetzt irgendwie richtig dazu. Vor lauter Euphorie vergesse ich nachzufragen, ob unser Bus tatsächlich dort steht, wo es am Tag zuvor ausgemacht war. Aber auf Busfahrer Daniel, der auf 15 Fahrten zum Vasaloppet schon viel erlebt hat und rund um Mora längst kein Navi mehr braucht, ist wie immer Verlass. Er hat unmittelbar an der Straße einen Platz gefunden, sodass der Bus nicht zu verfehlen ist. Mein erster Weg führt mich zum Gepäckraum, wo ich meine Skier verstaue. Anhand der Skisäcke kann man leicht abschätzen: Es sind schon etliche von uns rein, aber auch noch einige auf der Strecke. Im Bus selbst lasse ich mich erstmal auf meinen Sitz plumpsen. Wahnsinn Wasalauf bedeutet offenbar auch, dass man plötzlich etwas als den reinsten Luxus empfindet, was einen drei Tage zuvor wegen eingeschränkter Beinfreiheit oder nur minimal verstellbarer Lehnen noch mächtig nervte. Ich stelle meinen Rucksack ans Fenster, um ihn als Kissen zu nutzen, strecke die Beine in den Gang und schließe die Augen. Endgültig am Ziel.

Wasalauf-Geschichten

Der Veteran aus dem Ruhrpott

Wie es Eberhard Piske in einen erlauchten Kreis schaffte

Eberhard Piske aus Wolfenbüttel kennt zwischen Sälen und Mora beinahe jeden Baum. Nicht umsonst ist er 2010 als erster und bis heute einziger Deutscher in den erlauchten Kreis der Wasalauf-Veteranen aufgenommen worden. Voraussetzung dafür sind 30 erfolgreich absolvierte Läufe über 90 Kilometer. Genau genommen hat der Rentner aus Niedersachsen bis 2016 sogar 57 Läufe über die berühmte Distanz in Schweden absolviert, da er mehrfach vor dem Haupttrennen auch in der Offenen Spur startete. Doch das Reglement für die Anerkennung als Veteran ist streng: Pro Jahr wird nur eine Teilnahme gutgeschrieben. Das erklärt auch, warum unter den knapp 950 Veteranen nur ganze 30 Nicht-Schweden zu finden sind. Neben einer Reihe von Norwegern, Schweizern und Finnen gehören mit einem Schotten und einem Israeli auch zwei so genannte Exoten dazu. In diese Kategorie ist theoretisch auch Eberhard Piske einzuordnen. Denn der deutsche Rekord-Starter wuchs nicht etwa in Bayern, Sachsen oder Thüringen auf, wie man bei einem Skilanglauf-Fanatiker wohl am ehesten vermuten würde. Nein. Er stammt aus dem Ruhrpott.

Es überrascht daher nicht wirklich, dass die Vorgeschichte seines ersten Wasalauf-Starts im Jahr 1975 mit der Eisenhüttenkunde zu tun hat. Während seines Studiums verschlug es den angehenden Diplomingenieur für ein dreimonatiges Praktikum in ein Edelstahlwerk in die nordschwedische Stadt Sandviken. Es war eine Zeit, die ihn prägte. „Ich lernte dort ein völlig neues Leben mit viel toller Natur und sportlichen Aktivitäten kennen", sagt Eberhard Piske. Die Begeisterung trug maßgeblich dazu bei, dass er sich innerhalb kürzester Zeit sehr gute Kenntnisse der schwedischen Sprache aneignete. Hatte er die erste Reise nach Norden noch mit einem Motorroller angetreten, so führte ihn sein erster Urlaub nach dem bestandenen Hauptexamen 1974 mit dem Auto bis zum Nordkap. Auf dem Weg dorthin fiel ihm eine Zeitung in die Hände, in der er von einem außergewöhnlichen Ausdauer-Vierkampf las, dem so genannten Svensk Klassiker (Schwedischer Kassiker). Dahinter verbirgt sich eine Kombination aus vier Langstreckenwettbewerben, bei der es nicht nur der Vasaloppet in sich hat. Jeweils im Juni steht mit der Vätternrunde ein 300 Kilometer langes Radrennen um den zweitgrößten See Schwedens an, bei dem 2015 erstmals die 20.000-Teilnehmer-Marke geknackt wurde. Mit dem 3 Kilometer langen Vansbroschwimmen folgt ein Wettbewerb, bei dem es die letzten 900 Meter gegen den Strom im Fluss Västerdalälven geht. Komplettiert wird das Ganze vom Lidingölauf auf der gleichnamigen Insel am Nordrand von Stockholm, einem 30-Kilometer-Cross-Rennen, das aufgrund des hügeligen Kurses eine ähnliche Herausforderung wie ein Marathon darstellt.

Schon als Eberhard Piske den Artikel las, wusste er: Das ist für ihn genau die richtige Herausforderung. Wieder daheim, meldete sich der Schweden-Fan nach einem kurzen Briefwechsel mit dem damaligen Wettkampfleiter Torsten Danielson, bei dem er sich nach Details des Reglements erkundigt hatte, für den Vasaloppet 1975 an. Das Verrückte daran ist, dass der in Unna aufgewachsene Sportler vom Boxen über den Zehnkampf bis hin zum Laufsport zwar schon vieles ausprobiert hatte. Nur auf Skiern stand der damals 34-Jährige noch nie. „Ich war aber schon dreimal die 100 Kilometer von Biel mitgelaufen und dachte, dass das auf Skiern auch nicht sehr viel anders sein wird“, berichtet er. So brach er drei Wochen vor dem großen Rennen gen Schweden auf, mietete sich einen Wohnwagen nahe der norwegischen Grenze und hoffte auf Tipps der Einheimischen. Die bekam er in erster Linie von einem Norweger, der wohl auch ein bisschen Mitleid mit dem Exoten hatte. Der Crashkurs war aber durchaus erfolgreich, denn die Generalprobe drei Tage vor dem Wettkampf konnte sich sehen lassen. Der Debütant aus Deutschland brachte 50 Kilometer auf der Originalstrecke in gut dreieinhalb Stunden hinter sich. Das nährte Hoffnungen auf eine gute Zeit, die im Rennen aber schon nach den ersten fünf Kilometern dahin waren. „Damals gab es noch vier Startgruppen. Ich bin als Einsteiger aus der letzten gestartet und kam und kam einfach nicht voran“, erinnert sich Eberhard Piske. Auch die ausgefahrenen Spuren bereiteten ihm Probleme.

Deutscher Dauerbrenner: Eberhard Piske hat schon 57-mal die 90 Kilometer zwischen Sälen und Mora absolviert.

Mindestens zehn Mal landete er unsanft im Schnee. Am Ende belegte er beim Sieg von Gert-Dietmar Klause in 9:15 Stunden den 6704. Platz. Bester Westdeutscher war auf Rang 201 in 5:04 Stunden übrigens kein Geringerer als der Olympiasieger in der Nordischen Kombination von 1960, Georg Thoma aus Hinterzarten, der in den folgenden Jahren mehrfach unter die besten 100 lief.

Nachdem Eberhard Piske bei seiner Vasaloppet-Premiere letztlich den Grundstein dafür gelegt hatte, als zweiter Nicht-Skandinavier nach einem Dänen das Diplom als Svensk Klassiker zu erhalten, ließ ihn das älteste Skilanglaufrennen der Welt von da an nicht mehr los. „Am Anfang war es der Ehrgeiz, eine neue Bestzeit aufzustellen, der in erster Linie der Antrieb war, mich fürs nächste Jahr wieder anzumelden. Dann wurde es im Laufe der Jahre einfach zur Herzensangelegenheit, wieder dabei zu sein, um die wunderschöne Landschaft in den Wäldern von Dalarna zu genießen, den Lauf über zugefrorene Seen und Flüsse und die vielen, freundlichen und hilfsbereiten Menschen an der Strecke. Ich habe viele andere große Skirennen in Skandinavien mitgemacht, aber der Vasaloppet war, ist und bleibt einfach etwas ganz Besonderes“, sagt Eberhard Piske. Konnte er sich 1976 um fast eine Stunde und drei Jahre später um weitere 30 Minuten verbessern, so datiert seine persönliche Rekordzeit aus dem Jahr 1983. Damals erzielte er in 5:46:50 Stunden mit Rang 2163 seine beste Platzierung. Da er die Zeit von Sieger Konrad Hallenbarter aus der Schweiz (3:58:08 Stunden) um nicht mehr als 50 Prozent übertraf, trat er sogar mit der begehrten Medaille die Heimreise an. „Es war der Lauf mit den besten Bedingungen. Nachdem es unter der Woche ab und zu auf die Schneedecke geregnet hatte, herrschten am Wochenende Minusgrade. Dadurch gab es eine harte und feste Spur“, erzählt der Westdeutsche. Als er sich 2006 ein zweites Mal die Medaille sichern konnte, standen die Vorzeichen etwas anders. Bei Temperaturen um null Grad, Schneefall und Wind übernahmen die Eliteläufer quasi die Funktion des Räumkommandos und kamen nur schleppend voran. So reichten Eberhard Piskes 7:51:02 Stunden, um sich nochmal mit dem ganz besonderen Andenken schmücken zu können. Auf die Ergebnisse von 1983 und 2006 ist der Junggeselle bis heute besonders stolz: „Ich kenne viele, die jahrelang der Wasalauf-Medaille vergeblich hinterher gerannt sind.“

Eberhard Piske, der sich seine Brötchen in den Stahlwerken Salzgitter verdiente, richtete fast jedes Jahr seinen Urlaubsplan am Termin des Vasaloppet aus. Wenn es sich irgendwie einrichten ließ, fuhr er schon zu Beginn des Winters nach Schweden, um auf Skiern und auf Schnee trainieren zu können. Und auch vor dem Wettkampf selbst verbrachte er anderthalb bis zwei Wochen in der Nähe von Mora. Letztlich schlug er so zwei Fliegen mit einer Klappe. Er beteiligte sich in Schweden an kleineren Rennen, bei denen man sich für eine bessere Startgruppe beim Wasalauf qualifizieren konnte. Zum anderen gab es von seinem Arbeitgeber lange Zeit einen Urlaubstag extra für jede Urlaubswoche, die im Winter genommen wurde. Die Übernachtung im Wohnwagen bei seiner Wasalauf-Premiere blieb eine Ausnahme, denn fortan buchte er einfache Unterkünfte in Sälen oder auch im beliebten Skigebiet Idre Fjäll. „Am Anfang lief die Buchung noch über den Postweg. Später habe ich mit den Eigentümern immer gleich den Termin fürs nächste Jahr ausgemacht“, sagt Eberhard Piske. Mittlerweile ist er seit 15 Jahren Stammgast in einer Hütte 20 Kilometer außerhalb von Mora am Siljan-See. Die Eigentümerin hat vor etlichen Jahren die offizielle Vermietung aufgegeben, macht für den Gast aus Deutschland aber bis heute eine Ausnahme. Der ist darüber sehr froh: „Die 40 Quadratmeter reichen für mich völlig aus. Vor allem ist ringsum viel Natur. Ich glaube, die Massenquartiere wären nichts für mich.“

Nicht ohne Stolz berichtet Eberhard Piske davon, dass er jeden seiner 57 Wasaläufe, egal ob nun den Vasaloppet an sich oder die Offene Spur, erfolgreich ins Ziel gebracht hat. „Ich hatte das Glück, nie einen Ski- oder Bindungsbruch zu erleiden und habe immer auf die etwas schwereren aber auch stabileren Stöcke aus Leichtmetall oder Aluminium vertraut. Die kann man nach einem Sturz wieder zurechtbiegen, während die Glasfiber- oder Kohlefiber-Stöcke leichter brechen." Auch körperlich kam er in der Regel unversehrt in Mora an. Die einzige Ausnahme ist mehr als 20 Jahre her: Als ihm ein anderer Läufer bei einem Zusammenstoß versehentlich den Arm in den Rücken rammte, kämpfte sich Eberhard Piske mit einer Rippenprellung ins Ziel. Zum echten Abenteuer wurde die Offene Spur im Jahr 2001, als am Start minus 27 Grad gemessen wurden. Das Rennkomitee beorderte daher Ärzte-Teams an die Strecke, um die Sportler vor Erfrierungen zu bewahren. So wurde auf der Abfahrt von Mangsbodarna ins Kälteloch bei Tennäng auch der Mann aus dem Ruhrpott „herausgewinkt". Er erinnert sich: „Die haben jedem genau ins Gesicht geschaut und alle mit weißen Stellen aus dem Rennen genommen oder in die Wärmehütte geschickt. Ich habe mich dort auch eine Viertelstunde aufgewärmt und das Rennen am Ende gut nach Hause gebracht. Aber ich werde nie das Bild eines Läufers vergessen, der seine Füße fast im Ofen hatte und trotzdem am ganzen Körper gezittert hat, dass man dachte, ihm fallen gleich die Arme ab." In Sachen Kälte hat Eberhard Piske auch vom Vansbroschwimmen des eingangs erwähnten Schweden-Klassikers eine tolle Episode zu erzählen. Da es zu dieser Zeit noch keine Neopren-Anzüge gab, galt Ölfett als Geheimtipp bei niedrigen Wassertemperaturen. Der Haken an der Sache: Er erwischte in Schweden ein Gemisch, das klebte wie Kleister. Daher endete dieses Kapitel am Tag nach dem Wettkampf für ihn in einer Autoreinigung …

Beim Vasaloppet wurde 1995 sogar die einheimische Tageszeitung „Mora Tidning" auf den unverwüstlichen Starter aus Deutschland aufmerksam. Für Reporterin Berit Olars war es ein Volltreffer, als ihr Eberhard Piske einige Tage vor dem Start der Wettkampfwoche über den Weg lief. Denn sie staunte nicht nur über dessen gute Schwedisch-Kenntnisse, sondern auch über das Vorhaben, die

Eberhard Piske från Tyskland åker TRE Vasalopp samma vecka

Det börjar dra ihop sig till Vasaloppsfeber. De största entusiasterna har redan börjat droppa in, t ex Eberhard Piske från Tyskland. I år åker han inte bara ETT lopp utan TRE på en och samma vecka!

Öppet spår på söndag. Öppet spår på tisdag. Vasaloppet nästkommande söndag! Det blir 27 mil skidor på en vecka.

– Många säger att det bara är ett jippo för mig att åka mellan Sälen och Mora tre dagar, säger Eberhard, 53-årig ingenjör som arbetar på Tysklands näst största stålverk med 8.000 anställda, Salzgitter Jernverk AB som ingår i Preussag Stål.

– Men så är det inte alls. För mig är Vasaloppet något alldeles extra. Jag går hela året hemma i Tyskland och tänker på dalaskogarna och naturen runt om Vasaloppet som jag uppskattar så mycket.

Svensk klassiker

Numera är Eberhard Piske en svensk klassiker flera gånger om, vilket betyder att han åkt Vasaloppet, cyklat Vätternrundan, simmat Vansbrosimningen och sprungit Lidingöloppet.

– Det har blivit 14 Vasalopp hittills, 13 Lidingölopp, 11 Vansbrosimningar och 10 Vätternrundor, berättar Eberhard

Under åren som gått från det han åkte Vasaloppet första gången 1975 fram tills nu har han på egen hand lärt sig prata och läsa svenska obehindrat, ja osedvanligt bra. Han läser med intresse svenska tidningar och har stora kunskaper om det svenska samhället.

Eberhard Piske åkte aldrig skidor i Tyskland under sin barndom och uppväxt. Då ägnade han sig hellre åt löpning, boxning och friidrott.

Han studerade till ingenjör och fick som student vid Tekniska Högskolan åka till Sverige och praktisera på Sandvikens Jernverk. Han åkte på ett vespa-liknande fordon, en skoter som han kallar fordonet, från Tyskland till Sandviken med två väskor som enda packning och blev så förtjust i Sverige att han återkom år efter år.

Första Vasaloppet

Sommaren 1974 läste Eberhard Piske om En svensk klassiker i Dagens Nyheter.

– Efteråt skrev jag till Torsten Danielsson (tävlingsledare för Vansbrosimningen) och frågade om man kunde börja med vilket lopp som helst. Det kunde man och då anmälde jag mig till Vasaloppet 1975, berättar Eberhard.

Dessförinnan hade han aldrig åkt skidor.

– Jag hyrde en husvagn i Gusjöbyn 3,5 veckor före Vasaloppet för att hinna träna så mycket att jag kunde klara loppet. Jag kom för sent till start och hamnade bland de sista. När Klause, Grimmer och de andra i täten nått Mångsbodarna var jag kvar på startplatsen, skrattar Eberhard.

– Men jag KOM i mål till sist efter 9 timmar och 15 minuter, men då hade jag fallit 10-11 gånger minst, bl a i backarna i Risberg, i Evertsberg och i Vasslan.

Sedan dess har det bara gått bättre och bättre. Efter att ha haft sluttider på åtta, sju och sex timmar, lyckades Eberhard pressa sitt personbästa i Vasaloppet till 5 timmar och 45 minuter 1983, då det var fina väderförhållanden och Konrad Hallenbarter var först med att åka under fyra timmar.

Äventyr i dalaskogarna

Sedan dess har jag åkt på 5.42 i ett Öppet spår, men i år tror jag inte att jag klarar en sådan tid. Men det spelar heller ingen roll, säger Eberhard. För mig är det något alldeles extra bara att vara i Sverige och åka Vasaloppet, som har det största värdet av alla långlopp i världen. Det är alltid ett "äventyr" i dalaskogarna med sin orörda natur och vita, rena snö, som vi inte har på kontinenten.

– Jag tycker också om Vasaloppet för att allt är så välordnat här med allt från själva loppet till transporterna av kläder och ryggsäckar, som alltid hamnar rätt trots att de är så många.

Eberhard, som är ungkarl, ägnar nästan all ledig tid åt idrott och alla semesterdagar åt idrottsevenemang. Det är inte bara Vasaloppet och de övriga klassikerloppen som lockar Eberhard Piske. Han åker även andra långlopp på skidor. I Norge har han klarat av den tuffaste uppgiften hittills: Styrkepröven på cykel 56 mil mellan Trondheim och Oslo, som Eberhard avverkat fyra gånger!

Vasa och vasalöpare. Någon större vasaloppsfantast än Eberhard Piske från Tyskland är svårt att hitta. Nu är han här för att åka tre Vasalopp på en vecka, Öppet spår kommande söndag, Öppet spår på tisdag och slutligen Vasaloppet den 5 mars!

Men Vasaloppet har ändå en särskild plats i Eberhard Piskes hjärta.

– Vasaloppet är inte bara ett skidlopp. Vasaloppet är kultur! Här satsar man inte bara på elit utan också på motionärer och nästan alla i trakten är engagerade i Vasaloppet på något sätt.

BERIT OLARS

Interessante Geschichte: Die „Mora Tidning“ widmete Wasalauf-Veteran Eberhard Piske 1995 einen großen Artikel.

90 Kilometer gleich dreimal in einer Woche zu absolvieren, in der Offenen Spur am Sonntag und Dienstag und beim Hauptrennen am Sonntag darauf. „Ein größerer Vasaloppet-Fanatiker als Eberhard Piske ist schwer zu finden“, hieß es denn auch in dem Artikel. Für seine große Begeisterung führte er im Gespräch mit der Journalistin gleich mehrere Gründe auf, die unberührte Natur in den Wäldern Dalarnas auf der einen Seite, die tadellose Organisation auf der anderen und nicht zu vergessen auch der gemeinsame Start von Elite- und Freizeitläufern. Diese Mischung ließ ihn immer wieder aufs Neue das sportliche Abenteuer in Angriff nehmen. Die Anziehungskraft war geradezu magisch, denn selbst wenn sich Eberhard Piske eigentlich eine Pause verordnete, stand er Anfang März trotzdem an der Startlinie. „Ich bin dreimal unter falschem Namen mitgelaufen, weil ich kurzfristig hochgefahren bin“, sagt der Mann, der über seine Starts beim Vasaloppet genauso Buch führt wie über all die anderen Skilanglauf-Rennen, seine Marathonläufe

(Bestzeit: 2:41 Stunden bei „Rund um den Baldeneysee“ in Essen), seine Radrennen, seine zehn Ironman-Triathlons und jede einzelne Trainingseinheit. Wenn es gut lief, hatte er vorm Wasalauf 1500 Ski-Kilometer absolviert. In manch anderem Jahr war es nur gut die Hälfte.

Selbst zwei schwere Autounfälle auf spiegelglatten Straßen in Schweden, die für Eberhard Piske zum Glück glimpflich abliefen, halten ihn nicht davon ab, auch mit inzwischen über 75 Jahren die legendären 90 Kilometer zwischen Sälen und Mora unter die Skier zu nehmen. „Mal schauen, ob ich die 60 Teilnahmen schaffe“, sagt der Rentner, der sich als offizielles Mitglied im Veteranenclub den Luxus leisten kann, erst Ende Dezember seine Meldung abzugeben. In den zurückliegenden Jahren zog er meist die Offene Spur vor, um dem ganz großen Gedränge am Start zu entgehen. Dass er mittlerweile etwas länger braucht als zu seinen Glanzzeiten, nimmt er sportlich. Außerdem genießt er das Flair, in Mora im Dunkeln anzukommen. Es gibt deshalb nur selten Tage, an denen sich Eberhard Piske zum Ski-, Skiroller-, Lauf- oder Radtraining zwingen muss. Er sagt: „Ich bin in Gedanken das ganze Jahr in den Dala-Wäldern und der Natur, die ich so sehr schätze.“

9. Kapitel

Ein Diplom als Lohn

Ich weiß nicht, ob es 30 Sekunden oder zehn Minuten sind, die ich im Bus so vor mich hin gedöst habe. Der nächste klare Gedanke jedenfalls lässt mich nach dem Handy greifen. Der Deal mit meiner Frau war eindeutig. Wenn ich schon das Telefon nicht mit auf die Strecke nehme, dann rufe ich zumindest umgehend an. Es klingelt auch nur einmal ganz kurz, da ist sie schon dran: „Ich bin stolz auf dich mein Schatz, wie geht es dir?“, sagt sie. „Alles gut“, antworte ich und versuche dabei vergeblich, meine Gefühle zu verbergen. „Heulst du?“, fragt sie. „Ich doch nicht, dass muss die Verbindung sein“, sage ich. Dann lachen wir beide gerade heraus. Dank der Möglichkeit, auf der offiziellen Vasaloppet-Homepage den Rennverlauf jedes einzelnen Teilnehmers minutiös live mitverfolgen zu können, weiß meine Frau über meine Zielzeit und Platzierung besser Bescheid als ich selbst. Sie hat es schwarz auf weiß vor sich: Mit 7:37:55 Stunden stehe ich auf Platz 5508 in der Gesamtwertung und 5232 bei den Männern. „Nicht schlecht fürs erste Mal, oder?“, scherze ich. Da die Formulierung einen weiteren Start in nächster Zeit suggeriert, bin ich auf die Antwort besonders gespannt. Sie fällt überraschend aus: „Ja super“, sagt meine Frau, „du warst der Schnellste aus eurem Zimmer. Wolfgang ist auch schon im Ziel und die beiden anderen kommen auch gleich rein.“ Damit steht auch schon mal fest, wer am Abend die Runde Bier bezahlt.

Die Beine sind mit einem Mal verdammt schwer, als ich aufstehe, um meine Sporttasche mit der Wechselwäsche aus dem Gepäckfach zu nehmen. Bei jedem Handgriff schmerzt es an einer anderen Stelle. So wird es letztlich Umziehen in Zeitlupe. Die durchgeschwitzten Klamotten kleben fast wie Teer am Körper. Ich stopfe sie in eine große Plastiktüte, um sie auf Anhieb luftdicht für die Heimreise verpacken zu können. Als letztes sind die Socken dran. Mein Bemühen, mich so wenig wie möglich dabei zu bewegen, geht nach hinten los. Ein Bauchmuskelkrampf, wie ich ihn noch nie erlebt habe, fesselt mich plötzlich an den Sitz. Ich krümme mich vor Schmerzen und würde am liebsten laut aufschreien, wenn nicht drei Reihen vor mir zwei Frauen sitzen würden, die ihre Männer als Touristinnen nach Schweden begeleitet haben. Zum Glück löst sich das Ganze nach wenigen Sekunden genauso schnell wie es gekommen war. Doch ich traue dem Frieden nicht. Ganz vorsichtig klettere ich in den Gang und versuche mich an leichten Dehnübungen. Es ist ein Zufall, dass ich genau in dem Moment im Nachbarbus durch die von innen angelaufenen Scheiben ganz deutlich einen Leidensgefährten ausmachen kann, der auch gerade dabei ist, mit mehr oder weniger dynamisch aussehenden Gymnastik-Übungen seine Muskeln zu lockern. Es kommt mir fast vor, als schaue ich in einen Spiegel.

Ein paar Verrenkungen später steht dem Kapitel „Der Wasalauf aus der Zuschauer-Perspektive" nichts mehr im Wege. Dick eingemummelt mache ich mich zurück auf den Weg in die Stadt. Die Startnummer trage ich aus gutem Grund trotzdem am Mann, allerdings unter dem Anorak. Pausenlos kommen mir Läufer entgegen, die es auch erfolgreich hinter sich gebracht haben. Ich weiß nicht, ob ich mir das nur einbilde, aber die meisten sehen irgendwie erschöpft und zufrieden zugleich aus. Ich orientiere mich an der Kirche und klinke mich wenig später in den Beifall von Hunderten oder gar Tausenden Zuschauern ein, die noch immer die Läufer auf der langen Zielgeraden anfeuern. Innerhalb von fünf Minuten erlebt man hier das ganze Spektrum: Es reicht von Läufern, denen man an der Technik und im Gesicht die Strapazen der 90 Kilometer deutlich ansehen kann, bis zu jenen, die den Eindruck vermitteln, als wären sie gerade erst losgelaufen. Auch auf den letzten Metern vor dem Ziel gibt es große Unterschiede. Ich wäre zum Beispiel weder auf die Idee gekommen, vor dem Zielbanner ein Selfie zu machen, noch hätte ich die Kraft für einen lang gezogenen Endspurt gehabt. Dafür sorgen die Jubelszenen im Ziel auch bei mir nochmal für Gänsehaut pur.

Auch das Double von Gustav Vasa begrüßt noch immer die Läufer im Ziel. Der Langläufer mit Rauschebart, Hut und Klamotten aus Uromas Zeiten erinnert mit seinen Holzskiern und dem einst üblichen mannshohen Skistock an den geschichtlichen

Hintergrund des Laufes. Er gehört Jahr für Jahr genauso ins Bild wie die Kranzmädchen. Die Übergabe des Siegerkranzes inklusive Küsschen durch eine junge Frau aus der Region Dalarna gehört seit der ersten Auflage zur Tradition des Wasalaufes. Allerdings spielte bei der Premiere 1922 der Zufall eine Rolle. Einer der Organisatoren soll mit dem Kranz gerade zum Ziel unterwegs gewesen sein, als ihm die junge Therese Eliasson über den Weg lief, die zur Feier des Tages in einem traditionellen Kostüm an der Strecke erschienen war. Die spontane Entscheidung, der jungen Frau die erste Ehrerweisung für den Sieger zu übertragen, erwies sich auf Anhieb als tolle Idee. Premierensieger Ernst Alm als abgekämpfter Held auf der einen und das strahlende junge Trachtenmädchen mit dem Kranz auf der anderen Seite – es war ein Bild, wie es sich kein Filmregisseur besser als Happy End hätte ausdenken können. „Therese Eliasson vergoldete den Wettkampf wie eine Königin einen Ball", heißt es in der Chronik wörtlich. Von dem Moment an war die Frage nicht mehr, ob es auch beim zweiten Vasaloppet ein Kranzmädchen geben würde, sondern eher die, wie man die geeignete Kandidatin findet. Heutzutage sind die wichtigsten Kriterien auf der Internetseite nachzulesen. Das Kranzmädchen muss im Dalarnaer Land aufgewachsen und ledig sein. Zum anderen werden von den Bewerberinnen sportliche Meriten ebenso vorausgesetzt wie gesellschaftliches Engagement. Das gleiche trifft auf den Kranzjungen zu, der seit der Einführung der offiziellen Frauenwertung die schnellste Läuferin im Ziel mit einem Küsschen auf die Wange empfängt. Für 2016 zum Beispiel hatte man sich für eine erfolgreiche Ski-Orientierungsläuferin und einen Free-Style-Skifahrer entschieden. Beide wurden traditionell bei einem Gottesdienst in der Wasalauf-Woche in ihren Funktionen als Botschafter des Vasaloppet eingeführt. Wie groß ihre Wertschätzung ist, zeigt unter anderem die Tatsache, dass sie zu jedem Jubiläumslauf eingeladen werden. Das Premieren-Mädchen Therese Eliasson gehörte sogar über Jahrzehnte neben Rekordsieger Mora Nisse und dem Radioreporter Sven Jering, der ab 1925 mit seinen legendären Reportagen zur großen Popularität des Skirennens beitrug, zu den bekanntesten Wasalauf-Gesichtern.

Liebevolle Begrüßung: Die Kranzdame gratuliert Jörgen Brink nach seinem Sieg 2012 mit einem Kuss zum neuen Streckenrekord.

Eine gute Viertelstunde lang sauge ich das einmalige Fluidum im Ziel auf. Dann ist es die Aussicht auf die begehrte Teilnehmerurkunde, die mich weiter ziehen lässt. Den Weg zur Service-Stelle, die sich auf halbem Weg zwischen dem Ziel und der Vasaloppet-Messe befindet, kann man dank der entsprechenden Ausschilderung („Diplom/Diploma“) nicht verfehlen. Im Haus angekommen, ist zum letzten Mal an diesem Tag anstehen und auch etwas Drängeln angesagt. Es fühlt sich im ersten Moment ein bisschen an, wie in einer Schalterhalle in einem großen Bahnhof. Allerdings geht es hier deutlich zügiger voran, als ich das bei meinen wenigen Bahnreisen erlebt habe. An drei Computern werden die Startnummern abgefragt und abgecheckt. Zehn Sekunden später hält jeder stolze Finisher seine Urkunde in den Händen. Während es das Diplom kostenfrei gibt, sind für den passenden Rahmen 170 schwedische Kronen zu berappen. Der landet vor lauter Euphorie trotzdem genauso in meinem Rucksack wie das für 50 Kronen erhältliche Streckenprofil, auf dem man anhand der eigenen Zwischenzeiten sein Rennen noch einmal nachvollziehen kann. Meine Daten überraschen mich dann doch etwas: Ich habe von Smagan aus an jeder Kontrollstelle durchschnittlich um die 100 Plätze gutmachen können. Nur zwischen Hökberg und Eldris büßte ich sieben Ränge wieder ein. Kein Wunder: Das war das Teilstück, in dem es bis zum heißen Kaffee gar nicht richtig vorwärts ging.

Tipp: Die Kosten für den Bilder-Rahmen zum Diplom kann man sich wohl eigentlich sparen. Zum einen droht der auf der Heimreise im Koffer oder in der Sporttasche ohnehin zu Bruch zu gehen. Zum anderen kommt die Urkunde zusammen mit der Original-Startnummer und zum Beispiel einem großen Zielfoto ohnehin viel besser zur Geltung. Bei meinen Gesprächen für dieses Buch habe ich in Arbeitszimmern, Fluren und Büros eine ganze Reihe toller Collagen gesehen, die Wasaläufer mit ihren persönlichen Erinnerungsstücken aus Schweden ganz individuell zusammengestellt haben. Eine tolle Idee, um die Begeisterung für das größte Skilanglaufrennen der Welt nach außen zu tragen!

Auf der Suche nach einer kleinen Stärkung läuft mir in der proppevollen Vasaloppet-Messe Florian über den Weg. Was für ein schöner Zufall! Wir umarmen uns fast wie ein altes Ehepaar und haben uns viel zu erzählen. Auch mein Zimmer-Kollege ist gut durchgekommen, hatte aber etwas Pech mit seinem Kleidersack. Denn als er den in Mora in Empfang nahm, klaffte darin ein riesiges Loch. Dummerweise muss der Beutel mit der defekten Seite im Schnee gelegen haben, denn die Wechsel-Klamotten sind völlig durchnässt. Ich staune, wie relaxt Florian das Ganze nimmt und leihe ihm meinen langen Pulli, damit er überhaupt was Trockenes am Leib hat. Dann verziehen wir uns nach draußen und steuern den erstbesten Imbiss an. Wir haben beide Bärenhunger. Der Blick auf die Angebotstafel und eine kurze Nachfrage lässt uns schmunzeln. Was ist Öl, das man gleich zu mehreren Gerichten dazu bekommt? Bier! Dann ist auch klar, woher der Spruch „Das geht runter wie Öl" kommt – die Witzeleien klappen also auch schon wieder. Wir entscheiden uns letztlich für je ein Würstchen und eine Cola. Um nicht im Stehen essen zu müssen, stürzen wir uns im großen Zelt doch wieder ins Getümmel und haben Glück. Unmittelbar neben dem Promotion-Stand des Vasaloppet China werden gerade zwei Plätze frei.

Vasaloppet China? Ja richtig gelesen. In den vergangenen Jahren haben sich weltweit mehrere offizielle Partnerrennen etabliert. Die Schweden betonen in dem Zusammenhang gerne, dass dahinter kein kommerzielles Interesse steckt, sondern vielmehr der Skilanglauf auch in den weniger skisportbegeisterten Ländern unterstützt werden soll. Das scheint trotz der deutlich überschaubareren Starterfelder auch zu funktionieren, denn den Vasaloppet USA, der in Moras gleichnamiger Partnerstadt in der Nähe von Minneapolis ausgetragen wird, gibt es mittlerweile gut 40 Jahre. Dem Sieger winkt dort unter anderem eine kostenlose Reise zum Original-Vasaloppet des folgenden Jahres. Die internationalen Rennen sind zwar nur zwischen 45 und 60 Kilometer lang, haben im Grundsatz aber ansonsten den berühmten großen Bruder in Schweden als Vorbild. So wird beispielsweise auch der Sieger des Vasaloppet China, der seit 2003 in Changchun stattfindet, im Ziel von einer jungen Frau mit einem Küsschen empfangen. Die Chinesen nennen ihre Kranzdame allerdings Schnee-Engel und lassen sie vorher bei einer Miss-Wahl küren. Und auch im japanischen Asahikawa, das etwa 50 Kilometer von der Olympiastadt von 1972, Sapporo, entfernt liegt, wird die Verbindung ins Heimatland des Vasaloppet bis heute nach außen getragen. Der Sieger kann sich zum Beispiel ein Jahr lang den von König Carl Gustav gestifteten Wanderpokal ins Wohnzimmer stellen.

Da die Abfahrt unseres Busses für frühestens 20 Uhr vorgesehen ist, nehmen wir auch das Diplom von Florian gleich noch mit. Danach bleibt auf dem Weg zum Parkplatz nochmal Zeit für einen Abstecher zum Ziel. Auch jetzt stehen die Zuschauer noch in mehreren Reihen hinter den Werbe-Banden entlang der Zielgeraden. Wir versuchen uns Stück für Stück nach vorn zu kämpfen, doch als im Stadion plötzlich tosender Applaus losbricht, bleibt uns nur der Blick auf die große Video-Leinwand. Was wir da sehen, erklärt sich schnell: Ein Mann mit Blumen kniet vor einer gerade ins Ziel gekommenen Läuferin im Schnee. Ich verstehe nichts von dem, was da über die Außenmikrofone übertragen wird. Aber dass die Stimme des Bräutigams zittert, als hätte er gerade die 90 Kilometer zurückgelegt, ist nicht zu überhören. Der aufbrausende Jubel sorgt für Gänsehaut pur. Ganz offensichtlich hat der ungewöhnliche Heiratsantrag funktioniert. Mittlerweile bieten die Schweden sogar die Möglichkeit, während des Rennens direkt auf der Strecke den Bund der Ehe einzugehen. Wahnsinn Wasalauf! Neben Standesbeamten und einer Musikkapelle wird auf Wunsch sogar ein romantisch dekoriertes Bett für die frisch Vermählten an die Strecke gekarrt. Die Idee für diesen zusätzlichen Checkpoint zum Thema Liebe wurde 2015 in Zusammenhang mit der Hochzeit des schwedischen Prinzen Carl Philipp mit Sofia Hellqvist geboren. Kein Wunder: Prinzessin Sofia wuchs in Älvdalen in unmittelbarer Nähe zur Wasalauf-Strecke auf. Es versteht sich daher fast von selbst, sei der Vollständigkeit halber aber erwähnt, dass Sofia Hellqvist und Prinz Carl Philipp schon mehrfach beim Vasaloppet gestartet sind.

Der Wasalauf spielt derweil nicht nur wegen Heiratsanträgen oder Hochzeiten in so mancher schwedischen Familienchronik eine besondere Rolle. Beispielsweise sorgten 1968 die neun Jungs der Familie Berge aus der Provinz Jämtland mit ihrem gemeinsamen Start für einen Rekord, an den seit Jahren keiner auch nur ansatzweise herankam. Die Brüder im Alter von 22 bis 47 Jahren meisterten allesamt mit Bravour den 90 Kilometer langen Lauf. Über eine andere tolle Geschichte konnten die Journalisten 1988 berichten. Als Oerjan und Anders Blomquist nach 4:47:05 Stunden Arm in Arm mit dem Kranzmädchen in ihrer Mitte über die Ziellinie liefen, war das nicht nur ein tolles Bild für die Pressefotografen. Für die Brüder aus Lidingö in der Nähe von Stockholm wurde auch ein neues Kapitel der Wasalauf-Geschichte aufgeschlagen. Denn zum ersten und bis heute einzigen Mal erklärte die Rennleitung zwei Läufer gemeinsam zu Siegern. In mehreren ähnlich gelagerten Fällen zuvor war dieser Plan nicht aufgegangen. Wie schon in der Passage über Rekordsieger Mora Nisse berichtet, teilte der sich 1947 mit seinem Vereinskameraden Anders Törnkvist den Sieg, indem man die Gold- und Silbermedaille in der Mitte zersägte und je zur Hälfte von einem Juwelier neu zusammenfügen ließ. Doch schon 1928 hatten Per-Erik Hedlund und Sven Utterstroem zeitgleich das Ziel erreicht, nachdem sie viele Kilometer zu zweit das Rennen bestimmt hatten. Sie gaben verärgert ihre Preise zurück, als die Jury im Nachhinein Hedlund auf Platz 1 und Utterstroem auf 2 gesetzt hatte. Dass auf dem großen Siegerstein im Startort Sälen dennoch beide Namen eingemeiselt sind, wird mit der Drohung Hedlunds erklärt, andernfalls den Stein entfernen zu lassen. Auch Arthur Häggblad und Hjalmar Blomstedt hofften 1935 vergebens darauf, gemeinsam zum Sieger erklärt zu werden. Die Wettkampfleitung sah Häggblad vorn.

Als noch eine Stunde Zeit bis zur Abfahrt unseres Busses zum Quartier ist, mache ich mich mit Flori ohne Eile auf den Weg. Den ersten Schwung der schnelleren Läufer hat Daniel schon 17 Uhr nach Sollerön chauffiert. Wir sind deshalb einigermaßen gespannt, wen wir jetzt überhaupt noch antreffen. Als Erstes klatschen wir mit unserem Hütten-Mitbewohner Stefan ab und bedanken uns für die gut gewachsten Skier. Die Ankunft im Bus wird um die Zeit für jeden Einzelnen zu einer Art zweiter Zielankunft mit Applaus und Glückwünschen der Mitfahrer. Bis auf eine Läuferin, die wegen Überschreitung des Zeitlimits nach der Hälfte der Strecke aus dem Rennen genommen wurde, haben am Ende des Tages alle aus unserer Gruppe das Rennen gemeistert.

Ständiger Anlaufpunkt: Das Vasaloppet-Haus in Mora inklusive Museum befindet sich direkt an der Wettkampfstrecke.

Während sich der ein oder andere die Wartezeit auf die letzten Läufer mit angeregten Fachsimpeleien und ersten Erlebnisberichten vertreibt, tippe ich einen Facebook-Post ins Handy. „Erschöpft aber zufrieden: 7:37 Stunden beim Wasalauf heute in Schweden. Das würde ich gerne nochmal mit Schnee in der Vorbereitung und bei guten Verhältnissen auf der Loipe hier versuchen." Nur damit wir uns richtig verstehen: Es ist mein einziger Eintrag in vier Jahren.

Die Uhr zeigt dann schon 20.30 Uhr, als wir mit dem Bus in unser kleines Hüttendorf aufbrechen. Der Parkplatz ist noch fast zur Hälfte gefüllt. Als wir kurz darauf aus einer Nebenstraße heraus einen Blick auf die Zielgerade werfen können, sind dort gerade die letzten Läufer mit Stirnlampen unterwegs. Auch wenn ein Großteil der Strecke auf den letzten zehn Kilometern beleuchtet ist, gehen die Organisatoren auf Nummer sicher und statten all jene, die in Eldris gerade so das Zeitlimit schaffen, mit den kleinen praktischen Leuchten aus. Bei mir bleibt dieses Bild gleich aus zweierlei Gründen haften. Zum einen habe ich Riesenrespekt vor den Läufern, die zwölfeinhalb Stunden am Stück auf den Skiern standen. Zum anderen interpretiere ich die geradezu fürsorgliche Behandlung der langsamsten Teilnehmer als besten Beweis, dass man sich hier um die Freizeitsportler kaum weniger kümmert als um die Top-Stars der Szene. Wahnsinn Wasalauf eben.

Der zufriedene Vierte

Wie Jochen Behle über den Wasalauf denkt

Jochen Behle würde sich bestimmt gerne irren. Der langjährige Bundestrainer und heutige Eurosport-Experte ist sich aber sicher: Die Durststrecke der deutschen Langläufer beim Wasalauf wird so schnell nicht zu Ende gehen. „Einen Siegläufer oder Anwärter aufs Podest stellst du heutzutage nur mit einem etablierten Team. Und das ist im Moment in Deutschland einfach nicht in Sicht", sagt der Sauerländer, der 1996 als Vierter selbst für die letzte Top-10-Platzierung der deutschen Männer in Mora gesorgt hatte. Dass sich seitdem die Schlüter, Seifert, Freimuth, Filbrich und Co. die Zähne vor allem an den Skandinaviern ausbissen, liegt für Jochen Behle gleich aus mehreren Gründen auf der Hand. „Ein ordentliches Team kostet auch ordentlich Geld. Dafür ist Skilanglauf in Deutschland zu sehr Randsportart, als dass die Sponsoren dafür große Summen investieren." Zum anderen fehlt es ganz einfach an Personal. „Bei uns ist gar nicht die Masse an Läufern da, um neben dem Weltcup-Team auch noch eine ambitionierte Gruppe von Skimarathon-Spezialisten aufzubauen." Das sieht in Schweden und in Norwegen natürlich etwas anders aus, wo sich jedes Jahr Dutzende Nachwuchs-Läufer anschicken, die Etablierten aus dem Nationalteam zu verdrängen.

Für die meisten der jährlich bis zu 500 deutschen Teilnehmer geht es zwischen Sälen und Mora aber ohnehin nicht um einen Spitzenplatz, sondern um das Erlebnis an sich. „Die Leute investieren ja in der Regel nicht nur eine Woche Urlaub und eine ordentliche Stange Geld. Sie bereiten sich auch über mehrere Jahre ernsthaft darauf vor", sagt Jochen Behle. Und er kann aus eigener Erfahrung sagen, dass sich das lohnt. „Der Wasalauf war, ist und bleibt einfach das Nonplusultra der Skilanglaufrennen." Nachdem es in den Jahren zuvor nie mit einem Start in Sälen geklappt hatte, weil es stets Überschneidungen mit anderen Wettkämpfen gab, nahm der sechsfache Olympiateilnehmer 1996 eine Menge Stress in Kauf, um über die berühmten 90 Kilometer selbst einmal zu starten. Nach einem Rennen am Freitag in Lahti und dem Flug nach Schweden begutachtete er am Samstag zumindest die ersten und die letzten 15 Kilometer des Kurses, um sich dann beizeiten schlafen zu legen. Das war offenbar ein ganz gutes Rezept, denn für die berühmte Frage „Wo ist Behle?" gab es am Tag darauf in keiner Phase des Rennens eine Veranlassung. Jochen Behle lief vom Start weg ein starkes Rennen und war fast permanent in der Spitzengruppe zu finden. „Ich hatte mich nicht gezielt vorbereiten können und deshalb auch keine konkrete Zielsetzung. Der Plan war, sich zunächst nur von einer Sprintwertung zur nächsten zu orientieren", erzählt der 42-fache deutsche Meister. Erst als er nach 50/60 Kilometern immer noch relativ problemlos mithalten und die Konkurrenz bei den Sprints in Schach halten konnte, witterte er die Chance auf eine Top-Platzierung. „Ich habe dann ganz bewusst mal angezogen, um die Gruppe etwas zu verkleinern und zu sehen, wie die anderen reagieren", erinnert er sich. Doch die Skandinavier erwiesen sich als Taktik-Füchse. Kein einziger der Top-Favoriten ging dem Deutschen hinterher. Ein Wunder war das allerdings nicht: „Den meisten war wohl klar, dass ich im Falle eines Zielsprints die besseren Karten haben würde. Deswegen war keiner daran interessiert, mit mir zusammen vorneweg zu marschieren", sagt Jochen Behle. Der wiederum hatte auch nicht vor, sich als Einzelkämpfer aufzureiben. Also nahm er Tempo heraus und gliederte sich wieder in der Gruppe ein.

Die Entscheidung fiel daher wie so oft auf den letzten 10 Kilometern. Als Lokalmatador Staffan Larsson aus Mora eine Attacke initiierte, flog die Spitzengruppe förmlich auseinander. Neben Landsmann Hakan Westin konnte ihm nur der Norweger Erling Jevne folgen. Die drei waren sich einig und ließen Jochen Behle quasi am langen Arm verhungern.

Bekanntes Gesicht: Jochen Behle war viele Jahre Langlauf-Bundestrainer.

„Ich musste eine Lücke von vielleicht 50 Metern reißen lassen, die zwar auf den nächsten fünf Kilometern nicht größer, aber eben auch nicht kleiner wurde“, erinnert er sich. Als es in die Abfahrt hinunter nach Mora ging, war dem ebenso entkräfteten wie auch etwas entnervten Behle klar: Das machen die Drei da vorn unter sich aus. Und so kam es letztlich auch: Westin gewann in 4:01:15 Stunden vor Jevne und Larsson. Der Deutsche kam mit 1:05 Minuten Rückstand als Vierter ins Ziel, sein Nationalmannschaftskollege Uwe Bellmann aus dem Erzgebirge weitere neun Minuten später auf Platz 29. Vom undankbaren vierten Platz will Jochen Behle aber bis heute nichts wissen. „Wenn man ehrlich ist, geht es beim Vasa doch nur darum, ob du das Ding gewinnst oder nicht. Und wenn nicht, macht es eigentlich auch keinen Unterschied, ob du Dritter, Vierter oder Sechster geworden bist“, sagt er. Jochen Behle konnte damals noch nicht ahnen, dass es auf lange Sicht das mit Abstand beste deutsche Männer-Ergebnis beim Wasalauf bleiben würde. Mit sich im Reinen war er aber ohnehin. „Ich hatte das Rennen mitbestimmt und war um ein tolles Erlebnis reicher“, sagt er. Die Begeisterung der Zuschauer in Skandinavien kannte er längst. Aber die Dimensionen im Umfeld ließen auch einen alten Hasen wie ihn ins Schwärmen kommen. „Das schwedische Fernsehen hat schon Live-Bilder aus dem Hubschrauber gesendet, da gab es das im Weltcup noch lange nicht“, erklärt Behle. Auch sportlich war es eine ganz andere Herausforderung. Beim Wasalauf kam viel mehr Taktik und Teamwork zum Tragen, als das die Weltcup-Starter von ihren Rennen kannten. Denn zu der Zeit dominierten noch die Individualrennen statt der heute oft üblichen Massenstarts den Wettkampfkalender.

Es war auch eines dieser Einzelrennen, bei dem alle 30 Sekunden ein Läufer in die Spur geschickt wurde, mit dem Jochen Behle 1980 bundesweite Popularität erlangte. Der damals erst 19-Jährige lag im olympischen 15-Kilometer-Rennen von Lake Placid nach der ersten Zwischenzeit eine ganze Weile in Führung, wurde von der Regie der Fernsehübertragung aber partout nicht ins Bild gerückt. „Wo ist Behle?“, fragte sich der mit dem jungen Langläufer auf eine Überraschung hoffende ZDF-Reporter Bruno Moravetz zunächst besorgt und später fast schon verzweifelt. Er wiederholte die Frage vor zwölf Millionen Fernseh-Zuschauern so oft, dass sie zum geflügelten Wort wurde und neben dem Sportler auch den Reporter berühmt machte. Marius Müller-Westernhagen verarbeitete die Geschichte später zu einem Hit, und als Bruno Moravetz 2013 verstarb, fehlte der Ausspruch von 1980 in keinem Nachruf. Jochen Behle, der das besagte Rennen im übrigen auf Platz 12 beendete, haben die Reaktionen auf den immer wieder hervor gekramten Spruch nie genervt. „Ich verbinde nichts Negatives damit und finde es überraschend, dass er sich bis heute hält", sagt er. Mit Bruno Moravetz verband ihn eine lange Freundschaft: Zum 80. Geburtstag erschien er als Überraschungsgast unter dem Motto „Hier ist Behle".

Der ganz große sportliche Erfolg blieb dem Hessen, der über viele Jahre in einer eigenen Gruppe extern der Nationalmannschaft nach seinen eigenen Plänen trainierte, während der aktiven Zeit versagt. Der Weltcupsieg über 50 Kilometer im Dezember 1989 in Canmore, der vierte Platz im Gesamtweltcup der Saison 90/91 und mehrere Top-Platzierungen ragen aus der Bilanz aber zweifellos heraus. Bei den Großereignissen fehlte mitunter nicht viel, um aufs Treppchen zu laufen, wie bei den vierten Plätzen mit der Staffel 1980 und 1994 bei Olympia. Jochen Behle sieht das heute mit gemischten Gefühlen. „Zu der Zeit haben wir Mitteleuropäer hinter den Skandinaviern und Russen noch unseren ganz eigenen Kampf ausgetragen. Auf der anderen Seite war es sicher auch so, dass da noch nicht alle erwischt wurden, die mit unlauteren Mitteln gekämpft haben." So stehen vor allem die sechs Starts bei Olympischen Winterspielen für eine einzigartige Laufbahn. Das wertete 1998 auch das Nationale Olympische Komitee so und übertrug Jochen Behle die ehrenvolle Aufgabe, die deutsche Delegation als Fahnenträger zur Eröffnungsfeier der Winterspiele von Nagano ins Stadion zu führen. Noch heute ist ein bisschen Stolz herauszuhören, wenn der Willinger darüber spricht. „Es war eine Ausnahme, dafür einen Athleten auszuwählen, der keine Medaille aufzuweisen hatte. Daher habe ich das als Würdigung meiner beständig guten Leistungen über die vielen Jahre empfunden."

Dem deutschen (Ski-)Sport hat Jochen Behle diese Wertschätzung zwischen 2002 und 2012 in seiner Funktion als Bundestrainer zurückgezahlt. Dabei war die Skepsis groß, als der einstige Einzelgänger im Jahr 2000 in den Trainerstab des Deutschen Skiverbandes (DSV) einstieg. „Ich war immer ein Kritiker. Daher hätten viele nicht gedacht, dass es diese Kooperation einmal geben würde. Aber nach wirklich guten Gesprächen mit Thomas Pfüller (DSV-Generalsekretär) habe ich zugesagt, zuerst das Sprintteam und später den kompletten Bereich zu übernehmen." Das Ergebnis ist bekannt: Jochen Behle führte die deutschen Langläuferinnen und Langläufer in die bislang erfolgreichste Ära. Es begann mit dem Staffelsieg der Frauen 2002 bei Olympia und hörte mit den Gesamtweltcupsiegen von René Sommerfeldt (2004), Axel Teichmann (2005) und Tobias Angerer (2006 und 2007) noch lange nicht auf. Ausschlaggebend waren aus seiner Sicht vor allem drei Dinge: Die Stärkung der Stützpunkte als Erstes, weil so in jeder Einheit ein Training auf hohem Niveau garantiert war. Ein starkes Team rund um die Athleten als Zweites, weil vom Heimtrainer über die Techniker bis zum Physiotherapeuten jeder seinen Anteil am Erfolg hatte. Und als Drittes natürlich die Sportler, die neben Talent auch den Willen und Ehrgeiz mitbrachten, um in der Weltspitze nicht nur mitzulaufen, sondern eine richtig gute Rolle zu spielen.

Als Jochen Behle 2006 also als Bundestrainer zum Wasalauf zurückkehrte, weil es damals zum ersten und einzigen Mal zwischen Sälen und Mora um Weltcup-Punkte ging, kamen seine Schützlinge allerdings nicht in die Nähe der Podestplätze. Mit Sachenbacher oder Künzel bei den Frauen und Teichmann, Sommerfeldt und Angerer bei den Männern hatten die Deutschen aber wie viele andere Nationen auch ihre Top-Leute zu Hause gelassen. Es war deshalb letztlich nicht verwunderlich, dass es der Internationale Skiverband bei dem einen Versuch beließ, den Vasaloppet in den Weltcup-Kalender zu integrieren. Für Jochen Behle hat der Skilanglauf-Klassiker eine Extra-Aufwertung ohnehin nicht nötig. „Für viele Läufer aus dem Weltcup ist der Wasalauf ohnehin reizvoll genug, um sich dort mal zu probieren", sagt er. Vor allem aber würde es seiner Meinung nach dem Charakter als Volkssportveranstaltung widersprechen, wenn die Spitzenläufer noch mehr in den Mittelpunkt gerückt werden. „Ich habe unter den 15.000 Startern Leute am Start gesehen, von denen ich dachte, die sehen das Ziel nie.

Wenn du dann ihre Zufriedenheit erlebst, wenn sie abends sechs oder sieben Stunden nach dem Schnellsten ihren ganz persönlichen Sieg feiern, weißt du, was den Wasalauf ausmacht."

Nachdem Jochen Behle im Frühjahr 2012 seinen Rücktritt als Bundestrainer bekanntgab, („Das Vertrauen der Aktiven war nicht mehr da. Ich hatte nicht mehr das Gefühl, dass ich etwas bewegen kann."), lernte er den Vasaloppet noch einmal aus einer ganz anderen Perspektive kennen. Denn ergänzend zu seiner neuen Funktion als Sportdirektor am Bundesstützpunkt Willingen/Winterberg hält er seiner Disziplin als Eurosport-Experte an der Seite von Marc Rohde die Treue. „Ich bin Langläufer mit Herz und Seele und für alles interessiert, was damit zu tun hat. Das wird auch immer so bleiben", sagt er. Die Übertragungen von den Weltcups und den großen Volksskiläufen profitieren von Jochen Behles Hintergrundwissen ebenso wie von seinen Kontakten. „Der Informationsfluss mit den Trainerkollegen ist nach wie vor da. Ich bin erfahren genug, um zu wissen, was ich davon rausgeben darf und was nicht", sagt er.

10. Kapitel

Zeit für neue Pläne

Auf der Rückfahrt zu unserer Hütte ebben die Gespräche im Bus schnell ab. Jeder gönnt sich einen Moment Ruhe, sodass man die berühmte Stecknadel fallen hören könnte. Ich nicke kurz weg und wache an der Kreuzung wieder auf, an der mir am Morgen die Kilometerangaben in Richtung Start- beziehungsweise Zielort so großen Respekt eingeflösst hatten. Während der Bus durch die beginnende Nacht rollt, ahne ich nicht, dass es zu dem Zeitpunkt längst Pläne für einen weiteren Wettkampf in der Vasaloppet-Woche gibt. Mit dem Nacht-Rennen haben die Organisatoren mittlerweile ein neues Angebot aus der Taufe gehoben, das in der Familie der Skilangläufer offensichtlich super gut ankommt. Die 1500 Startplätze für den Premierenlauf im Jahr 2017 waren innerhalb von zwei Minuten vergeben. Geschäftsführerin Eva-Lena Frick hält die Neuerung für einen wichtigen Schritt. „Wir wollen damit unsere einzigartige Position stärken und hoffen, ein neues spannendes Publikum zu erreichen“, erklärte sie bei der Vorstellung der Pläne für den Nacht-Vasa im März 2016. Obwohl es die Idee schon länger gab, haben sich die Schweden bewusst Zeit für die Einführung gelassen. Zum einen wurde in den vergangenen Jahren viel Kraft in die Rad- und Laufentscheidungen der Sommerwoche gesteckt, die sich mittlerweile etabliert haben. Zum anderen gab es verschiedene Vorstellungen, wann, wie und in welchem Umfang der Nacht-Lauf über die Bühne gehen soll. Nach verschiedenen Tests, für die zum Teil auch die Verantwortlichen selbst die 90 Kilometer von Sälen nach Mora mit der Stirnlampe absolvierten, wurden die Eckpunkte festgezurrt. Das Rennen startet am Freitag, 20 Uhr in Berga by und ist für Zwei-Mann-Teams ausgeschrieben. Die Läufer können dabei selbst entscheiden, ob sie skaten oder klassisch laufen. Die Loipe wird für beide Stilrichtungen präpariert. Der größte Unterschied zum Hauptlauf besteht darin, dass es statt der üblichen sieben nur eine einzige Kontroll- und Verpflegungsstelle, nämlich die nach der reichlichen Hälfte des Rennens in Evertsberg, geben wird. Die Teilnehmer sind daher nicht nur angehalten, mit einer Stirnlampe ins Rennen zu gehen. Sie müssen am Start zur eigenen Sicherheit auch einen Rucksack mit Ausrüstung und Verpflegung sowie einen GPS-Sender dabei haben. Eine neue Dimension?

Dabei dürfte der Bekanntheitsgrad des Wasalaufes in Schweden kaum noch zu toppen sein. Jedes Schulkind im Land kennt die kleinen Orte entlang der Strecke, die vom legendären TV-Sportreporter Sven Plex Petersson so treffend als die „Aorta des schwedischen Skisports“ bezeichnet wurde. Für viele seiner Landsleute ist es ein Muss, einmal die legendären 90 Kilometer zu meistern. Vereins- und Arbeitskollegen stacheln sich untereinander an und nicht selten enden auch verlorene Wetten auf der Loipe zwischen Sälen und Mora. Doch das ist nur einer von vielen Gründen für die konstant hohen Teilnehmerzahlen der Schweden, die stets etwa drei Viertel des Starterfeldes stellen. Allein aus der Hauptstadt Stockholm melden sich jedes Jahr mehr als 2000 Menschen für den Vasaloppet an. Das liegt nicht zuletzt auch am Svensk Klassiker, der bereits erwähnten Kombination aus vier Langstreckenwettbewerben im Skilanglauf, Radfahren, Schwimmen und Crosslauf. Ungeachtet dessen versteht es sich fast von selbst, dass der Wasalauf schon mehrfach Motiv für Briefmarken der schwedischen Post war und immer wieder Thema von Buch-Veröffentlichungen ist. Der Lauf hat eine eigene Hymne und einen eigenen Poststempel. Dazu wurde in den vergangenen Jahren ein landesweit anerkannter Wettbewerb etabliert, bei dem Künstler die Motive für die jährlichen Diplome entwerfen.

Ein Indiz für den Stellenwert des Wasalaufes ist aber auch die Tatsache, dass das Rennen 1986 zwei Tage nach dem Mord an Schwedens Premierminister Olof Palme, der in Stockholm nach einem Kinobesuch erschossen wurde, nach einigem Abwägen durchgezogen wurde. Die Jahr für Jahr wachsende Liste prominenter Starter über die 90 Kilometer spricht ebenfalls für sich. So hat sich Schwedens König Karl Gustav 1977 mit einer Zeit von 8:12:41 Stunden in der Chronik des Vasaloppets verewigt. Darüber hinaus erwies er dem Rennen in den 80er und 90er Jahren mit mehreren Starts im Rahmenprogramm die Ehre und lässt sich regelmäßig als Zuschauer an der Strecke sehen. Daneben dokumentierten Prinz Carl Philip, für den eine Bestzeit von stolzen 6:21:52 Stunden zu Buche steht, und Prinzessin Madeleine, die sich beim Frauen-Lauf unters Volk begab, mehrfach ihre Verbundenheit mit dem Lauf. Für königlichen Glanz hat in jüngster Vergangenheit auch immer wieder Kronprinz Frederik von Dänemark gesorgt. Der passionierte Sportler, der Mitglied des Internationalen Olympischen Komitees ist, platzierte sich regelmäßig im ersten Drittel des Feldes. 2012 allerdings sorgte Pippa Middleton für Schlagzeilen. Die Schwester der britischen Herzogin Kate finishte in 7:13:36 Stunden und löste im Ziel ein ähnliches Blitzlichtgewitter wie die Sieger des Tages aus. Wie viele andere Promis auch nutzte die 28-Jährige den Start in Schweden, um Geld für einen wohltätigen Zweck zu spenden.

Nach Namen prominenter Sportler muss man in den Starterlisten ebenfalls nicht lange suchen. Ich kam vielmehr aus dem Staunen nicht heraus: Denn es gibt kaum eine Sportart, deren schwedische Aushängeschilder sich nicht für einen Start beim Wasalauf begeistern konnten. Die Liste reicht vom legendären Abfahrtsläufer Ingemar Stenmark und Eishockey-Weltmeister Calle Johansson über die Weltmeisterinnen Frida Wallberg (Boxen) und Emma Igelström (Schwimmen) bis zu Rad-Olympiasieger Bernt Johansson oder Handball-Weltmeister Staffan Olsson. Und sie ist damit noch lange nicht komplett. Auch internationale Sportgrößen gaben und geben – in der Regel nach dem Ende ihrer aktiven Laufbahn – auf der Loipe zwischen Sälen und Mora ihre Visitenkarte ab. Um nicht mit weiteren Aufzählungen zu langweilen, sei als Beispiel Andreas Goldberger genannt. Der Vierschanzentournee-Sieger von 1993 und 1995 aus Österreich ließ im Jahr 2008 mit seiner Laufzeit von 6:15 Stunden aufhorchen. Das heißt, dass er sogar die begehrte Vasa-Medaille mit nach Hause nahm. Das war von den deutschen Top-Biathleten dagegen zu erwarten, selbst wenn sie in der ungewohnten klassischen Technik ran mussten. Michael Rösch, Staffel-Olympiasieger von 2006, nahm das Rennen 2011 während seiner aktiven Laufbahn mit und kam in 4:38 Stunden auf Platz 290 im Gesamtklassement. Dreifach-Olympiasieger Michael Greis mischte sich 2016 unters Langlauf-Volk. Vier Jahre nach seinem Karriere-Ende benötigte er 6:06 Stunden.

Tipp: Wer Zeit, Lust und das nötige Kleingeld hat, um schon im Januar oder Februar für ein paar Tage nach Schweden zu fahren, sollte auf jeden Fall über den Start bei einem regionalen Rennen nachdenken. Es gibt in Mora und Umgebung um diese Zeit eigentlich fast jede Woche einen so genannten Seedningslauf, mit dessen Ergebnis man sich für eine bessere Startgruppe beim Vasaloppet qualifizieren kann. Die Erfahrung der vergangenen Jahre zeigt, dass die Qualifikation über einen solchen Lauf meist einfacher ist als bei den Worldloppets. In Frage kommen zum Beispiel der Intersportloppet Mitte Januar, das Evertsberg-Rennen (beide zum Teil in der Spur des Vasaloppet) Ende Januar und der Orsa-Grönklitt-Skimarathon meist am ersten Samstag im Februar. Auch interessant: Mit Staffan Larsson bietet kein Geringerer als der Wasalauf-Sieger von 1999 spezielle Vorbereitungslehrgänge in Mora an.

Zufriedenes Quartett: Der Autor (rechts) und seine Hütten-Mitbewohner stellten sich am Tag nach dem Rennen zum Erinnerungsfoto.

Mit schweren Beinen steige ich als Letzter die drei Stufen im Bus hinunter. Ich schnappe mir den Skisack und schleiche regelrecht hinter Florian und Stefan her zu unserer Hütte. Dort werden wir von unserem „Stubenältesten" schon erwartet. Wolfgang hat den ersten Bus zurück genommen und will natürlich wissen, wie es seinen drei neuen Kumpels auf der Strecke ergangen ist. Es ist eine ungewöhnliche Mischung, aber bei einer Runde Bier aus der Heimat und jeder Menge Naschereien erfolgt die erste Auswertung, ehe es einen nach dem anderen von uns unter die Dusche zieht. Wir lassen im Hintergrund den Fernseher laufen und haben im Laufe des Abends in der Tat auch noch das Glück, eine knapp zehnminütige Zusammenfassung des Vasaloppets auf einem schwedischen Kanal mitzubekommen. Als ich die Bilder von den Massen am Start aus der Hubschrauberkamera sehe, läuft es mir gleich noch einmal kalt den Rücken hinunter. Wahnsinn Wasalauf! Die Stimmung ist ausgelassen: Aus Spaß setzen wir uns beim Zuschauen alle die Vasaloppet-Mützen auf.

Die Mütze ist nur eines von mehreren Souvenirs, die ich mir gegönnt habe. Von denen gibt es mittlerweile so viele, dass man ganz schnell eine dreistellige Euro-Summe los wird. Vor allem die Freizeit-Kollektion macht echt etwas her. Am Ende habe ich mich für eine bequeme Jacke, eine Mütze sowie zwei T-Shirts für mich und eins für meine Frau entschieden. Als kleine Zugabe gibt es eine Kaffeetasse. Neben schwedischen Naschereien für meinen Sohn habe ich für meine Tochter längst das vermutlich beliebteste Souvenir aus der Region im Koffer verstaut: Ein Dalarna-Pferdchen als Kuscheltier-Variante. Die in der Ursprungsvariante roten kleinen Holzpferdchen mit aufgemaltem Sattel und Zaumzeug werden heute vor allem im Örtchen Nusnäs gleich in der Nähe von Mora produziert und haben ihre Wurzeln im 16. Jahrhundert. Der Überlieferung nach wurden sie einst im Dalarnaer Land in den langen Wintern geschnitzt, um sie auf Märkten zu verkaufen oder den eigenen Kindern damit eine Freude zu bereiten. Heutzutage gibt es die niedlichen Holzfiguren in allen möglichen Farben, Größen und Variationen: Vom Flaschenöffner bis eben hin zum Schmusetier ist alles dabei.

Da der Wasalauf mit ganz wenigen Ausnahmen stets am ersten Sonntag im März auf dem Plan steht, ist er für viele Freizeitsportler nicht nur der Höhepunkt, sondern läutet oft auch den Saisonabschluss ein. Die Euroloppet-Serie mit dem Kammlauf in Klingenthal und dem Skadiloppet in Bodenmais als einzigen Wettbewerben in Deutschland sowie die Worldloppet-Serie mit dem König-Ludwig-Lauf in Oberammergau halten von Dezember bis März beinahe jedes Wochenende ein attraktives Rennen parat. Die großen Läufe beziehen ihren Reiz immer wieder auch aus der Tatsache, dass Freizeitsportler in einem Wettkampf gemeinsam mit der Weltspitze an den Start gehen. Das gibt es sonst nur noch bei den City-Marathons oder beim Triathlon. Logische Folge der zunehmenden Professionalisierung in der Skimarathon-Szene war 2011 die Einführung der Ski Classics. Hinter dieser Wettkampfserie verbirgt sich eine Art Weltcup für die Langstreckenspezialisten, der seitdem in jeglicher Hinsicht zugelegt hat. Aus sechs Rennen im ersten Jahr wurden inzwischen über zehn, wobei dem Wasalauf als einem der Mitgesellschafter durchaus eine Hauptrolle zukommt. Auch die Zahl der Teams hat sich so gut wie verdoppelt. Aus Deutschland mischen das xc-ski.de A/N Skimarathon Team um Thomas Freimuth und das in München beheimatete Team Forever nordic mit.

Die Ski-Classic-Wettbewerbe werden in den großen Ski-Nationen live im Fernsehen gezeigt und sind ansonsten per Livestream im Internet zu verfolgen. In der Teamwertung geben erwartungsgemäß die Skandinavier den Ton an, die sich ihre Leute aus einem schier unerschöpflichen Reservoir an Langläufern herauspicken können. In der Einzelwertung haben in jüngster Vergangenheit bei den Männern vor allem die Norweger Peter Elliassen, John Kristian Dahl und Tord Asle Gjerdalen gepunktet. Bei den Frauen konnte bisher Seraina Boner aus der Schweiz die meisten Rennen der Serie gewinnen. Nur beim Vasaloppet blieb ihr bisher der ganz große Triumph verwehrt. Die Sportlerin aus Davos wurde 2013 Zweite und 2012 sowie 2015 jeweils Dritte. Dazu kamen je ein vierter, fünfter und sechster Platz. Sie teilt das Schicksal, in Mora schon oft nah dran gewesen zu sein, mit Stanislav Rezac bei den Männern. Der Tscheche wurde 2012 Zweiter und dazu schon viermal Dritter.

Verrückt ist in dem Zusammenhang, dass man auf die Sieger des Wasalaufes – wie andernorts beim Pferderennen – Wetten abschließen kann.

Riesiges Feld: Der Wasalauf scheint auf dem Weg zur 100. Auflage nichts an Anziehungskraft einzubüßen.

Vor dem Fernseher fällt uns wie schon in den Tagen vor dem Wasalauf auf, dass in der Berichterstattung neben den Gewinnern die „kleinen Leute" stets eine ebenso große Rolle spielen. Obwohl wir der Sprache nicht mächtig sind, ist die Begeisterung gerade auch bei denen herauszuhören, die erst nach elf oder zwölf Stunden das Ziel in Mora erreicht haben. In den Mittelpunkt werden von den Medien außerdem immer wieder die vielen Helfer gerückt. Hatten wir am Freitag eine Reportage über ein älteres Ehepaar gesehen, das offenbar seit Jahrzehnten Blaubeersuppe in Evertsberg ausschenkt, erzählt diesmal ein Fahrer der Schlusspatrouille, die dafür sorgt, dass am Ende des Feldes keiner verloren geht, wie er das Rennen von hinten erlebt hat. Der Abspann des Filmes lässt dann keine Zweifel mehr: Selbst der letzte Läufer wird im Ziel noch von einer stattlichen Anzahl von Zuschauern empfangen. Danach herrscht für einen Moment Schweigen in unserer Hütte. Ich glaube, wir könnten jetzt alle noch stundenlang solche Berichte anschauen. Doch irgendwann laufen auch in Schweden zu so später Stunde nur noch Filme, Comedy sowie Verkaufs- und Werbesendungen. Ich bin noch so aufgewühlt, dass ich mir meine Stiefel, eine dicke Jacke und die Mütze schnappe und nochmal ein paar Schritte an der frischen Luft gehe. Während in den anderen Hütten kaum noch Licht brennt, schmiede ich in Gedanken schon Pläne für den nächsten Start beim Wasalauf. Eine Zeit unter sieben Stunden traue ich mir mit besserer Vorbereitung auf jeden Fall zu. Für die begehrte Medaille dagegen müsste schon alles passen. Ich brauchte mehr Zeit zum Trainieren, mindestens Startgruppe 5 und wohl auch ein bisschen Glück, dass die Top-Leute taktieren und so ein eher langsames Rennen an der Spitze zu Stande kommt. Aber Träumen ist ja nicht verboten.

Tipp: Die Trainingsplanung für den Vasaloppet richtet sich nach den individuellen Zielen. Es ist ein Unterschied, ob man einfach nur mal dabei sein will oder zum Beispiel eine Zeit unter sechs Stunden anpeilt. Für den ersten Fall ist man oft schon gut gerüstet, wenn man regelmäßig zwei- bis dreimal die Woche Ausdauergrundlagen trainiert. Für ambitioniertere Athleten ist das spezifische Training von großer Bedeutung und mitunter auch eine externe Grob-Planung hilfreich. Mir als Freizeitsportler hat es geholfen, im Sommer hin und wieder Läufe bis zum Marathon oder Radtouren über 100 Kilometer einzustreuen, um den Körper an die langen Belastungszeiten zu gewöhnen. Im Winter haben mich stets vor allem die Wettkampfkilometer vorwärts gebracht. Da gerade beim Doppelstockschub einiges an Kraft quasi aus dem Bauch heraus kommt, ist zusätzliches Rumpftraining nie ein Fehler. Je mehr Abwechslung, desto mehr Spaß macht das Ganze. Zum Schluss noch ein praktischer Tipp: Wer die 90 Kilometer mit einer GPS-Uhr laufen will, sollte sie vorher in jedem Fall voll aufladen. Einige Modelle steigen selbst dann nach 70/80 Kilometern aus.

Als ich von meinem Nacht-Spaziergang zurückkomme, ist auch in unserer Hütte bereits Ruhe eingekehrt. Im Flur schnappe ich kurz nach Luft, weil wir alle vier unsere Skischuhe zum Trocknen an der Heizung platziert haben. Das riecht nach einer Schock-Lüftung am nächsten Morgen. Nach einem Schnell-Durchgang im Bad taste ich mich Richtung Schlafzimmer. Ich erwische zwar dummerweise das gleiche Brett, das schon früh mächtig knarrte, doch Flori scheint ohnehin schon tief und fest zu schlafen. Ich komme dagegen nicht so schnell zur Ruhe. Erst als ich mir noch die ersten Wettkampf-Berichte schwedischer Zeitungen im Internet angesehen habe, fallen mir die Augen zu. Es ist kurz nach 1 Uhr, als ich das letzte Mal aufs Handy schaue. Dann geht ein langer, intensiver und ganz besonderer Tag zu Ende, von dem ich noch lange zehren werde.

Wahnsinn Wasalauf.

Der Autor

Monty Gräßler (Jahrgang 1972) ist im Erzgebirge aufgewachsen und stand schon als Dreijähriger zum ersten Mal auf Skiern. Da es trotzdem nichts mit der großen Laufbahn als Sportler wurde, wechselte er mit 15 Jahren die Seiten und schrieb schon als Jugendlicher erste Sportartikel für die Lokalzeitung. Später machte er sein Hobby zum Beruf. Er war zunächst als Freier Journalist tätig und arbeitet seit gut 20 Jahren als Redakteur für Lokalsport bei der „Freien Presse“ im Vogtland. Der begeisterte Freizeitsportler ist verheiratet und hat zwei Kinder. „Wahnsinn Wasalauf“ ist sein drittes Buch. 2004 war der Band „Sächsische Skispitzen“ und 2009 die Biographie von Box-Weltmeister Markus Beyer „Mit links und 40 Fieber“ erschienen.

Danke

Der „Wahnsinn Wasalauf“ hat sich bei den nachträglichen Recherchen für dieses Buch fortgesetzt. Ich stieß stets auf offene Ohren und Begeisterung. Ich danke daher nicht nur den Interviewpartnern, sondern auch all jenen, die mich mit Unterlagen, Tipps und auf andere Weise unterstützt haben. Hervorheben möchte ich Gerd Nestler, der mit Insiderkenntnissen aus Schweden und vielen Fotos maßgeblich zum jetzt vorliegenden Buch beigetragen hat. Ein besonderer Dank gilt auch Marcus Berndt und Anders Seeling vom Organisationsteam für die offiziellen Informationen. Und natürlich drück ich ganz lieb meine Frau. Danke für alles!

Foto-Nachweis

Nisse Schmidt (Titelseite, Seiten 30, 49, 148, 167)
Gerd Nestler (Seiten 12, 39, 42, 71, 96, 101)
Monty Gräßler (Seiten 34, 52, 117, 130, 153, 164)
Wilfried Priebs/privat (Seiten 74, 77)
Gerhard König (Seiten 85, 107)
Josef Giesen/privat (Seiten 123, 126)
Photomic (Seiten 134, 140)
Joachim Thoß (Seite 23)
Thomas Freimuth/privat (Seite 56)
Marco Felgenhauer (Seite 60)
Marcus Berndt/privat (Seite 90)
Anna Swirin (Seite 109)
Deutscher Skiverband (Seite 156)
Moritz Gräßler (Seite 171)

Repros

Moritz Gräßler (Seiten 14, 66, 81, 114, 143)
Joachim Thoß (Seite 20)

Quellenverzeichnis

www.vasaloppet.se

Lars Ingels:	*„Vasaloppets Fakta Guide“ (2016)*
Sven Plex Petersson:	*„Vasaloppet/Der größte Skiwettbewerb der Welt“ (Sveriges Radios förlag 1974)*